annabac

SUJETS et CORRIGÉS 2018

Français 1re

séries technologiques
STMG • STI2D • STL
ST2S • STD2A

Sylvie Dauvin
Jacques Dauvin
Professeurs agrégés de lettres classiques
Lycée international, Saint-Germain-en-Laye

ISSN 1168-3775 ISBN 978-2-401-03033-6

Achevé d'imprimer
Par Maury imprimeur à Malesherbes - France
Dépôt légal 03033-6/01 - Août 2017

Annabac

MODE D'EMPLOI

Que contient cet Annabac ?

Tous les outils nécessaires pour se préparer de manière efficace à l'épreuve de français du bac 2018.

En premier lieu des **sujets corrigés tombés lors des épreuves du bac 2017**, mais également :
– des sujets complémentaires ;
– des conseils de méthode ;
– les repères clés du programme.

▶ Une large sélection de sujets d'écrit

L'ouvrage comprend les **sujets de la dernière session** et des sujets complémentaires. Il s'efforce de représenter de manière équilibrée **tous les types d'exercices** qui peuvent être proposés dans le cadre de l'épreuve.

▶ Également des sujets d'oral

Nous vous proposons également des **simulations de l'épreuve orale du bac français** : un texte associé à une question, avec des pistes pour l'exposé et l'entretien.

▶ Comment les sujets sont-ils traités ?

Les auteurs de cet ouvrage ont eu à cœur de vous aider à bien interpréter un sujet et « fabriquer » une bonne copie. C'est pourquoi ils ont associé à chaque énoncé :
– une **explication du sujet** et des aides pour construire la réponse (rubrique « Les clés du sujet ») ;
– un **corrigé clairement structuré**, avec des conseils et des commentaires quand c'est nécessaire.

Comment utiliser l'ouvrage ?

▶ À l'aide du sommaire

Dès le mois de décembre, **à l'occasion d'un contrôle ou d'un examen blanc**, n'hésitez pas à vous familiariser avec les types d'exercices proposés au bac en traitant ceux correspondant aux **thèmes du programme à réviser**. Le sommaire et les index vous aideront à les sélectionner.

Travaillez-les le plus possible, dans un premier temps, avec la seule aide des « Clés du sujet » ; puis confrontez ce que vous avez fait avec le corrigé proposé.

▶ À l'aide du planning de révisions

La date de l'examen se rapproche. Grâce à la rubrique « Votre planning de révisions », choisissez, **en fonction du temps qui vous reste**, les sujets qui vous permettront d'aborder l'épreuve dans les meilleures conditions possible.

Et l'offre privilège sur annabac.com ?

L'achat de cet ouvrage vous permet de bénéficier d'un **accès gratuit*** aux **ressources d'annabac.com** : fiches de cours, vidéos et podcasts, quiz inter-actifs, exercices, sujets d'annales…

Pour profiter de cette offre, rendez-vous sur www.annabac.com, dans la rubrique « Vous avez acheté un ouvrage Hatier ? ». La saisie d'un mot clé du livre (lors de votre première visite) vous permet d'activer votre compte personnel.

* Selon conditions précisées sur www.annabac.com.

Qui a fait cet Annabac ?

▶ L'ouvrage a été écrit par **deux enseignants de français** de lycée : Sylvie Dauvin et Jacques Dauvin.

▶ Les contenus fournis ont été mis en forme par une équipe composée de plusieurs intervenants :

• des éditeurs : Grégoire Thorel et Adeline Ida, assistés de Sarah Basset et de Tara Mazelié ;
• une correctrice : Luce Camus ;
• des graphistes : Tout pour plaire et Dany Mourain ;
• des maquettistes : Hatier et Nadine Aymard ;
• une illustratrice : Juliette Baily ;
• un compositeur : STDI.

SOMMAIRE

Infos et conseils sur...

Préparer l'épreuve écrite

Cochez les sujets sur lesquels vous vous êtes entraîné.

LA QUESTION DE L'HOMME DANS LES GENRES DE L'ARGUMENTATION

29 à 32 Technologie, arts et littérature

France métropolitaine, juin 2016

A – D'Alembert, *Discours préliminaire,* in *Encyclopédie ou Dictionnaire raisonné des sciences, des arts et des métiers*, 1751
B – Jules Verne, *Vingt mille lieues sous les mers*, première partie, chapitre 12, « Tout par l'électricité », 1871
C – Albert Robida, *Le Vingtième Siècle,* 1883
D – Michel Serres, *Petite Poucette,* 2012

33 à 36 Prendre conscience des situations tragiques

Polynésie française, septembre 2015

A – Jean de La Bruyère, « Du Souverain ou de la République », *Les Caractères*, X, 1re édition 1688
B – Montesquieu, *Lettres persanes*, lettre 13, 1721
C – Voltaire, *Micromégas*, chapitre 7, 1752
D – Henri Barbusse, « L'aube », *Le Feu*, 1915

Préparer l'épreuve orale

Cochez les sujets sur lesquels vous vous êtes entraîné.

La boîte à outils

Votre planning de révisions

Vous débutez vos révisions 1 mois avant l'épreuve

J –30

Révisez les thèmes clés

Sujets	Thèmes du programme
33	Question de l'homme • Questions sur le corpus
18	Théâtre • Commentaire
23	Poésie • Dissertation
12	Roman • Écriture d'invention
30	Question de l'homme • Commentaire
13	Théâtre • Questions sur le corpus
28	Poésie • Écriture d'invention

J –15

Consolidez vos méthodes

Sujets	Points de méthode
1	Analyser la consigne • Questions sur le corpus
10	Trouver les axes d'un commentaire
35	Rédiger la problématique d'une dissertation
16	Analyser la consigne d'une écriture d'invention
2	Composer un paragraphe de commentaire
7	Introduire et conclure une dissertation

J –7

Dernière ligne droite !

Sujets	5 • 22 • 19 • 24

Vous débutez vos révisions 15 jours avant l'épreuve

J –15

Parcourez le programme

Sujets	Points de méthode
25	Poésie • Questions sur le corpus
6	Roman • Commentaire
31	Question de l'homme • Dissertation
20	Théâtre • Écriture d'invention
34	Question de l'homme • Commentaire
3	Poésie • Dissertation

J –7

Dernière ligne droite !

Sujets	9 • 14 • 27 • 36

Révisez dans des conditions optimales

- **Organisez-vous**

Planifiez des plages de révisions pour toutes les matières à réviser.

- **Mettez-vous dans les conditions de l'examen**

Entraînez-vous avec de vrais sujets en respectant la durée des épreuves.

- **Travaillez en équipe**

Organisez des séances de révisions avec des amis afin de partager vos connaissances et d'échanger sur vos techniques de travail.

- **Préparez-vous mentalement et physiquement**

Ménagez-vous des pauses pour prendre l'air, faire du sport, des exercices de respiration (relaxation). Privilégiez des repas équilibrés.

Des sujets supplémentaires

sur annabac.com

Complétez vos révisions avec cette sélection de sujets en accès gratuit

- **Rendez-vous sur le site www.annabac.com.**
- **Saisissez le titre du sujet dans le moteur de recherche.**
- **D'un clic, vous affichez le corrigé.**

1 Le personnage en situation d'apprentissage

COMMENTAIRE • Vous commenterez le texte de Kateb Yacine.
DISSERTATION • Des personnages en situation d'apprentissage ont-ils quelque chose à nous apprendre ?

2 Le roman évasion

COMMENTAIRE • Vous commenterez le texte de Stendhal.
DISSERTATION • La lecture de romans a-t-elle comme fonction principale de faire rêver et s'évader le lecteur ?

3 Théâtre et passion

COMMENTAIRE • Vous commenterez le texte de Max Rouquette.
DISSERTATION • Le théâtre se prête-t-il particulièrement à la représentation des passions extrêmes ?

4 Le théâtre : acteur et public

COMMENTAIRE • Vous ferez le commentaire du texte de Claudel.
DISSERTATION • Selon vous, pourquoi le public va-t-il au théâtre ?

5 S'inspirer de sa propre expérience ?

COMMENTAIRE • Vous ferez le commentaire du texte d'Arthur Rimbaud.
DISSERTATION • Les poètes ne parlent-ils que d'eux-mêmes ?

6 La dénonciation de l'esclavage

COMMENTAIRE • Vous commenterez le texte de Laurent Gaudé.
DISSERTATION • La littérature doit-elle nécessairement choquer la sensibilité du lecteur ?

7 L'habit fait l'homme

COMMENTAIRE • Vous commenterez le texte de Montesquieu.
DISSERTATION • L'argumentation directe est-elle le moyen le plus efficace de critiquer l'homme et la société ?

D'autres ressources sur annabac.com

Avec ce livre, accédez à des ressources dans toutes les matières :

FICHES DE COURS · PODCASTS DE RÉVISION · EXERCICES · AUTRES SUJETS

Pour profiter de cette offre, reportez-vous au mode d'emploi de la page 3.

Infos et conseils sur…

L'épreuve de français

1 Quel est le programme de français ?

L'actuel programme de français est défini dans le *Bulletin officiel* spécial n° 9 du 30 septembre 2010. L'épreuve anticipée de français reste définie par le *Bulletin officiel* du 14 décembre 2006.

A Quels sont les objets d'étude communs au programme de 1re ?

▶ Le personnage de roman, du XVIIe siècle à nos jours

À travers la lecture de différents romans et l'étude des personnages, il s'agit de comprendre qu'un roman exprime une vision du monde qui varie selon les époques et les auteurs.

▶ Le texte théâtral et sa représentation, du XVIIe siècle à nos jours

Vous devez lire des œuvres théâtrales mais également voir des représentations, de manière à percevoir les interactions entre texte et mise en scène.

▶ Écriture poétique et quête du sens, du Moyen Âge à nos jours

Vous découvrirez que l'écriture poétique procède à la fois d'une manière particulière d'interroger le monde et d'une réinvention continuelle de la langue.

▶ La question de l'homme dans les genres de l'argumentation, du XVIe siècle à nos jours

Vous explorerez la réflexion sur l'homme que proposent les genres de l'argumentation.

B Pourquoi étudier les auteurs grecs et latins ainsi que l'histoire des arts ?

- Selon les objets d'étude, le programme prévoit d'intégrer aux corpus des textes et des documents en relation avec l'**histoire des arts** ou avec les **langues** et les **cultures de l'Antiquité**.
- Par exemple, en ouverture de l'étude d'un roman, on met en évidence les relations entre la représentation des personnages et celle qu'en donnent les autres **arts** – peinture, gravure, sculpture, opéra par exemple – à la même époque.

2 Quelles sont les épreuves ?

A Comment s'organisent les épreuves ?

1. Durée et coefficients

- Les épreuves anticipées de français comprennent une épreuve **écrite** de **4 heures** et une épreuve **orale** de **20 minutes**.

- Les coefficients sont :

– pour l'épreuve écrite : 2 ;
– pour l'épreuve orale : 2.

2. Visée générale de l'épreuve

L'épreuve porte sur les contenus du **programme de la classe de 1re** mais évalue aussi les **compétences acquises** en français tout au long de votre scolarité :
– maîtrise de la langue et de l'expression ;
– aptitude à analyser et à interpréter des textes ;
– capacité à mobiliser la culture littéraire acquise ;
– aptitude à construire un jugement argumenté.

B En quoi consiste l'épreuve écrite ?

1. Composition de l'épreuve

- Le sujet d'écrit s'appuie sur **un ensemble de documents** (corpus), éventuellement accompagnés d'un document iconographique. Ce corpus doit s'inscrire dans un ou plusieurs objets d'étude du programme.

- Un sujet comprend :

– d'une part, évaluées sur 6 points, une ou plusieurs **questions sur le corpus** qui nécessitent des réponses rédigées et sont souvent conçues de façon à vous aider à élaborer l'autre partie de l'épreuve écrite ;
– d'autre part, évalué sur 14 points, un travail d'écriture qui porte sur le corpus proposé, à choisir entre trois sujets : **commentaire**, **dissertation** ou **écriture d'invention**.

2. Les trois types de travaux d'écriture

- Le **commentaire** porte sur un des textes du corpus. Vous devez présenter, de manière organisée, ce que vous avez retenu de votre lecture et justifier votre interprétation (voir fiche 4).

- La **dissertation** vous amène à conduire une réflexion personnelle et argumentée à partir d'une problématique liée à l'objet d'étude (voir fiche 5).

- L'**écriture d'invention** consiste à écrire un texte en lien avec ceux du corpus. Selon la consigne, elle peut prendre des formes variées : article, lettre, dialogue, essai… (voir fiche 6).

C En quoi consiste l'épreuve orale ?

1. Composition et durée de l'épreuve

- Vous vous présentez à l'épreuve orale avec la **liste des textes étudiés** en lecture analytique **au cours de l'année**. L'examinateur choisit un des textes de cette liste et vous remet un « bulletin de passage » où figure la question à laquelle vous devez répondre (voir fiche 7).

> ATTENTION **Vous disposez alors de 30 minutes de préparation pour trouver les principaux axes de votre réflexion et orienter votre lecture analytique du texte selon la question posée.**

- Le passage se déroule ensuite de la façon suivante : **10 minutes** pour mener la lecture analytique en répondant à la question sur le texte, puis **10 minutes** d'entretien, avec des questions de l'examinateur sur l'objet d'étude auquel se rattache ce texte.

2. Lecture analytique

- **Présentez votre texte** dans une courte introduction : époque, auteur, mouvement littéraire et sujet du texte (« de quoi parle t-il ? »).
- **Lisez le texte** de façon expressive et vivante.
- Rappelez, en la reformulant, la question qui vous a été posée et **indiquez les idées directrices** que vous avez retenues.
- Votre explication doit être **construite**. Vous êtes libre de la structurer en suivant l'ordre du texte (linéairement) ou de façon composée (par idées directrices).
- Illustrez vos idées par des **citations** prises dans le texte et commentées.
- Terminez l'explication par une **conclusion** où vous ferez le bilan de vos réponses à la question et élargirez votre réflexion.

3. L'entretien

- Lors de l'entretien, **l'examinateur vous pose des questions** en lien avec l'objet d'étude auquel se rapporte le texte, durant environ 10 minutes.
- L'entretien doit vous permettre de **mettre en valeur vos connaissances** mais aussi votre **capacité à réagir à des questions**, à relancer une discussion…
- Avant de répondre, donnez-vous le temps de la réflexion. Mais s'il arrive que vous ne connaissiez pas la réponse à une question précise, n'hésitez pas à le reconnaître.

3 Réussir la question sur le corpus

IL NE FAUT PAS...	IL FAUT...
Avant de se lancer (15 minutes)	
Se lancer « tête baissée » en rédigeant tout de suite sa réponse.	◆ Lire d'abord la question, en dégager les mots importants ; puis lire attentivement le corpus en entier. ◆ Surligner en couleur dans les textes les expressions qui vous permettront de répondre.
Au brouillon (15 minutes)	
Étudier les textes séparément, juxtaposer les analyses des textes.	◆ Définir les textes à l'aide d'un tableau pour identifier les ressemblances et les différences : (voir tableau ci-dessous) ◆ Composer un plan autour d'idées, en confrontant les textes.
Raconter les textes, les paraphraser.	◆ Lister les idées clés qui permettent de répondre de manière progressive à la question. ◆ Souligner à l'aide de couleurs différentes les mots des textes qui prouvent chaque idée. ◆ Proscrire les expressions comme : « L'auteur dit que... »
Sur la copie (30 minutes)	
Composer une introduction banale et une présentation du corpus passe-partout, maladroite.	◆ Présenter les textes du corpus en établissant des liens (chronologiques, thématiques...) ◆ Rappeler brièvement la question posée. ◆ Renvoyer aux textes par des expressions comme : « Molière, dans son portrait d'Arnolphe, ... », et non « Dans le document A... ».
Composer une réponse : ◆ trop brève, sans références précises aux textes ◆ trop longue, avec trop de citations.	Trouver un juste milieu (30 à 50 lignes) : ◆ en synthétisant en une phrase précise et claire l'idée clé de chaque paragraphe ◆ en se référant aux textes par des citations brèves et pertinentes.

	Texte A	Texte B	Texte C
Genre			
Mouvement			
Type			
Registre			
Adjectifs pour qualifier le texte			
Buts de l'auteur			

4 Réussir le commentaire littéraire

AVANT DE SE LANCER (10 minutes)

- Observer le paratexte (auteur, date, informations en italiques).
- Lire attentivement le texte, ainsi que les notes.

AU BROUILLON (1 heure 10)

Trouver les axes (30 minutes)

- Déterminer les caractéristiques du texte, sa « formule » :
  - **genre** : roman, nouvelle, poésie, théâtre, biographie...
  - **mouvement**: humanisme, romantisme, réalisme...
  - **type(s)** : narratif, descriptif, argumentatif, dialogue...
  - **registre(s)** : comique, tragique, lyrique, épique, fantastique...
  - **adjectifs** pour qualifier le texte : émouvant, allégorique, scientifique...
  - **buts** de l'auteur : informer, émouvoir, convaincre...
- En déduire des axes de lecture, les **intérêts** du texte (et non ses thèmes).
- Vérifier la pertinence des axes trouvés avec la formule « je veux montrer que... »

Construire le plan (40 minutes)

- Surligner dans le texte les éléments qui étayent ces axes (une couleur par axe)
- Ordonner les axes retenus (du plus évident au moins évident)
- Structurer chaque partie en faisant apparaître les idées clés (2 ou 3 par partie)

SUR LA COPIE (1 heure 30)

Rédiger l'introduction

- Amorce : intégrer le texte dans un ensemble plus large (époque, mouvement).
- Mentionner l'auteur et l'œuvre.
- Situer l'extrait dans l'œuvre et le caractériser (thème(s), teneur...).
- Annoncer le plan avec élégance.

Rédiger le développement

- Construire un paragraphe autour de chaque idée clé, selon cette formule :
  I C Q → une **I**dée, une **C**itation, la **Q**ualification de la citation.
- Ménager des transitions entre les parties.

Rédiger la conclusion

- Faire une synthèse des conclusions auxquelles aboutit l'analyse.
- Émettre un jugement personnel sur le texte et son intérêt littéraire.
- Ouvrir, élargir (adaptations dans d'autres arts, postérité littéraire...).

SE RELIRE (10 minutes)

- Vérifier l'orthographe, notamment les accords majeurs.
- Vérifier que les phrases soient complètes et supprimer les répétitions.

5 Réussir la dissertation

AVANT DE SE LANCER (15 minutes)

- Repérer l'objet d'étude concerné.
- Faire la liste, par ordre chronologique, des **références** en rapport avec cet objet d'étude (vous devez en avoir au moins 8 ou 10).
- Repérer les **expressions-clés** et les présupposés (l'implicite du sujet).

AU BROUILLON (1 heure)

Dégager la problématique

- **Reformuler** la question posée avec ses propres mots.
- La subdiviser en plusieurs **sous-questions** en variant les mots interrogatifs.

Choisir et concevoir le plan

Repérer si le sujet implique :
- un plan **thématique** (définition de notion, thèse proposée à valider)
- un plan **dialectique** (jugement ou définition à discuter)
- un plan **comparatif** (deux thèses, définitions ou démarches à confronter)

Trouver des idées, des arguments et des exemples

- Répondre aux sous-questions formulées, à l'aide de vos connaissances de cours, des textes du corpus et de vos références listées précédemment.
- Varier la nature et la forme des exemples (citation, nom de personnage, mouvement littéraire, etc.)

SUR LA COPIE (1 heure 30)

Rédiger l'introduction

1. phrase d'amorce
2. reformulation du sujet
3. problématique
4. annonce du plan

Rédiger le développement

- Construire un paragraphe autour de chaque idée clé, selon cette formule : **I E C** → une **I**dée, un **E**xemple, le **C**ommentaire de l'exemple.
- Ménager des transitions entre les parties.
- Éviter les formulations lourdes (« on peut remarquer que... »).

Rédiger la conclusion

1. synthèse de la réflexion menée
2. élargissement/ouverture (référence à d'autres arts, citation qui inscrit le sujet dans un débat plus large, etc.)

SE RELIRE (10 minutes)

- Vérifier l'orthographe, notamment les accords majeurs.
- Vérifier que les phrases soient complètes et supprimer les répétitions.

6 Réussir l'écriture d'invention

AVANT DE SE LANCER (15 minutes)

- Repérer les contraintes formulées explicitement ou suggérées dans la consigne.
- Identifier si possible
  - le **genre**
  - le **thème**
  - le **type** (narratif, descriptif...)
  - la ou les **visée(s)**
  - le **registre** (comique, tragique...)
  - la **situation d'énonciation**
  - le **niveau de langue**

  du texte à produire.

AU BROUILLON (1 heure 15)

Déterminer la « formule » du texte

- À partir des éléments relevés dans la consigne, composer la « formule » du texte à produire : **genre + thème + type + visée(s) + registre + situation d'énonciation + niveau de langue**
- Si certains éléments de cette formule ne sont pas donnés dans la consigne, à vous d'opérer des **choix** pour que votre formule soit complète.

Élaborer un canevas

- Sous la « formule » du texte, répertorier les **faits d'écriture** liés aux différentes caractéristiques dégagées (genre, registre...).

ex. : genre = lettre → faits d'écriture = formules d'ouverture et de clôture
type = descriptif → faits d'écriture = adjectifs, figures d'analogie...
situation d'énonciation → indices personnels, temps verbaux...

- Déterminer la trame du texte, la manière dont il va se développer.

NB : pour un sujet à teneur argumentative, préciser la thèse à soutenir, lister les arguments et choisir des exemples précis.

SUR LA COPIE (1 heure 15)

- Rédiger en tenant compte des contraintes de la consigne et de vos choix.
- Suivre la trame élaborée au brouillon et utiliser les faits d'écriture répertoriés.

SE RELIRE (10 minutes)

- Vérifier l'orthographe, notamment les accords majeurs.
- Vérifier que les phrases soient complètes et supprimer les répétitions.
- Supprimer toute marque de familiarité.

7 Réussir l'épreuve orale

IL NE FAUT PAS...	IL FAUT...
Préparation (30 minutes)	
Se lancer « tête baissée » et reproduire la lecture analytique faite en cours.	◆ Repérer les mots-clés de la question donnée. ◆ **Recomposer** le plan en utilisant pour chaque axe ces mots-clés.
Rédiger entièrement la lecture analytique.	◆ Présenter les notes sous forme de plan détaillé. ◆ Utiliser une feuille par axe et n'écrire que sur le recto, pour ne pas se perdre durant la présentation.
◆ Oublier de s'appuyer sur le texte. ◆ Citer sans commenter.	◆ Sélectionner une couleur pour chaque axe et **surligner dans le texte** les éléments qui se rapportent à chacun. ◆ Sélectionner des citations précises, ciblées, et respecter la structure d'un paragraphe de commentaire : **I C Q** → **I**dée, **C**itation, **Q**ualification de la citation.
Oublier de préparer l'entretien.	◆ Anticiper les questions possibles selon l'objet d'étude concerné. ◆ Préparer une feuille-références, avec des exemples ou citations pour alimenter l'entretien.
Passage (lecture analytique : 10 minutes ; entretien : 10 minutes)	
Omettre des étapes-clés de la lecture analytique (notamment oublier la lecture...).	Bien respecter l'ordre attendu : **1.** Introduction : – amorce – présentation du texte : époque, auteur, œuvre, teneur (de quoi « parle » le texte ?) **2. Lecture** expressive du texte **3.** Reformulation de la question posée **4.** Annonce des axes **5.** Développement de la lecture analytique **6.** Conclusion
Donner une impression terne ou apeurée.	◆ Soigner **l'attitude** (se tenir droit, regarder l'examinateur, éviter les « tics » nerveux). ◆ Soigner **l'élocution** (parler distinctement). ◆ Soigner **l'expression** (langage courant et correct).
Oublier de dynamiser l'entretien.	◆ Montrer sa capacité à **réagir** aux questions et à faire progresser le dialogue. ◆ Prendre le temps de réfléchir, modaliser ses réponses en cas de doute (« Il me semble que... »). ◆ Mettre en valeur ses **connaissances**, développer et commenter ses exemples.

Préparer l'épreuve écrite

36 sujets expliqués et corrigés

SUJET 1

France métropolitaine • Juin 2017

La poésie et le rêve • 6 points

La poésie et le rêve

Questions

Documents

A – **Paul Verlaine**, « Le paysage dans le cadre des portières », *La Bonne Chanson*, 1870

B – **Anna de Noailles**, « Trains en été », *Les Éblouissements*, 1907

C – **Jacques Prévert**, « En sortant de l'école », *Histoires*, 1946

▸ **1. Quelles sont les particularités des trains évoqués dans les textes du corpus ? *(3 points)***

▸ **2. Ces voyages vous paraissent-ils réels ou rêvés ? *(3 points)***

Après avoir répondu à ces questions, les candidats devront traiter au choix un des trois sujets n°s 2, 3 et 4.

DOCUMENT A

Le paysage dans le cadre des portières
Court furieusement, et des plaines entières
Avec de l'eau, des blés, des arbres et du ciel
Vont s'engouffrant parmi le tourbillon cruel
Où tombent les poteaux minces du télégraphe[1]
Dont les fils ont l'allure étrange d'un paraphe[2].

Une odeur de charbon qui brûle et d'eau qui bout[3],
Tout le bruit que feraient mille chaînes au bout
Desquelles hurleraient mille géants qu'on fouette ;
Et tout à coup des cris prolongés de chouette.
Que me fait tout cela, puisque j'ai dans les yeux
La blanche vision qui fait mon cœur joyeux,
Puisque la douce voix pour moi murmure encore,

Puisque le Nom si beau, si noble et si sonore
Se mêle, pur pivot de tout ce tournoiement,
Au rythme du wagon brutal, suavement.

Paul Verlaine, « Le paysage dans le cadre des portières »,
La Bonne Chanson, 1870.

---

1. Télégraphe : au XIXe siècle, réseau de fils électriques permettant de transmettre des messages, appelés télégrammes.
2. Paraphe : signature.
3. Cette odeur provient de la locomotive à vapeur.

DOCUMENT B

Trains en été

Pendant ce soir inerte[1] et tendre de l'été,
Où la ville, au soir bleu mêlant sa volupté[2],
Laisse les toits d'argent s'effranger dans l'espace,
J'entends le cri montant et dur des trains qui passent…
– Qu'appellent-ils avec ces cris désespérés ?
Sont-ce les bois dormants, l'étang, les jeunes prés,
Les jardins où l'on voit les petites barrières
Plier au poids des lis et des roses trémières ?
Est-ce la route immense et blanche de juillet
Que le brûlant soleil frappe à coups de maillet[3] ;
Sont-ce les vérandas dont ce dur soleil crève
Le vitrage ébloui comme un regard qui rêve ?
– Ô trains noirs qui roulez en terrassant le temps,
Quel est donc l'émouvant bonheur qui vous attend ?
Quelle inimaginable et bienfaisante extase[4]
Vous est promise au bout de la campagne rase ?
Que voyez-vous là-bas qui luit et fuit toujours
Et dont s'irrite ainsi votre effroyable amour ?
– Ah ! de quelle brûlure en mon cœur s'accompagne
Ce grand cri de désir des trains vers la campagne…

Anna de Noailles, « Trains en été », *Les Éblouissements*, 1907.

---

1. Inerte : sans mouvement, sans énergie.
2. Volupté : plaisir sensuel.
3. Maillet : sorte de marteau.
4. Extase : joie extrême.

DOCUMENT C

En sortant de l'école
nous avons rencontré
un grand chemin de fer
qui nous a emmenés
tout autour de la terre
dans un wagon doré
Tout autour de la terre
nous avons rencontré
la mer qui se promenait
avec tous ses coquillages
ses îles parfumées
et puis ses beaux naufrages
et ses saumons fumés
Au-dessus de la mer
nous avons rencontré
la lune et les étoiles
sur un bateau à voiles
partant pour le Japon
et les trois mousquetaires des cinq doigts de la main
tournant la manivelle d'un petit sous-marin
plongeant au fond des mers
pour chercher des oursins
Revenant sur la terre
nous avons rencontré
sur la voie de chemin de fer
une maison qui fuyait
fuyait tout autour de la terre
fuyait tout autour de la mer
fuyait devant l'hiver
qui voulait l'attraper
Mais nous sur notre chemin de fer
on s'est mis à rouler
rouler derrière l'hiver
et on l'a écrasé
et la maison s'est arrêtée
et le printemps nous a salués
C'était lui le garde-barrière[1]
et il nous a bien remerciés
et toutes les fleurs de toute la terre

soudain se sont mises à pousser
pousser à tort et à travers
sur la voie du chemin de fer
qui ne voulait plus avancer
de peur de les abîmer
Alors on est revenu à pied
à pied tout autour de la terre
à pied tout autour de la mer
tout autour du soleil
de la lune et des étoiles
À pied à cheval en voiture et en bateau à voiles.

Jacques Prévert, « En sortant de l'école », in *Histoires et d'autres histoires*, 1946, © Éditions Gallimard, © Fatras/Succession Jacques Prévert. Droits numériques réservés.

1. Garde-barrière : agent des chemins de fer, responsable de la manœuvre des barrières d'un passage à niveau.

LES CLÉS DU SUJET

■ Question 1

- Cherchez ce qui fait que, dans ces poèmes, les trains sont **plus que de simples moyens de transport** :
  - analysez les expressions qui les qualifient, les images qui les transforment et leur donnent vie ;
  - cherchez ce qu'ils peuvent éventuellement **symboliser** ;
  - précisez leurs **caractéristiques communes**, puis distinguez, le cas échéant, les **spécificités de chacun** des poèmes.
- **Structurez** votre réponse : encadrez-la d'une phrase d'**introduction** et d'une brève **conclusion**.
- Accompagnez chaque remarque d'**exemples précis** tirés des poèmes.

■ Question 2

• La question indique les **deux pistes de recherche.** Relevez dans les textes, en les surlignant d'une couleur différente, les éléments :
– qui reproduisent la **réalité concrète** de ces voyages (saisons, éléments naturels, marques de la civilisation...), qui permettraient de faire un itinéraire et des tableaux ;
– qui **s'éloignent de la réalité,** transforment de façon onirique ces voyages, qui font rêver le lecteur et le transportent dans un **autre monde,** parfois surréaliste.
• Enfin, mesurez pour chacun des textes la **proportion de réalité et de rêve.**

▶ **Pour réussir les questions** : voir guide méthodologique.
▶ **La poésie** : voir mémento des notions.

CORRIGÉ 1

Les titres en couleur et les indications entre crochets servent à guider la lecture mais ne doivent pas figurer sur la copie.

Question 1

Introduction

[Présentation du corpus] Depuis « Heureux qui comme Ulysse a fait un beau voyage » de Du Bellay à *La Prose du Transsibérien* de Cendrars en passant par « L'invitation au voyage » de Baudelaire, le thème du voyage a toujours attiré les poètes. Aux XIXe et XXe siècles, les progrès techniques permettent la multiplication de nouveaux moyens de transport – trains, voitures... – qui, en même temps qu'ils facilitent les déplacements, fournissent aux poètes un tremplin vers le rêve. Ainsi, le train devient le sujet de nombreux poèmes : Verlaine, en 1870, dans « Le paysage dans le cadre des portières » décrit le spectacle qui s'offre au voyageur ; au début du XXe siècle, Anna de Noailles évoque et interpelle les « Trains en été » et Prévert, dans « En sortant de l'école », imagine un voyage en « chemin de fer ». [Rappel de la question] Comment les poètes transforment-ils ces trains et en font-ils plus que de simples moyens de transport en les « poétisant » ?

> **Conseil**
> Si vous connaissez d'autres textes qui traitent du même sujet que ceux du corpus, mentionnez-les en amorce de votre présentation.

1. Des trains animés

• S'ils gardent des éléments de la réalité technique qu'ils représentent (« portières, charbon qui brûle, bruit, wagon » chez Verlaine ; couleur « noir[e] », bruit « dur » chez Anna de Noailles ; « voie, chemin de fer, wagon » qui « roule » chez Prévert), ces trains, grâce aux images poétiques, sont animés d'une vie humaine, fantastique ou animale, qui leur donne tout leur mystère.

• Leurs bruits inquiétants sont le premier élément qui les anime et les animalise : chez Verlaine, ils poussent des « cris prolongés de chouette ».

• Les « trains en été » d'Anna de Noailles poussent aussi des « cri[s] », mais la métaphore les assimile davantage à des humains. Ils sont dotés non seulement de la vue (« ils voient »), mais aussi de sentiments (leurs cris sont « désespérés », ils ressentent de l'« amour », du « désir ») et d'une sorte de volonté frénétique dans leur course après le « bonheur », leur quête d'une « bienfaisante extase ». Ils prennent une identité humaine si forte que la poétesse s'adresse à eux (« Ô trains [...] qui roulez »). Chez Prévert, le train s'arrête « de peur [...] [d']abîmer » les fleurs et la nature !

• Chez Verlaine, les trains prennent la dimension d'êtres fantastiques et se multiplient en « mille géants qu'on fouette ».

• Dans les trois poèmes, les trains ont en commun leur vitesse et une frénésie de course folle que rien ne peut arrêter : ceux de Verlaine « cour[ent] furieusement » et font que les « plaines » « s'engouffr[ent] » ; ceux d'Anna de Noailles « roul[ent] » « là-bas » vers quelque chose qui « fuit toujours » ; celui de Prévert fait le « tour de la mer », « de la terre » et des continents... Les énumérations des paysages traversés (Verlaine, v. 2-3 ; Noailles, v. 6-7, 11-12 ; Prévert, v. 10-12, 16-19...) et les multiples enjambements rendent compte de la course sans fin de ces êtres en quête d'on ne sait pas exactement quoi.

2. Des trains métaphoriques, symboles d'une quête

• Les trains ont un effet sur les poètes, leurs passagers (Verlaine et Prévert) ou leurs spectateurs lointains (Anna de Noailles), avec lesquels ils nouent des relations particulières : ce sont des lieux de rencontre (chez Prévert, ils emmènent tous les écoliers qui « rencontr[ent] » animaux, nature, « mousquetaires »), mais aussi un moyen d'évasion hors du monde réel vers le rêve ou vers un univers paradisiaque et surréaliste (chez Prévert, une « maison » fuit). Ils constituent un tremplin vers l'aventure, vers le « rêve » (Anna de Noailles) et même une aide à la quête du « bonheur », de « l'extase ».

• Ils prennent enfin une valeur symbolique : métaphore à la fois de la liberté pleine de « désir » qui rend le « cœur joyeux » et de la vie qui « passe » vite (chez Verlaine), ils subliment et transcendent l'« espace » et le temps qui

« fuit » (Anna de Noailles), dotant ainsi l'être humain de pouvoirs extraordinaires et calmant son angoisse existentielle.

Conclusion

Les trains évoqués dans les textes, comme les « bateaux » poétiques d'autrefois, ne sont pas seulement des moyens de transport d'un lieu à un autre, mais, exprimant le désir d'ailleurs, ils permettent le passage d'un monde à un autre.

Question 2

Introduction

Les voyages auxquels ces trains invitent le poète et le lecteur allient des caractéristiques qui peuvent paraître contradictoires : ils semblent à la fois réels et rêvés.

1. Des itinéraires précis et réels

• Anna de Noailles et Prévert font défiler les saisons, rendant ainsi compte du temps que prend le voyage (« l'été, juillet » chez Anna de Noailles, « l'hiver, le printemps » chez Prévert).

• Les poètes mentionnent les éléments naturels qui entourent le voyage : « ciel » chez Verlaine ; « soleil » et « eau » chez Anna de Noailles ; « terre » et « mer », « lune » et « étoiles » chez Prévert. Ils précisent aussi les divers paysages que traversent les trains et leurs composantes qui défilent : « plaines » (Verlaine) ; « bois, prés, jardins », « campagne rase » (Anna de Noailles) ; « îles » et même « Japon » chez Prévert. Sont mentionnés les végétaux et la flore (« arbres, blé, lis, roses trémières, fleurs »).

• Tous les sens sont sollicités : la vue, l'odorat (« odeur du charbon », « îles parfumées », fleurs), l'ouïe (cri des trains), le toucher (« brûlant soleil, dur soleil ») et même le goût (« saumons fumés »).

• Les itinéraires passent aussi par des lieux marqués par la main de l'homme et la civilisation. Sont alors donnés à voir des tableaux urbains : « poteaux », « fils du télégraphe » chez Verlaine ; « barrières », « vérandas » et leur « vitrage » chez Anna de Noailles ; « école » et « maison » chez Prévert.

2. Des voyages poétiques imaginaires

• Ces voyages sont nimbés de flou, tant dans leur itinéraire que dans leur durée. Oubliées les étapes précises : pas de noms propres (seul Prévert mentionne le Japon), les lieux sont confondus dans des pluriels indéfinis (« des plaines », « les toits », « les prés », des « îles »). Qui pourrait tracer un itinéraire à partir de telles données ?

• La temporalité et la durée de ces voyages sont vagues : oubliés les horaires précis du « chemin de fer ». Certes, les saisons défilent, mais à quelle vitesse ? Le « rythme » du train est parfois « brutal » mais il a aussi une « allure étrange » (Verlaine) ; les « trains » d'Anna de Noailles « roule[nt] en terrassant le temps » ; combien de temps dure le voyage des écoliers chez Prévert ? Rien ne l'indique. Le temps semble suspendu, comme il l'est dans les rêves.

• Mais surtout le « regard qui rêve » des poètes transforme les éléments de la réalité pour créer un monde onirique ou fantaisiste, grâce aux images. Les trains prennent vie : ils « hurl[ent] » comme « mille géants », ils « s'irrit[ent] », recherchent le « bonheur », le « wagon » est « brutal », le chemin de fer « ne voulait plus avancer ». La nature elle aussi est personnifiée : « le paysage [...] court furieusement », les « plaines [...] s'engouffr[en]t » (Verlaine) ; les « bois » sont « dormants », le « soleil frappe à coups de maillet » (Anna de Noailles) ; « la mer se prom[ène] », « la lune et les étoiles » partent « pour le Japon », une maison « fu[it] » (Prévert).

• La subjectivité des poètes, qui mêle réalité concrète et sentiments, s'exprime dans un registre lyrique donnant aussi à ces voyages une allure de rêves : Verlaine oublie les trains pour une « blanche vision qui fait [son] cœur joyeux » et entend une « douce voix » inconnue et « le Nom si beau » dont on ne sait rien ; Anna de Noailles multiplie les questions sans réponse dans sa méditation et ressent dans son « cœur » une « brûlure » dont elle ignore l'origine ; l'enthousiasme communicatif de Prévert se marque dans la liberté formelle d'un poème sans ponctuation, sans blancs (sans étapes ?) et sans contraintes poétiques.

Conclusion

Voyages à la fois vécus et imaginaires, du plus proche de la réalité (celui d'Anna de Noailles), au plus surréaliste (celui de Verlaine), ces textes obéissent à une fonction essentielle de la poésie : partir du réel pour créer un monde nouveau qui fait rêver.

SUJET

2

France métropolitaine • Juin 2017

La poésie et le rêve • 14 points

La poésie et le rêve

Commentaire

▶ Vous ferez le commentaire du texte « Trains en été » d'Anna de Noailles (texte B), en vous aidant du parcours de lecture suivant.

1. Dégagez les caractéristiques des paysages traversés par les trains.

2. Montrez que les trains sont présentés comme des êtres humains.

Se reporter au document B du sujet nº 1.

LES CLÉS DU SUJET

Trouver les idées directrices

• Définissez les **caractéristiques** du texte pour trouver les idées directrices.

Poème en vers réguliers (*genre*) qui décrit (*type de texte*) les voyages de trains (*thème*), qui rend compte (*type de texte*) d'états d'âme (*thème*), lyrique, pathétique (*registres*), esthétique, poignant, allégorique (*adjectifs*), pour peindre de beaux tableaux rêvés et poser des questions existentielles (*buts*).

Pistes de recherche

Première piste : de beaux tableaux peints par une poétesse sensible

• Analysez les **types de paysages** décrits, leurs éléments, leurs différences.

• Montrez **comment ils se succèdent** et se chassent les uns les autres, au gré des déplacements des trains.

• Analysez d'où vient leur **beauté** et quelles **sensations** ils suscitent.

• Repérez comment le **regard subjectif** de la poétesse les colore.

• Étudiez les **faits d'écriture** et la versification employés pour rendre compte de ces paysages.

Deuxième piste : des trains transfigurés, humanisés et symboliques

• Quelles **images** caractérisent les trains ? Comment leur donnent-elles vie ?

• Analysez le vocabulaire des **sensations**, des **émotions**, des **sentiments.**

• Étudiez la **situation d'énonciation** au fil du poème.

• Analysez les **rapports** établis **entre les trains** et l'état d'âme de **la poétesse.**

▶ **Pour réussir le commentaire** : voir guide méthodologique.

▶ **La poésie** : voir lexique des notions.

CORRIGÉ 2

Les titres en couleur et les indications entre crochets servent à guider la lecture mais ne doivent pas figurer sur la copie.

Introduction

[Amorce et présentation du texte] Dès le XIXe siècle, les trains inspirent les artistes, notamment les peintres (Monet, Turner, Van Gogh, Caillebotte…) et les poètes (Verlaine, Cendrars…). Au début du XXe siècle, la poétesse Anna de Noailles fait du voyage en train un de ses thèmes favoris : après « Voyages » qui débute par « Un train siffle et s'en va … », elle écrit « Trains en été », poème en une strophe de vingt alexandrins, dans lequel elle décrit les errances des trains qu'elle entend au loin et qui la font rêver. [Annonce des axes] Le poème déroule une succession de paysages qui sont autant de tableaux, générateurs de beauté et de sensations multiples [I]. Les trains y apparaissent comme les guides de ces voyages à la fois réalistes et rêvés ; personnifiés, ce sont les compagnons de « cœur » de la poétesse qui noue avec eux des liens intimes [II].

I. De beaux tableaux peints par une poétesse sensible

1. De la ville à la campagne dans une atmosphère vespérale et estivale

• Dès le titre et les premiers vers, l'atmosphère vespérale (« ce soir, au soir bleu ») et estivale (« en été », en « juillet ») est posée et nimbe les paysages à la fois de « volupté » et de la chaleur du « dur » et « brûlant soleil » (mentionné deux fois) qui « frappe à coups de maillet » (la métaphore est violente).

• Dans ce cadre qui sert de toile de fond, le poème fait voyager le lecteur d'abord dans un milieu urbain : « la ville », verticale, dessinée en relief, semble s'endormir dans l'immobilité (« inerte »), avec ses « toits d'argent » qui s'estompent et dont les contours, par une étrange métaphore, se transforment en étoffes qui « s'effrangent » au coucher du soleil.

• Mais le chemin de fer organise l'espace, modifie les distances et suggère un trajet. Après l'immobilisme des premiers vers, dès le quatrième vers, par l'intermédiaire d'un son (« le cri [...] des trains », rappelé au vers 20) et d'une « route immense », la poétesse et le lecteur sont transportés dans « la campagne rase », mentionnée deux fois et qui clôt le poème, et dans une succession de paysages naturels qui agrandissent horizontalement les perspectives au loin. Les éléments naturels dominent : le feu avec le « soleil », l'eau des « étangs », la terre avec ses « prés » et ses « jardins »... Comme des touches dans un tableau, les végétaux (« les bois », « les prés », « les jardins ») et la flore (les « lis » et les « roses trémières ») embellissent et colorent ces paysages. Seuls quelques discrets éléments témoignent de la présence humaine : la « route », les « jardins », les « petites barrières », les « vérandas » et leur « vitrage ».

2. La mise en mouvement et l'éveil de tous les sens

• Tout au long du poème, les pluriels assortis d'articles faussement définis (aucun détail spatial précis, aucun nom de lieu) multiplient à l'infini ces paysages qui semblent être emportés dans un mouvement ininterrompu par la cascade d'enjambements de longs alexandrins (v. 1-2, 2-3, 7-8, 9-10, etc.), par les rimes qui se répètent et font alterner régulièrement syllabes masculines et féminines, et par l'absence de coupes fortes, qui créent une sorte de vertige. Le poème se déroule comme un long voyage, une errance sans étapes.

• Tous les éléments de décor s'animent d'une vie presque humaine : la « ville » semble régner, indulgente, sur les « toits » (elle les « *laisse*... s'effranger »), les « bois » sont « dormants », les prés sont « jeunes », le « soleil » est un artisan qui joue du « maillet », le « vitrage » est « ébloui »...

• La traversée – imaginaire – de ces paysages sollicite presque tous les sens du lecteur : les paysages sont colorés de « bleu », « d'argent », de vert (suggéré par la végétation), ainsi que des innombrables couleurs des fleurs et de celle de la « route blanche ». Anna de Noailles joue aussi de la lumière avec le « soleil » et le « vitrage ébloui » des « vérandas ». « Le [grand] cri » des trains « qui passent », qui « roule[nt] », mais aussi les sonorités dures des vers 4 (« *cr*i mon*t*ant, du*r*, *tr*ains *p*assent »), 10-11 (« *br*ûlant, *f*ra*pp*e, coups, du*r*, *cr*ève ») et 18 (« s'*irrite*, *votre effroyable amour* ») sonorisent les tableaux. « L'été » et le « soleil » suggèrent des notations tactiles. Les « lis et les roses trémières » sollicitent l'odorat

3. Le regard d'une poétesse qui peint et rêve

• Tous ces tableaux sont l'œuvre d'une poétesse qui sait voir et entendre de loin et connaît bien ces espaces et leurs réalités, comme si elle était elle-même à la fois une spectatrice-peintre et une passagère ou même l'un de ces « trains qui passent » (« Que *voyez*-vous là-bas [...] ? »).

• Elle se trouve même en symbiose avec ces paysages : au « brûlant soleil » (v. 10) répond la « brûlure en [son] cœur » (v. 19). Le présent qui jalonne le poème indique qu'elle vit ces instants au moment même où elle peint ces lieux et compose son texte. Ce « regard qui rêve » (v. 12), est-ce celui du « vitrage » ou celui d'Anna de Noailles ?

• [Transition] Le fil conducteur entre ces paysages et le poème, ce sont les « trains ».

II. Des trains transfigurés, humanisés et symboliques

1. Des trains ou des humains ? Des personnages symboliques ?

• La poétesse transfigure les trains et en fait de véritables êtres animés qui ont des sensations, des émotions et des sentiments. Ils sont capables de voir (« Que *voyez*-vous... ? »). Leurs « cris désespérés » et « dur[s] » témoignent de leur souffrance et ils « appellent » quelque âme compatissante. Sans cesse en quête affective, ils ressentent un fort « désir » et aspirent à un « amour » qui, souvent inassouvi, « effroyable », suscite leur colère (« s'irrite »).

• Plus subtilement encore, comme des humains, ils semblent tourmentés par des questions existentielles, en constante quête du « bonheur », d'une « inimaginable extase », d'un quelque chose de mystérieux dont on ignore la nature, comme en témoignent les trois questions angoissées des vers 14 à 18. Est-ce, pour eux qui sont en mouvement perpétuel, qui sans cesse « passent » et « roule[nt] », le repos que connaît la ville qui s'endort le soir (v. 1-3), mais en pleine campagne (dernier mot du poème) ?

• Vagabonds sans but précis, tourmentés, ils prennent alors une valeur symbolique et sont l'allégorie de voyageurs en quête d'aventure, d'une terre « promise » « inimaginable », ou tout simplement de sens. Peut-être leur voyage est-il celui de l'existence de tout humain en quête d'un idéal qui « luit et fuit toujours » : la paronomase souligne la permanence de cette fuite, mais aussi le pathétique de l'homme qui ne connaît

Définition
La paronomase consiste à employer dans une même phrase des mots dont les sonorités sont proches mais dont le sens diffère (ex. : *Qui se ressemble s'assemble*).

ni le but ni le terme du chemin de la vie et se laisse leurrer par ce miroir aux alouettes : plus la *lueur* (« luit ») est forte, plus l'espoir est grand, et plus la déception devant la *fuite* (« fuit ») est désespérante.

• Cependant, ils accomplissent le miracle de transcender le temps dont ils sont victorieux : le verbe « terrasser », fort par son sens et ses sonorités dures, suggère que la lutte a été violente mais couronnée de succès. Les trains deviennent presque des héros épiques.

2. Des personnages en fusion avec la poétesse

• Êtres liés à la poétesse, en prise directe avec elle, les trains sont à l'unisson affectif de ses états d'âme : leur « grand cri de désir », de quête d'« amour » suscite une « brûlure en [son] cœur » (la métaphore, ancienne, de l'amour qui brûle prend presque une résonance précieuse). Cette « brûlure » métaphorique s'exprime avec lyrisme dans les deux derniers vers, aussi précédés d'un tiret et de l'interjection « Ah ! », avec un nouveau changement d'énonciation (Anna de Noailles parle pour elle-même, comme dans un monologue intérieur) ; la modalité exclamative et les points de suspension qui semblent prolonger le poème intensifient cette blessure affective. Et si ces trains étaient l'image même de la poétesse ?

• Le changement d'énonciation brutal aux vers 13 à 18, dans lesquels, sans crier gare, la poétesse s'adresse directement aux trains, est signalé par un tiret et par l'interjection à résonance antique « Ô ». Il fait des trains des amis ou plutôt des guides, peut-être des instances supérieures (l'interjection « Ô » évoque prières et supplications).

• Anna de Noailles leur pose des questions angoissées : où sont le « bonheur » ? l'« extase » « promise » (on pense à la terre promise de la Bible…) ? Existent-ils seulement ?... Les trains ne répondent pas…

• Et s'ils étaient l'image même de la poétesse qui s'interroge sur l'existence ?

3. Des personnages porteurs d'un art poétique

• Ils prennent aussi un rôle primordial dans l'écriture : ouvrant la porte à l'imaginaire, ce sont des guides pour la rêverie poétique de l'auteur, le fil conducteur de sa méditation, la source même d'inspiration de son poème qui n'existerait pas sans eux.

• Enfin, ils sont la clé de l'art poétique qui se dégage du texte. À travers eux, le lecteur comprend que, pour la poétesse, les réalités les plus modernes, les plus quotidiennes sont des objets/sujets poétiques par leur puissance évocatrice, par leur potentiel symbolique ; mais il faut les métamorphoser, les charger d'un sens allégorique et faire corps avec elles.

[Conclusion] Les moyens de transport ont souvent inspiré les poètes parce qu'ils suggèrent l'idée de voyage, réel ou rêvé, d'évasion, d'aventure. [Ouverture] Ainsi peut-on s'envoler avec l'avion d'Apollinaire et survoler le monde sur les ailes de la poésie :

« L'avion ! L'avion ! qu'il monte dans les airs,
Qu'il plane sur les monts, qu'il traverse les mers,
Qu'il aille regarder le soleil comme Icare
Et que plus loin encore un avion s'égare
Et trace dans l'éther un éternel sillon…
Mais gardons-lui le nom suave d'avion
Car du magique mot les cinq lettres habiles
Eurent cette vertu d'ouvrir les ciels mobiles. »

Et nul doute que, bientôt, la fusée, qui ouvre les espaces cosmiques, deviendra aussi une source d'inspiration poétique…

SUJET 3

France métropolitaine • Juin 2017
La poésie et le rêve • 14 points

La poésie et le rêve

Dissertation

▶ Le rôle du poème est-il seulement de faire rêver le lecteur ?

Les textes du corpus sont reproduits dans le sujet n° 1.

LES CLÉS DU SUJET

Comprendre le sujet

• **Présupposé** : le « rôle » (la fonction, l'utilité, le but) d'un poème est de faire rêver (s'évader hors de la réalité, ailleurs, dans un autre monde).
• **Problématique** : La poésie doit-elle **avant tout** favoriser le rêve ?
• « est-il *seulement* » suggère que la poésie peut avoir d'autres fonctions.

Chercher des idées

• Demandez-vous ce que le lecteur cherche dans un poème (expression des sentiments, incitation à la réflexion, défense d'une cause, jeu sur la langue…).
• Subdivisez la problématique en sous-questions :
– À **quoi** la poésie doit-elle faire rêver ? « **Pourquoi/comment** le poète fait-il rêver son lecteur ?
– La poésie **n'est-elle que** rêve ? N'a-t-elle pas **d'autres fonctions** ?
– Le rêve s'oppose au réel : Le poète doit-il faire découvrir le réel qui nous entoure ? **En quoi** la poésie permet-elle de mieux voir la réalité (quelle[s] réalité[s] ? des choses ? des sentiments ? de l'être profond ? des mots ?) ?
– Le rêve s'oppose à la réflexion et à l'action : Le poète ne doit-il pas nous faire réfléchir à la condition humaine ? Ne doit-il pas s'engager ?
– Élargissement suggéré : Ces fonctions sont-elles incompatibles ?
• Cherchez des **exemples** de poèmes correspondant à ces fonctions.

▶ **Pour réussir la dissertation** : voir guide méthodologique.
▶ **La poésie :** voir mémento des notions.

CORRIGÉ 3

Les titres en couleur et les indications entre crochets servent à guider la lecture mais ne doivent pas figurer sur la copie.

Introduction

[Amorce] « Voyageur ailé » (Baudelaire), le poète s'est depuis l'Antiquité forgé l'image d'un éternel rêveur qui vit « ailleurs ». [Problématique] Faut-il alors s'étonner que la poésie soit le plus souvent définie comme une « Invitation au voyage » (Baudelaire), au rêve ? [Annonce des axes] Certes, un poème est un merveilleux tremplin vers d'autres mondes, nés de l'imagination des poètes [I] ; il invite aussi au rêve sur « l'espace du dedans », les mystères de l'âme, l'univers du langage [II]. Mais les poètes ne nous suggèrent-ils pas aussi de rester ancrés dans le monde réel ? D'ailleurs, la poésie peut-elle se réduire à une seule et unique fonction [III] ?

I. La poésie, un tremplin vers le rêve

1. Rêve, dépaysement et évasion

• Muni d'une anthologie de poèmes, véritable guide de voyage, rien qu'à travers leurs titres, le lecteur peut parcourir le monde et voyager à Rome avec Du Bellay, en Orient avec *Les Orientales* de Hugo, au Brésil (« Escale brésilienne ») avec Supervielle, ou en Sibérie avec la « petite Jehanne de France » (Cendrars, « La prose du Transsibérien »).

• Si de nombreux poètes ont nourri leurs textes de leurs voyages réels (Rimbaud, Supervielle, Saint-John Perse…), un poète peut tout aussi bien faire rêver son lecteur sans l'emmener dans des pays lointains : la tour Eiffel qu'Apollinaire dessine en calligramme, les bords du Rhin où chante la Lorelei sont des paysages réels mais transformés par les ressources de la langue poétique en lieux oniriques et rêvés.

• Parce que la poésie est aussi modernité, il n'est pas un moyen de transport que les poètes n'aient offert à leurs lecteurs : voilier (« La Musique », Baudelaire) ou « steamer balançant [sa] mâture » (Mallarmé), petit train qu'Apollinaire poétise en calligramme ou tout nouveau Transsibérien (Cendrars)… Bien des fois, le poète lui-même s'assimile à ces engins qui permettent le rêve : Rimbaud se transforme en « Bateau ivre ».

2. La poésie transforme le quotidien en univers onirique

• Parfois, le poète trouve dans le quotidien de quoi faire s'évader son lecteur et suscite une rêverie nourrie à partir d'un monde tout proche, simple, au-delà de « Fenêtres ouvertes » (Hugo) ou à l'intérieur d'« une fenêtre fermée » (Baudelaire).

• Parfois, le poète suscite le rêve par l'évocation de paysages totalement imaginaires et inconnus qu'il crée lui-même : monde de Rimbaud, où les « Voyelles » prennent des couleurs, où « une fleur [lui] dit son nom » ; monde des surréalistes, où « la terre est bleue comme une orange » (Éluard)... Ce sont aussi des rêves suscités par des mondes idéaux (« Parfum exotique », Baudelaire) ou même effrayants (« Cauchemar », Verlaine et Théophile Gautier).

> **Conseil**
> Constituez-vous une « banque » de mots autour des notions fréquemment mentionnées dans un devoir. Ici : *rêver* → onirique ; évader, évasion ; imaginer, imaginaire, imagination ; dépayser, dépaysement ; métamorphoser, métamorphose ; merveilleux, etc.

• Pourquoi la poésie est-elle propice au rêve ? C'est parce que le poète, marginal à l'imagination fertile, cherche son inspiration hors d'un monde qui l'étouffe et le met souvent en marge, qu'il veut aller « Anywhere out of the world » (Baudelaire), dans des ailleurs parfaits, fantaisistes ou fantastiques. La poésie s'accommode du dépaysement, de l'exotisme propre à stimuler l'imagination, riche en images. [*Exemples personnels*]

II. La poésie, rêve sur « l'espace du dedans » (Michaux)

1. Rêver sur l'inconscient vers les tréfonds de l'être

• Dans un poème, l'évocation onirique d'un paysage, d'une ville, d'un pays reflète les états d'âme du poète, sert à explorer « l'espace du dedans » (Michaux). Les périples auxquels nous convie Lamartine dans « Les Voiles » sont une métaphore de sa mélancolie romantique ; les « Trains en été » sont une métaphore de la quête d'idéal de l'être humain. La poésie dévoile, par l'évocation d'un ailleurs, les méandres du cœur humain.

• Parfois même, la poésie « plonge » dans ce qui nous touche obscurément et accède aux régions de l'inconscient de notre sensibilité. [*Exemple à développer* : les poètes surréalistes.]

2. Rêver à partir du quotidien, entrer dans le secret du monde

• Le voyage imaginaire, le rêve peut aussi emmener le lecteur dans le cœur des choses quotidiennes. « Traducteur » et « déchiffreur » des mystères du monde, le poète devine ce qui se cache derrière le mur de la rationalité.

• Le poète symboliste « comprend [...]/Le langage des fleurs et des choses muettes » (« Élévation », *Les Fleurs du Mal*). Baudelaire nous fait passer à travers « les vivants piliers » du temple de la Nature pour nous faire, à travers le rêve, saisir les « Correspondances » qui traversent le monde. Francis Ponge fait rêver aux « Alpes », au « Taurus », et à « la Cordillère des Andes » pour entrer, à partir de la « croûte », dans le cœur du pain quotidien, pour en comprendre l'essence avant de repartir dans un voyage rêvé « dans le four stellaire » infini…

• Selon Baudelaire, le poète est doué d'un don de voyance ; il sait pénétrer « l'empire familier des ténèbres ». Ainsi, Hugo, dans la « Fonction du poète », lui assigne comme mission de « faire flamboyer l'avenir ».

3. Entrer dans l'univers onirique des mots par la fantaisie du langage

• Enfin, la poésie fait entrer le lecteur dans le monde onirique des mots, en explorant tous leurs sens, leur potentiel sonore et musical (exemple de l'Oulipo, de Queneau).

• La poésie, grâce à son jeu sur le langage et à son invention verbale, permet des escapades étranges et fantaisistes au pays des mots qui naissent au gré du caprice du poète, qui, « séparés du monde informe du langage parlé », « déracinés » (Octavio Paz) et replantés dans leur nouveau terroir, donnent des fruits et des fleurs jusque-là inconnus.

• Le poète invite à une rêverie grâce à une nouvelle langue, qui établit des rapprochements inattendus comme dans les rêves mystérieux du sommeil.

III. Mais la poésie fait-elle forcément rêver ?

1. Le refus ou l'impossibilité de faire rêver

• Le poète aime parfois à évoquer la réalité qui l'entoure, ses expériences vécues (« Une allée du Luxembourg », Nerval), ses sentiments intimes, sans pour autant faire rêver (*exemples* : poèmes d'amour, Ronsard, Apollinaire, Aragon ; poèmes du quotidien ou de la douleur : Hugo, « Elle avait pris ce pli »). « Le Bateau ivre », image de Rimbaud lui-même après ses voyages extraordinaires, aspire à revenir en Europe, dans une « flache […] où un enfant […] Lâche un bateau frêle ». Supervielle s'exhorte à s'affranchir de tout rêve pour écrire le réel : « Voyageur, Voyageur, accepte le retour […] / Ton rêve modelé par trop de Paysages / Laisse-le reposer en son nouveau contour ».

• Il arrive que le poète ne puisse accéder au rêve et qu'il soit ramené sur terre, comme englué dans la réalité : ainsi Baudelaire ramène régulièrement son lecteur à cette « atmosphère obscure [qui] enveloppe la ville » (« Recueillement »), au Spleen et à son « ciel bas et lourd qui pèse comme un couvercle » [*thèmes à développer* : la mort, la vieillesse, la maladie, la guerre, le temps qui passe… ; *exemple* : « Quand vous serez bien vieille », Ronsard].

• Certains poètes refusent délibérément de faire rêver le lecteur, parce qu'ils ont conscience d'une mission à accomplir pour l'humanité, qui leur semble plus urgente : ancrés dans le présent, engagés auprès de leurs semblables, ils mettent leur art au service de causes qu'ils défendent. Comment faire rêver quand il faut résister aux horreurs nazies ou perpétuer le souvenir de la « cohorte des poignets nus/[D]es pores cautérisés d'encre/Bleu enfer » (Robert Merle) ? Comment rêver quand une honteuse « Affiche rouge » salit les murs de Paris ? Aragon choisit plutôt d'écrire « Strophes pour se souvenir » de Manoukian et des résistants fusillés…

2. La poésie, genre aux multiples fonctions qui ne s'excluent pas

• Pourquoi cantonner la poésie à un seul rôle ? Paradoxalement, elle peut à la fois faire rêver et rapprocher du réel. Prévert, dans « En rentrant de l'école », fait rêver à un ailleurs fantaisiste et enchanteur, mais à la fin il « est revenu à pied »…

• La poésie, par sa nature même, ne laisse rien à l'écart : elle décrit et peint mais transfigure aussi [*exemples*] ; elle crée la beauté pour elle-même (les poètes parnassiens) ; elle dévoile et « traduit » le monde ; elle célèbre la vie et l'humanité ; elle rend compte des états d'âme [*exemples*] ; elle s'engage, défend et dénonce [*exemples*]… C'est en fait dans la complexité de sa définition que se rejoignent toutes ces fonctions : être poète, c'est jeter un regard neuf sur soi et sur le monde et en rendre compte avec un langage nouveau, jusque-là inconnu.

Conclusion

Certes la poésie permet à l'auteur comme au lecteur de rêver, de se « transporter » dans d'autres lieux, dans d'autres temps, dans les mondes invisibles que l'être humain porte en lui, dans la réalité qu'il transcende et dévoile, ou dans l'univers infini des mots. [Ouverture] Mais la poésie ne se laisse pas enfermer dans un rôle unique. Comme l'affirme Proust, « le véritable voyage ne consiste pas à chercher de nouveaux paysages, mais à avoir de nouveaux yeux » : ceux du poète.

SUJET
4

France métropolitaine • Juin 2017
La poésie et le rêve • 14 points

La poésie et le rêve

Écriture d'invention

▸ Un train raconte son voyage à travers des paysages, réels ou rêvés, en exprimant ses sensations et ses pensées.

Votre texte sera écrit à la première personne du singulier. Il comprendra une quarantaine de lignes au minimum.

LES CLÉS DU SUJET

Comprendre le sujet

• **Type(s) de texte :** « raconte… » → texte narratif ; « paysages » → le récit doit comporter des descriptions ; « pensées » → texte en partie argumentatif.

• **Situation d'énonciation :** un train qui s'exprime à la 1re personne (« je ») ; le sujet ne précise pas *à qui* il s'adresse.

• Le genre et le registre ne sont pas précisés.

• **Caractéristiques** du texte à produire.

> Texte qui raconte (*type de texte*) un voyage (*thème*) et décrit (*type de texte*) des paysages (*thème*), qui rend compte (*type de texte : argumentatif*) de ses sensations et pensées (*thème*), pour se remémorer son voyage, se confier et faire partager son ressenti (*buts*).

Chercher des idées

Les choix à faire

• **Le genre littéraire :** choisir un genre qui favorise le récit à la 1re personne : lettre, autobiographie, journal intime, monologue intérieur, dialogue ou interview…

• Déterminer, s'il y a lieu (lettre ou dialogue), le destinataire/l'interlocuteur, humain ou non.

• **L'identité du train :** d'autrefois (à vapeur, au diesel…) ou moderne (Eurostar, TGV). Le contexte : populaire ou de luxe ; vrai ou fictif (paysages « rêvés ») ; historique (trains des camps nazis) ; mythique (le Train bleu qui transporte des stars, des milliardaires, des rois…) ; littéraire (la Lison de *La Bête humaine*, de Zola ; l'Orient-Express d'Agatha Christie)…

• **Le voyage/l'itinéraire/les paysages :** ils dépendent de l'identité du train. Exemples : le Transsibérien (1898) → la Sibérie ; l'Orient-Express (1883) → Paris, Vienne, Venise, Constantinople ; Bombay Express (1890) → Inde ; California Zephir → Californie-Chicago ; train Dakar-Bamako → Afrique ; Trinichellu → Corse.

• **Le registre :** il dépend de ce qui est décrit et du ressenti du train ; il peut être lyrique (beauté des paysages, ivresse du voyage…) ; pathétique (pays pauvres, habitants démunis…)…

La forme

• Respectez les **caractéristiques formelles du genre et du registre que vous aurez choisis** : journal intime → dates ; lettre → désignation et implication du correspondant, indices personnels des 1re et 2e personnes… Registre lyrique → exclamations, questions rhétoriques, gradations, jeu sur les rythmes, mots mélioratifs.

• Rendez sensible l'**implication du train** (indices personnels de la 1re personne, vocabulaire affectif). Utilisez des personnifications.

• **Le lexique :** utilisez le champ lexical (parfois technique) du chemin de fer, vocabulaire des sensations (vue, ouïe, toucher, odorat), de l'affectivité, de la réflexion et du jugement.

▶ **Pour réussir l'écriture d'invention** : voir guide méthodologique.

▶ **La poésie :** voir mémento des notions.

CORRIGÉ 4

Extrait du carnet de bord du Maharajas' Express

26 août 2017

Agra, Jaïpur, Jodhpur, Jaisalmer, Mumbai, Tadoba, Ajanta… Tant de noms enchanteurs aux sonorités exotiques qui s'appellent comme des échos infinis et mystérieux. Je suis un train privilégié, c'est vrai. Songez aux tristes trains de banlieues européens, condamnés à traverser inlassablement les mêmes quartiers enfumés sous le même ciel bas et lourd.

Ma route à moi n'est, à chaque fois, « ni tout à fait la même ni tout à fait une autre ». À la lueur voilée du matin, dans la lumière tremblante d'un midi ardent ou sous le bleu fouillis des claires étoiles, Agra et son Taj Mahal ne sont jamais les mêmes...

À la première pluie de lumière du matin, j'aperçois, nimbée par l'aurore, la ville rose de Jaïpur, issue de l'imagination débridée des maharajas dont j'ai hérité mon nom...

Là-bas, se dresse le Hawa Hamal, ou palais des vents. Merveille ajourée toute de légèreté, palais des mille et une nuits hindoues : à notre première rencontre, mes roues se sont figées devant tant de majesté. Décor de théâtre en grès rouge et rose sable, gardien aux 953 fenêtres, qui ne succombe pas sous ton charme imposant ?

Apparences trompeuses et traîtresses ! Au fil de mes passages, j'ai appris la vie. J'ai compris que cette orgueilleuse construction n'est qu'une mince façade dissimulant de lourds secrets : ses dentelles de fenêtres ajourées n'étaient-elles pas les uniques perspectives consenties aux femmes, qu'aucun regard d'homme ne devait approcher ? Prison dorée, mes riches passagers, confortablement installés dans leur cabine privée aux bois précieux, ne voient en toi qu'un joyau... En te contemplant, il me prend l'envie de semer à tous vents le conseil de l'illustre auteur : « Garde-toi, tant que tu vivras,/ De juger les gens sur la mine. »

Mais je m'égare dans cette gare... Reprenons notre pèlerinage ferroviaire.

Jal Mahal, palais de l'eau, salut !

Posé comme un nénuphar au beau milieu du lac artificiel Man Sagar, tu trempes tes pieds dans l'eau pour te rafraîchir sous les traits du soleil torride de l'été. En automne, tu sembles flotter comme une île, lorsque deux de tes étages jouent au sous-marin sous l'eau émeraude. Mais, quand revient l'hiver, comment puis-je te reconnaître ? Les pieds au sec, tu parades, découvrant fièrement tous tes étages qui règnent alors sur la terre sèche. Joyau sur l'eau, caches-tu toi aussi sous ta splendeur quelque mensonge ? Non ! Les jardins verdoyants dont tu es couronné, couverts d'or, ont la franchise des paysages naturels qui me rassurent : la nature ne ment pas !

Cependant les monts Aravalli m'appellent au loin. Oh ! ce ne sont pas des colosses, ni « les Alpes, le Taurus ou la Cordillère des Andes ». Cependant, sous la modestie de leurs courbes harmonieuses, ils savent me protéger de la mousson et des redoutables vents de sable du désert du Thar. Sur leur crête, ourlée par la lumière orangée du crépuscule, se découpe, en ombre chinoise, la silhouette d'un maharaja hiératique sur son éléphant mythique : tous deux contemplent la splendeur infinie de ces confins que la civilisation ravageuse n'a pas encore salis. Sont-ils réels ou le mirage du créateur qui veille ?

À chaque fois émerveillé, les roues fatiguées, je reprends mon souffle et m'immobilise. Quoi d'étonnant à ce qu'un train… *traîne* ? Je dépose lentement, dans ce décor d'origine du monde, ma cargaison de passagers distingués. Sauront-ils oublier le tohu-bohu de leurs villes pour communier avec ce ciel existentiel ?

Me voilà enfin seul… Je réclamais le soir, il descend, le voici. Quelle douce tristesse m'envahit ?

Avez-vous remarqué, passagers distraits, mon modeste compagnon, le train des pauvres, auquel s'agrippent des voyageurs en grappes débordantes ? Il vient de nous croiser mais vous regardiez ailleurs. Le cœur me point quand, sous mon fanal, j'aperçois au loin ces silhouettes harassées et penchées vers la terre qu'elles grattent pour subsister.

Un proverbe de chez nous dit : « Il faut trois vies pour connaître l'Inde ». Non, il faut l'éternité !

Train privilégié, mais train poète, j'ai acquis ma sagesse dans les eaux du Gange et c'est là, peu importe la fange, que je veux que reposent mes cendres.

Antilles, Guyane • Juin 2016
Le personnage de roman • 14 points

Figures de mères

Questions

Documents

A – **Pierre Choderlos de Laclos**, *Les Liaisons dangereuses*, lettre 98, 1782
B – **Jules Vallès**, *L'Enfant*, début du chapitre 1, 1878
C – **Colette**, *Sido*, extrait de la partie I, 1930
D – **Irène Némirovsky**, *Le Bal*, extrait du chapitre 1, 1930

▸ 1. Caractérisez les relations entre la mère et l'enfant dans les textes du corpus. (*3 points*)

▸ 2. Parmi les personnages de mères du corpus, lequel vous paraît le plus intéressant ? Justifiez votre réponse, en prenant appui sur l'ensemble des textes. (*3 points*)

Après avoir répondu à ces questions, les candidats devront traiter au choix un des trois sujets n°s 6, 7 et 8.

DOCUMENT A

Madame de Volanges a promis en mariage sa fille Cécile à monsieur de Gercourt. Or la jeune fille aime secrètement le jeune chevalier Danceny. Mais elle cache aussi un autre lourd secret : le séducteur Valmont est devenu son amant.

Lettre 98

Madame de Volanges à la marquise de Merteuil

Il y a bien peu de jours, ma charmante amie, que c'était vous qui me demandiez des consolations et des conseils : aujourd'hui, c'est mon tour ; et je vous fais pour moi la même demande que vous me faisiez pour vous. Je suis bien réellement affligée, et je crains de n'avoir pas pris les meilleurs moyens pour éviter le chagrin que j'éprouve.

C'est ma fille qui cause mon inquiétude. Depuis mon départ je l'avais bien vue toujours triste et chagrine ; mais je m'y attendais, et j'avais armé mon cœur d'une sévérité que je jugeais nécessaire. J'espérais que l'absence, les distractions détruiraient bientôt un amour que je regardais plutôt comme une erreur de l'enfance, que comme une véritable passion. Cependant, loin d'avoir rien gagné depuis mon séjour ici, je m'aperçois que cet enfant se livre de plus en plus à une mélancolie dangereuse ; et je crains, tout de bon, que sa santé ne s'altère. Particulièrement depuis quelques jours elle change à vue d'œil. Hier, surtout, elle me frappa, et tout le monde ici en fut vraiment alarmé.

Ce qui me prouve encore combien elle est affectée vivement, c'est que je la vois prête à surmonter la timidité qu'elle a toujours eue avec moi. Hier matin, sur la simple demande que je lui fis si elle était malade, elle se précipita dans mes bras en me disant qu'elle était bien malheureuse ; et elle pleura aux sanglots. Je ne puis vous rendre la peine qu'elle m'a faite, les larmes me sont venues aux yeux tout de suite et je n'ai eu que le temps de me détourner, pour empêcher qu'elle ne me vît. Heureusement j'ai eu la prudence de ne lui faire aucune question, et elle n'a pas osé m'en dire davantage : mais il n'en est pas moins clair que c'est cette malheureuse passion qui la tourmente.

Quel parti prendre pourtant, si cela dure ? ferai-je le malheur de ma fille ? tournerai-je contre elle les qualités les plus précieuses de l'âme, la sensibilité et la constance ? est-ce pour cela que je suis sa mère ? et quand j'étoufferais ce sentiment si naturel qui nous fait vouloir le bonheur de nos enfants ; quand je regarderais comme une faiblesse, ce que je crois, au contraire, le premier, le plus sacré de nos devoirs ; si je force son choix, n'aurai-je pas à répondre des suites funestes qu'il peut avoir ? Quel usage à faire de l'autorité maternelle, que de placer sa fille entre le crime et le malheur !

Mon amie, je n'imiterai pas ce que j'ai blâmé si souvent. J'ai pu, sans doute, tenter de faire un choix pour ma fille ; je ne faisais en cela que l'aider de mon expérience : ce n'était pas un droit que j'exerçais, je remplissais un devoir. J'en trahirais un, au contraire, en disposant d'elle au mépris d'un penchant que je n'ai pas su empêcher de naître, et dont ni elle, ni moi ne pouvons connaître ni l'étendue ni la durée. Non, je ne souffrirai point qu'elle épouse celui-ci pour aimer celui-là, et j'aime mieux compromettre mon autorité que sa vertu.

Je crois donc que je vais prendre le parti le plus sage de retirer la parole que j'ai donnée à M. de Gercourt. [...]

Adieu, ma charmante amie ; ne doutez jamais de la sincérité de mes sentiments.

Du château de... ce 2 octobre 17**.

Pierre Choderlos de Laclos, *Les Liaisons dangereuses*, lettre 98, 1782

DOCUMENT B

I
Ma mère

Ai-je été nourri par ma mère ? Est-ce une paysanne qui m'a donné son lait ? Je n'en sais rien. Quel que soit le sein que j'ai mordu, je ne me rappelle pas une caresse du temps où j'étais tout petit : je n'ai pas été dorloté, tapoté, baisoté ; j'ai été beaucoup fouetté.

Ma mère dit qu'il ne faut pas gâter les enfants, et elle me fouette tous les matins ; quand elle n'a pas le temps le matin, c'est pour midi, rarement plus tard que quatre heures.

Mademoiselle Balandreau m'y met du suif.

C'est une bonne vieille fille de cinquante ans. Elle demeure au-dessous de nous. D'abord elle était contente : comme elle n'a pas d'horloge, ça lui donnait l'heure. « Vlin ! Vlan ! Zon ! Zon ! – voilà le petit Chose qu'on fouette ; il est temps de faire mon café au lait. »

Mais un jour que j'avais levé mon pan, parce que ça me cuisait trop, et que je prenais l'air entre deux portes, elle m'a vu ; mon derrière lui a fait pitié.

Elle voulait d'abord le montrer à tout le monde, ameuter les voisins autour ; mais elle a pensé que ce n'était pas le moyen de le sauver, et elle a inventé autre chose.

Lorsqu'elle entend ma mère me dire : « Jacques, je vais te fouetter !

– Madame Vingtras, ne vous donnez pas la peine, je vais faire ça pour vous.

– Oh ! chère demoiselle, vous êtes trop bonne ! »

Mademoiselle Balandreau m'emmène ; mais, au lieu de me fouetter, elle frappe dans ses mains ; moi, je crie. Ma mère remercie, le soir, sa remplaçante.

« À votre service », répond la brave fille, en me glissant un bonbon en cachette.

Mon premier souvenir date donc d'une fessée. Mon second est plein d'étonnement et de larmes.

C'est au coin d'un feu de fagots, sous le manteau d'une vieille cheminée ; ma mère tricote dans un coin ; une cousine à moi, qui sert de bonne dans la maison pauvre, range, sur des planches rongées, quelques assiettes de grosse faïence avec des coqs à crête rouge, et à queue bleue.

Mon père a un couteau à la main et taille un morceau de sapin ; les copeaux tombent jaunes et soyeux comme des brins de rubans. Il me fait un chariot avec des languettes de bois frais. Les roues sont déjà taillées ; ce sont des ronds de pommes de terre avec leur cercle de peau brune qui fait le fer… Le chariot va être fini ; j'attends tout ému et les yeux grands ouverts, quand mon père pousse un cri et lève sa main pleine de sang. Il s'est enfoncé le couteau dans le doigt. Je deviens tout pâle et je m'avance vers lui ; un coup violent m'arrête ; c'est ma mère qui me l'a donné, l'écume aux lèvres, les poings crispés.

« C'est ta faute si ton père s'est fait mal ! »

Jules Vallès, *L'Enfant*, début du chapitre 1, 1878

DOCUMENT C

La mère de la narratrice, surnommée Sido, d'origine parisienne, habite désormais la campagne. Elle s'y adonne à l'une de ses passions : son jardin.

Sur des gradins de bois peints en vert, elle entretenait toute l'année des reposoirs de plantes en pots, géraniums rares, rosiers nains, reines-des-prés aux panaches de brume blanche et rose, quelques « plantes grasses » poilues et trapues comme des crabes, des cactus meurtriers… Un angle de murs chauds gardait des vents sévères son musée d'essais, des godets d'argile rouge où je ne voyais que terre meuble et dormante.

– Ne touche pas !

– Mais rien ne pousse !

– Et qu'en sais-tu ? Est-ce toi qui en décides ? Lis, sur les fiches de bois qui sont plantées dans les pots ! Ici, graines de lupin bleu ; là, un bulbe de narcisse qui vient de Hollande ; là, graines de physalis ; là, une bouture d'hibiscus – mais non, ce n'est pas une branche morte ! – et là, des semences de pois de senteur dont les fleurs ont des oreilles comme des petits lièvres. Et là… Et là…

– Et là ?…

Ma mère rejetait son chapeau en arrière, mordillait la chaîne de son lorgnon, m'interrogeait avec ingénuité[1] :

– Je suis bien ennuyée… je ne sais plus si c'est une famille de bulbes de crocus, que j'ai enterrés, ou bien une chrysalide de paon-de-nuit[2].

– Il n'y a qu'à gratter, pour voir…

Une main preste[3] arrêtait la mienne – que n'a-t-on moulé, peint, ciselé cette main de « Sido », brunie, tôt gravée de rides par les travaux ménagers, le jardinage, l'eau froide et le soleil, ses doigts longs bien façonnés en pointe, ses beaux ongles ovales et bombés…

– À aucun prix ! Si c'est la chrysalide, elle mourra au contact de l'air ; si c'est le crocus, la lumière flétrira son petit rejet blanc, – et tout sera à recommencer ! Tu m'entends bien ? Tu n'y toucheras pas ?

– Non, maman…

À ce moment, son visage, enflammé de foi, de curiosité universelle, disparaissait sous un autre visage plus âgé, résigné et doux. Elle savait que je ne résisterais pas, moi non plus, au désir de savoir, et qu'à son exemple je fouillerais, jusqu'à son secret, la terre du pot à fleurs. Elle savait que j'étais sa fille, moi qui ne pensais pas à notre ressemblance, et que déjà je cherchais, enfant, ce choc, ce battement accéléré du cœur, cet arrêt du souffle : la solitaire ivresse du chercheur de trésor. Un trésor, ce n'est pas seulement ce que couvent la terre, le roc ou la vague. La chimère de l'or et de la gemme[4] n'est qu'un informe mirage : il importe seulement que je dénude et hisse au jour ce que l'œil humain n'a pas, avant le mien, touché…

J'allais donc, grattant à la dérobée le jardin d'essai, surprendre la griffe ascendante du cotylédon[5], le viril surgeon que le printemps chassait de sa gaine. Je contrariais l'aveugle dessein que poursuit la chrysalide d'un noir-brun bilieux et la précipitais d'une mort passagère au néant définitif.

Colette, *Sido*, extrait de la partie I, 1930

1. Ingénuité : avec une innocence franche et naïve.
2. Paon-de-nuit : nom d'une espèce de papillon ; chrysalide : enveloppe de la chenille en train de devenir papillon.
3. Preste : rapide, agile.
4. Gemme : pierre précieuse.
5. Cotylédon : première feuille d'une plante en train de germer.

DOCUMENT D

Antoinette Kampf est une adolescente qui vit à Paris avec ses parents. Son père a construit sa fortune en travaillant et sa mère a souffert d'une enfance pauvre. Monsieur et madame Kampf désirent être acceptés par la haute bourgeoise parisienne et tiennent à ce que leur fille reçoive la meilleure éducation.

– Tu comprends, Antoinette, que c'est à désespérer de tes manières à la fin, ma pauvre fille… Assieds-toi. Je vais entrer encore une fois, et tu me feras le plaisir de te lever immédiatement, tu entends ?

Mme Kampf recula de quelques pas et ouvrit une seconde fois la porte. Antoinette se dressa avec lenteur et une si évidente mauvaise grâce que sa mère demanda vivement en serrant les lèvres d'un air de menace :

– Ça vous gêne, par hasard, mademoiselle ?

– Non, maman, dit Antoinette à voix basse.

– Alors, pourquoi fais-tu cette figure ?

Antoinette sourit avec une sorte d'effort lâche et pénible qui déformait douloureusement ses traits. Par moments, elle haïssait tellement les grandes personnes qu'elle aurait voulu les tuer, les défigurer ou bien crier : « Non, tu m'embêtes », en frappant du pied ; mais elle redoutait ses parents depuis sa toute petite enfance. Autrefois, quand Antoinette était plus petite, sa mère l'avait prise souvent sur ses genoux, contre son cœur, caressée et embrassée. Mais cela Antoinette l'avait oublié. Tandis qu'elle avait gardé au plus profond d'elle-même le son, les éclats d'une voix irritée passant par-dessus sa tête, « cette petite qui est toujours dans mes jambes… », « tu as encore taché ma robe avec tes sales souliers ! file au coin, ça t'apprendra, tu m'as entendue ? petite imbécile ! » et un jour… pour la première fois, ce jour-là elle avait désiré mourir… au coin d'une rue, pendant une scène, cette phrase emportée, criée si fort que des passants s'étaient retournés : « Tu veux une gifle ? Oui ? » et la brûlure d'un soufflet… En pleine rue… Elle avait onze ans, elle était grande pour son âge… Les passants, les grandes personnes, cela, ce n'était rien… Mais, au même instant, des garçons sortaient de l'école et ils avaient ri en la regardant : « Eh bien, ma vieille… » Oh ! ce ricanement qui la poursuivait tandis qu'elle marchait, la tête baissée, dans la rue noire d'automne… les lumières dansaient à travers ses larmes. « Tu n'as pas fini de pleurnicher ?… Oh, quel caractère !… Quand je te corrige, c'est pour ton bien, n'est-ce pas ? Ah ! et puis, ne recommence pas à m'énerver, je te conseille... » Sales gens... Et maintenant, encore, c'était exprès pour la tourmenter, la torturer, l'humilier, que, du matin au soir, on s'acharnait : « Comment est-ce que tu tiens ta fourchette ? » (devant le domestique, mon Dieu) et « tiens-toi droite. Au moins, n'aie pas l'air d'être bossue. » Elle avait quatorze ans, elle était une jeune fille, et, dans ses rêves, une femme aimée et belle... Des hommes la caressaient, l'admiraient, comme André Sperelli caresse Hélène et Marie, et Julien de Suberceaux, Maud de Rouvre dans les livres... L'amour... Elle tressaillit. Mme Kampf achevait :

– ... Et si tu crois que je te paie une Anglaise pour avoir des manières comme ça, tu te trompes, ma petite...

Irène Némirovsky, *Le Bal*, extrait du chapitre 1, 1930

LES CLÉS DU SUJET

Question 1

- Qualifiez les **liens** entre chaque mère et son enfant et déterminez si ces relations sont apparemment **bonnes ou mauvaises**, de façon à classer les extraits en deux groupes. Les relations entre les personnages **se déduisent de** leurs actes, de leurs paroles, des remarques du narrateur.
- Dégagez les **points communs** des textes et leurs **particularités.**
- **Structurez votre réponse** en commençant par une phrase d'**introduction** situant les documents et reprenant la question, et en terminant par une brève **conclusion.**
- Accompagnez chaque remarque d'**exemples précis** tirés des textes.

Question 2

- La question vous laisse **libre de votre choix** du moment qu'il est étayé. La réponse vaudra par l'exposé des **raisons de votre choix**, des **arguments** qui le soutiennent.
- Analysez les caractéristiques des extraits : l'identité et le tempérament des **personnages**, leurs **relations** (voir question 1), la **situation**, le **genre littéraire**, l'**écriture.**
- Signalez l'**intérêt des trois autres personnages de mère et comparez-les** avec celui que vous avez choisi pour appuyer votre analyse.

▶ **Pour réussir les questions** : voir guide méthodologique.
▶ **Le roman** : voir mémento des notions.

CORRIGÉ 5

Les titres en couleur et les indications entre crochets servent à guider la lecture mais ne doivent pas figurer sur la copie.

Question 1

[Présentation du corpus] Au XVIIIe siècle, dans la lettre 98 des *Liaisons dangereuses*, roman épistolaire de Laclos, Mme de Volanges fait part à la marquise de Merteuil de ses préoccupations au sujet du mariage de sa fille. Un siècle plus tard, dans son roman autobiographique *L'Enfant*, Jules Vallès raconte des épisodes poignants de son enfance. Au début du XXe siècle, la même année (1930), Colette fait le portrait attendri de sa mère dans son autobiographie *Sido* et Irène Némirovsky décrit les vexations que ses parents, désireux de s'intégrer à la haute bourgeoise, infligent à la jeune Antoinette.

1. Des mères attentives et protectrices

• Mme de Volanges « crain[t] » pour sa fille, elle est soucieuse de son « bonheur ». Lorsqu'elle la sent malheureuse, elle verse des « larmes ». Elle sait être « discrète » (elle ne lui « fai[t] aucune question ») mais n'en a pas moins voulu « empêcher » son « penchant » et tenté de choisir à sa place. De son côté, Cécile communique peu avec sa mère et a « toujours eu » de « la timidité avec [elle] ». Au XVIIIe siècle, en effet, les relations mère-enfant devaient être à la fois bienveillantes et assez distantes, sans extériorisation excessive de marques d'affection. Cependant Mme de Volanges finit par revenir sur sa position.

• À la fin du XIXe siècle, les relations mère-enfant ont évolué vers plus de proximité et Sido est plus proche affectivement de sa fille : elle veut l'associer à sa passion du jardinage, lui transmettre « sa curiosité universelle ». Comme Mme de Volanges, elle est perspicace, connaît sa fille et prévoit ses réactions, qu'elle accepte avec une indulgence « résignée ». Sido tient néanmoins à garder la maîtrise de leurs relations et se montre assez dirigiste (« Ne touche pas ! », « Lis… »…). Le lecteur sent une sorte de connivence amusée entre les deux et une réelle affection. De fait, Sido se reconnaît dans sa fille.

2. Des mères cruelles et dénaturées

• Ni Jacques ni Antoinette n'ont reçu – ou ne reçoivent plus – les marques habituelles de tendresse maternelle : « je n'ai pas été dorloté, tapoté, baisoté », dit Jacques ; Antoinette a oublié le temps où sa mère la prenait « sur ses genoux, contre son cœur ». Le contact physique se cantonne aux menaces et aux « fessée(s) » pour Jacques, à la « brûlure d'un soufflet » pour Antoinette. La haine rageuse des mères se manifeste dans la violence de leurs paroles mais aussi dans leurs gestes et mimiques : Mme Vingtras a « l'écume aux lèvres » et « les poings crispés », Mme Kampf a un air de menace ».

• Cependant la cruauté volontaire de ces mères (« c'était exprès... », précise la narratrice du *Bal*), qu'elles justifient par le désir de « dresser leur enfant », dépasse les châtiments physiques et tourne à la torture morale. Mme Vingtras rend son fils responsable de la blessure de son père et lui donne mauvaise conscience ; Mme Kampf « humilie » sa fille en « pleine rue », la harcèle dans tous ses gestes, et lui enlève toute estime de soi.

Question 2

Parmi les quatre mères du corpus, laquelle présente le plus d'intérêt pour son créateur et pour le lecteur ?

• Ces quatre mères sortent de l'ordinaire : Mme Vingtras et Mme Kampf ont des relations très conflictuelles avec leur enfant ; Mme de Volanges et Sido, attentionnées, exercent une forte influence sur leur fille.

• Dans un roman, ce sont souvent les personnages du mal (les « méchants ») qui animent l'intrigue et fascinent le lecteur. Les deux « mauvaises mères » sont intéressantes : elles amènent à méditer sur la conduite à tenir quand on devient parent ; en tant que contre-modèles, elles ont une portée morale. Cependant, elles peuvent paraître caricaturales et excessivement cruelles.

• Les « bonnes mères », plus nuancées, sont plus attirantes, sans que leur perfection soit invraisemblable (l'une et l'autre présentent de petits défauts). Cependant, pour le lecteur contemporain, Mme de Volanges peut paraître dépassée, alors que Sido est plus proche de lui. Le manque de communication réelle et profonde avec sa fille fait de Mme de Volanges un personnage un peu figé.

• Sido, plus « nature », est sans doute la plus intéressante. Elle est originale par son physique, avec sa main « brunie, tôt gravée de rides » et son double « visage », tantôt « enflammé de foi », tantôt « résigné et doux ». C'est une personnalité complexe, animée par une passion née de son « histoire » (elle a été « transplantée » de Paris à la province) ; c'est donc un personnage qui a évolué. Cette passion, elle tente de la communiquer à ses enfants en les incitant à la découverte et en cultivant leur curiosité.

• Enfin, ses rapports avec sa fille en font un personnage nuancé et attachant : elle sait être ferme et affectueuse à la fois ; elle est fière que sa fille soit « à son exemple » : ainsi elle feint de ne pas savoir que Colette lui désobéira pour la laisser faire ses propres expériences. Le regard affectueux et admiratif de Colette sur elle témoigne de l'intérêt du personnage pour la romancière comme pour le lecteur. De ces quatre mères, c'est sans doute celle dont le lecteur peut se dire : « J'aimerais être son enfant » !

SUJET

6

Antilles, Guyane • Juin 2016

Le personnage de roman • 14 points

Figures de mères

Commentaire

▶ En vous aidant du parcours de lecture suivant, vous ferez le commentaire littéraire du texte extrait du *Bal* d'Irène Némirovsky (document D).

1. Étudiez le portrait de Mme Kampf.

2. Étudiez comment le texte rend sensible le souvenir de l'humiliation.

Se reporter au document D du sujet n° 5.

LES CLÉS DU SUJET

Trouver les idées directrices

• Repérez les **caractéristiques** du texte pour trouver les idées directrices.

Extrait de roman (*genre*) qui raconte (*type de texte*) des épisodes d'humiliation d'une jeune fille par ses parents (*thème*), qui décrit (*type de texte*) un milieu familial (*thème*), pathétique (*registre*), tendu, révoltant (*adjectifs*), pour faire le portrait d'une mère et faire partager la souffrance d'une adolescente (*buts*).

Pistes de recherche

Première piste : portrait en actes et en paroles d'une mauvaise mère

• Le « **portrait** » se construit à partir du statut dans la famille, de détails physiques (qui traduisent le caractère), de caractéristiques psychologiques et morales (caractère et personnalité).

• Analysez **les faits d'écriture** qui rendent compte du personnage : interventions subjectives de la narratrice : **vocabulaire** qui la caractérise (positif ou négatif ?) ; actions et paroles rapportées ; relations avec les autres personnages.

Deuxième piste : souvenirs d'humiliation

• « **comment ?** » implique l'analyse des **faits d'écriture** : construction du texte, vocabulaire, paroles rapportées, interventions de la narratrice, points de vue adoptés, monologue intérieur.

• Analysez aussi le **comportement d'Antoinette** face à sa mère. Distinguez l'Antoinette du passé et celle qui écrit et se souvient.

▶ **Pour réussir le commentaire** : voir guide méthodologique.
▶ **Le roman** : voir mémento des notions.

CORRIGÉ 6

Les titres en couleur et les indications entre crochets servent à guider la lecture mais ne doivent pas figurer sur la copie.

Introduction

[Amorce et présentation du texte] Jules Renard fait s'exclamer Poil de Carotte, victime de la méchanceté de sa mère : « Tout le monde ne peut pas être orphelin… » Si la plupart des parents exercent avec amour et dévouement leur métier de parents et s'efforcent de donner à leurs enfants le plus de bonheur possible, il existe aussi des enfances saccagées par un père ou une mère insensible et tyrannique. Dans *Le Bal*, Irène Némirovsky [Annonce des axes] met en scène une mère agressive et insensible [I] et rend compte de la souffrance de sa fille Antoinette, adolescente en butte aux critiques et aux humiliations continuelles de cette mère dénaturée [II].

I. Le portrait en action et en paroles d'une mauvaise mère

1. Dureté et humiliation

• Si Mme Kampf a été jadis une « bonne mère » qui savait « embrasse[r] », désormais elle est indifférente aux attentes, aux sentiments ou aux rêves de sa fille ; son comportement n'est fait que de violence verbale, psychologique, physique. Sa dureté se marque d'abord par son visage (« lèvres serrées », « air de menace »). On la voit peu, mais on entend sa voix « irritée » qui manifeste sa colère permanente.

• Elle dévalorise et humilie constamment sa fille par des insultes (« petite imbécile »), des reproches (« tes sales souliers »), des critiques sur son comportement. Aucune parole affectueuse, seulement des ordres qui claquent comme des coups de fouet : « n'aie pas l'air d'être bossue », « file au coin »... Les gestes les plus simples font l'objet de commentaires désobligeants : « Comment est-ce que tu tiens ta fourchette ? »

2. Agressivité et sadisme maternels

• Cette agressivité prend parfois la forme d'un vouvoiement de politesse ironique quand elle feint de chercher à comprendre l'attitude peu coopérative d'Antoinette (« ça *vous* gêne, par hasard, Mademoiselle ») pour revenir immédiatement à la brutalité du tutoiement : « Alors, pourquoi fais-*tu* cette figure ? » Si elle l'appelle « ma pauvre fille », « ma petite », ce n'est pas par affection, c'est par mépris. Lorsqu'elle a réussi à la faire pleurer, elle se moque de ses larmes et s'en montre exaspérée (« tu n'as pas fini de pleurnicher »).

• Plus odieuse encore est la façon dont elle exige avec sadisme l'assentiment de sa victime à ses critiques en concluant ses prises à partie par des questions pour le moins rhétoriques puisque Antoinette n'a pas son mot à dire : « Tu veux une gifle ? oui ? » ou « Tu m'as entendue ? ». Pour comble de perversion, elle veut qu'Antoinette soit convaincue de la pertinence de ses méthodes éducatives : tout cela est pour son « bien, n'est-ce pas » ?

3. Une mère obsédée par les apparences sociales et l'argent

• Cette femme, dans son désir de s'intégrer à la haute bourgeoisie à laquelle sa fortune récente lui permet d'appartenir, veut faire oublier ses origines modestes en surjouant les stéréotypes de ce qu'elle considère comme une bonne éducation. Mais c'est aux « apparences » qu'elle s'attache avant tout et son éducation tient à la fois de la mise en scène et du dressage. Ce qui compte, c'est avoir « l'air » d'être une jeune bourgeoise.

• Pour qu'Antoinette assimile parfaitement les comportements d'une jeune fille de bonne famille, sa mère met en scène, comme au théâtre, la façon d'accueillir un invité dans un salon. Elle joue elle-même ce rôle, ouvre la porte et fait répéter à Antoinette le rôle de la jeune fille accomplie, qui doit se lever avec grâce et empressement quand un visiteur se présente. Les leçons portent à la fois sur la façon de se tenir bien « droite » et de tenir avec élégance sa « fourchette ». Elle semble aussi mettre en scène les moments d'humiliation qu'elle inflige à sa fille : elle choisit de la gifler devant son école, devant un public de passants et de camarades de classe, ou de la rabaisser devant le « domestique » de la famille. Elle rappelle à Antoinette, avec la vulgarité d'un nouveau riche, le coût des services de la Miss anglaise.

II. Partager la souffrance d'une adolescente

1. Le surgissement du passé dans le récit d'un affrontement

• Pour nous faire partager la façon dont l'adolescente ressent au quotidien les critiques maternelles, la romancière met face à face la mère et la fille dans une scène d'affrontement.

• Celui-ci ne dure que quelques répliques mais il semble soudainement comme suspendu lorsque l'adolescente, sous l'effet de cette nouvelle agression, revit des humiliations passées qui défilent avec précision dans sa mémoire, avant que la voix impérieuse de sa mère ne la ramène à la réalité du lieu et du moment.

2. Un affrontement en direct d'un point de vue externe

• Le décor est donné : elles sont dans le salon de la famille Kampf et Madame entre dans la pièce et en sort pour obtenir de sa fille qu'elle réagisse en jeune bourgeoise bien élevée et se lève comme l'exigent les bonnes « manières ». Ce dressage – car on ne peut pas parler de conseils éducatifs –, se fait d'abord d'un point de vue externe. La mère monopolise la parole, à la fois pour donner ses instructions et pour commenter avec aigreur les réactions d'Antoinette.

• Les déplacements de la mère et les gestes de la fille sont décrits avec précision par des verbes de mouvement au passé simple (« recula », « ouvrit », « se dressa »). La narratrice commente les mimiques d'Antoinette : elle bouge « avec lenteur et une évidente mauvaise grâce », ce qui exaspère la mère et provoque un nouveau dialogue tendu dans lequel Antoinette ne répond que par un « non, maman », murmuré à « voix basse ».

• La narratrice, de nouveau d'un point de vue externe, décrit avec une précision chargée de compassion la mimique qui accompagne cette réponse soumise : elle « sourit, avec une sorte d'effort lâche et pénible qui déform[e] douloureusement ses traits ».

3. Le monologue intérieur d'une révoltée silencieuse

• Pour faire face aux agressions de sa mère, Antoinette a mis au point une méthode de résistance passive : des réponses minimales – un « non, maman » murmuré, un « sourire » douloureux. Mais sous cette froideur apparente bouillonne la haine auquel le lecteur accède par le monologue intérieur d'Antoinette retranscrit d'un point de vue interne, au style indirect libre.

• Dans un flash-back défilent des scènes du passé, à peine esquissées – autant de moments traumatisants où la mère s'est déchaînée contre sa fille qui entend encore cette « voix irritée » dont elle n'a retenu que les reproches (« cette petite qui est toujours dans mes jambes… », « tu as encore taché ma robe […] petite imbécile ! »).

4. L'acuité d'un souvenir particulièrement humiliant

• Un souvenir plus fort que les autres remonte à la surface, s'organisant progressivement, comme un puzzle dont les pièces, séparées ici par des points de suspension, se mettent en place : le moment imprécis (« un jour »), quand elle avait « onze ans », le souvenir associé à ce moment – le désir de « mourir » –, puis des éléments visuels (« un coin de rue »), le souvenir sonore de la voix haïe (« Tu veux une gifle ? »), une sensation tactile (« la brûlure d'un soufflet »)…

• Puis la scène se peuple de témoins, des passants, des camarades d'école, décor visuel et sonore fait des « ricanements » de ce public d'enfants qui commentent ironiquement d'un « Eh bien, ma vieille » et de l'obscurité de « la rue noire » et « des lumières » à travers ses larmes.

• À tous ces détails encore vivaces, Antoinette associe, au discours indirect libre, les sentiments violents qu'elle éprouve désormais à l'égard de ses tortionnaires : haine, désir de « tuer », de « défigurer ». Une insulte brute résume ce bouillonnement : « sales gens ». La séquence souvenir se prolonge avec quelques moments d'humiliation plus récents et se referme sur le rappel de son âge d'aujourd'hui, « quatorze ans ».

• Antoinette s'évade de ses tourments dans des « rêves » inspirés manifestement par des lectures refuge, romans remplis de figures féminines et masculines idéales appartenant à une aristocratie imaginaire aux noms improbables… Elle laisse derrière elle son passé et son présent d'adolescente, et se projette dans une vie de « femme aimée et belle » où les points de suspension isolent « l'amour » comme une bulle fragile, lorsque la voix de sa mère la ramène à la réalité…

Conclusion

L'enfant n'apparaît dans la littérature qu'au XIXe siècle. Antoinette prend place dans la grande famille des enfants martyrs de la littérature : Cosette, Olivier Twist, Poil de Carotte, Guillaume (*Le Sagouin*, de Mauriac), [Ouverture] frères et sœurs de ces enfants de chair et d'os dont on découvre encore aujourd'hui les souffrances au détour d'un reportage, d'un article de journal, quand les coups des parents les tuent ou qu'ils choisissent eux-mêmes de mettre fin à leur calvaire.

Antilles, Guyane • Juin 2016
Le personnage de roman • 14 points

Figures de mères

Dissertation

▸ **Pourquoi, selon vous, les romanciers mettent-ils volontiers en scène des relations familiales ?**
Vous appuierez votre réflexion sur des exemples puisés dans les textes du corpus, dans les romans que vous avez étudiés ainsi que dans votre culture personnelle.

Les textes du corpus sont reproduits dans le sujet nº 5.

LES CLÉS DU SUJET

Comprendre le sujet

- « **les relations familiales** » : le mot « famille » prend plusieurs sens. Partez de l'étymologie du mot, répertoriez ses divers sens et leur évolution (sens étroit, sens large).
- Identifiez **les diverses relations** familiales : parents-enfants, grands-parents et petits-enfants, oncles, tantes, couple… Distinguez la famille par le sang de la famille par alliance.
- Le **présupposé** du sujet est que la famille est intéressante pour le romancier et ses lecteurs.
- « **Pourquoi ?** » : cherchez les **raisons** pour lesquelles les romanciers s'attachent aux relations familiales, l'**intérêt** qu'elles présentent pour eux – et pour les **lecteurs**.
- **Reformulez la problématique** : *Quels intérêts présente pour un romancier et son lecteur la peinture des relations familiales ?*
- Pour répondre, demandez-vous quelles sont les visées d'un romancier et ce qui suscite l'intérêt d'un lecteur (action, émotion, pouvoir d'identification, incitation à la réflexion…).

■ Chercher des idées

Les arguments

• Cherchez en quoi le **romancier** peut tirer parti de la famille par rapport aux différentes composantes du roman : thèmes, personnages (identité, types de relations, sentiments), action, peinture d'une société ou d'un monde, portée morale…

• La famille peut intéresser le **lecteur** : action mouvementée, possibilité d'identification, analyse du monde et lucidité sur soi…

• Mesurez les **conséquences de l'absence** de famille sur les personnages.

• Analysez l'**évolution** de la famille au fil des siècles dans le roman.

• Pensez à comparer sur ce point le roman avec les **autres genres**, notamment le **théâtre**.

Les exemples

• Répertoriez des romans sur la famille (surtout à partir du XIXe siècle) : *Le Père Goriot*, de Balzac ; *Le Rouge et le Noir*, de Stendhal ; *Madame Bovary*, de Flaubert ; *Thérèse Desqueyroux* et *La Fin de la nuit*, de Mauriac ; *Vipère au poing*, d'Hervé Bazin ; *Le Petit Chose*, d'Alphonse Daudet…

CORRIGÉ 7

Les titres en couleur et les indications entre crochets servent à guider la lecture mais ne doivent pas figurer sur la copie. Dans ce corrigé vous devez illustrer chaque idée d'exemples personnels.

Introduction

[Amorce] « La famille, ça se porte sur le dos du matin au soir de la vie », écrit Alice Ferney dans *Les Autres*. Par sa présence comme par son absence, la famille est un élément primordial pour tout être humain. [Problématique] Quels profits les romanciers peuvent-ils tirer de la peinture du premier milieu qui entoure ses personnages : les parents, proches ou éloignés ? [Annonce du plan] [I] D'un point de vue littéraire, par la diversité des réalités qu'elle recouvre, la famille permet au romancier d'aborder des sujets très variés. [II] D'un point de vue dramatique, elle lui offre aussi de multiples occasions de nourrir l'intrigue de son roman et de la rendre plus intense. [III] Enfin, elle est aussi un milieu favorable à l'analyse du cœur humain et elle permet de mesurer l'évolution des personnages mais aussi de la société.

I. Un monde varié porteur de multiples sujets

1. Qu'est-ce qu'une famille ?

• Polysémique, dérivé du latin *famulus*, « serviteur », le mot *famille*, chez les Romains, désigne à l'origine l'ensemble des serviteurs attachés à un citoyen, puis toutes les personnes qui vivent sous le même toit. Elle implique donc une relation sociale de pouvoir et une communauté de vie.

• Le sens du mot comme ensemble des personnes d'un même sang, avec la notion de filiation, est plus tardif. La famille prend alors une dimension à la fois biologique et légale. Elle crée entre ses membres une obligation de solidarité matérielle et morale.

• Les familles fournissent ainsi au romancier un large éventail de personnages : père, mère, beau-père et belle-mère, enfants (légitimes, illégitimes ou adoptés, enfant unique ou fratrie multiple, jumeaux...), conjoints, aïeux, morts ou vivants, de tous âges et de tous sexes.

2. La famille permet d'aborder une infinité de sujets

• Le couple, base traditionnelle de la famille, implique l'amour, le dévouement, mais aussi la jalousie, le mensonge, la trahison et leurs diverses expressions [*exemples*].

• Le tandem parents-enfants permet au romancier de traiter des problèmes du choc des générations et les thèmes de l'autorité et du pouvoir [*exemples*], de l'éducation [*exemples*], de l'argent et, en corollaire, de la reconnaissance ou de l'ingratitude des enfants (*Le Père Goriot*, de Balzac ; *L'Enfant*, de Vallès...). En revanche, le tandem grands-parents et petits-enfants consacre l'équation « perte de pouvoir égale gain en affection » (le grand-père dans *En famille*, d'Hector Malot ; *Charlie et la chocolaterie*, de Roald Dahl).

• Les rapports dans la fratrie (entre frères et sœurs), qui se déclinent dans des positions très variées (aînés, cadets, benjamins), entraînent la connivence, la complicité, l'entraide (*Un sac de billes*, de Joffo), mais aussi la jalousie, la compétition pour gagner sa place au sein de la cellule familiale (*Poil de carotte,* de Jules Renard ; *Vipère au poing,* d'Hervé Bazin).

3. Une structure qui pose des questions morales

• Comme la famille n'est pas une structure naturelle (les animaux n'en ont pas réellement), elle montre la lutte entre la liberté liée à l'état de nature et la coercition sociale. Les humains, nés libres, se trouvent comme enchaînés ; c'est le sens du « Familles, je vous hais » d'André Gide, dans *Les Nourritures terrestres* (1897).

• Corollairement, dans cette « organisation », les forts peuvent abuser impunément (du moins jusqu'à nos jours) des faibles : cela pose le problème de la conscience morale (*L'Enfant,* de Vallès ; *Le Bal,* de Némirovski).

• La famille met aussi en scène la compétition et souvent la guerre des sexes, qui pose un problème existentiel majeur (cas du mariage, *exemples*).

II. La famille, un milieu générateur de passions et d'action

1. « Familles, je vous ai ! »

• Hervé Bazin transforme le « Familles, je vous hais ! de Gide en « Familles, je vous ai » (*Ce que je crois*). Un être humain – et, par conséquent, un personnage de roman – ne peut naître que dans une famille – biologique ou adoptive.

• Le romancier, pour donner l'illusion de la réalité, doit donc insérer ses personnages dans ce groupe social élémentaire que tout lecteur connaît.

2. Génératrice de passions et de tensions

• La famille est le plus souvent un monde clos que l'individu n'a pas choisi et dans lequel, du moins pour un temps de sa vie, il doit rester pour survivre.

• Comme dans la tragédie, à l'intérieur de ce vase clos, les passions et les tensions s'exacerbent parce que souvent elles ne trouvent pas d'exutoire. Les titres métaphoriques des romans de Mauriac (*Le Nœud de vipères*) ou d'Hervé Bazin (*Vipère au poing*, qui se déroule dans un huis clos entre une mère cruelle, ses trois enfants maltraités et un père presque inexistant) rendent bien compte de ce phénomène. Paul Alexis, ami d'Émile Zola, définit la famille comme « la marmite où mijotent toutes les pourritures familiales et tous les relâchements de la morale ».

• Les débats, les querelles et les malédictions familiales sont au centre de la tragédie grecque (les horreurs des Atrides, le parricide et l'inceste d'Œdipe, le désir incestueux de Phèdre pour son beau-fils) ; mais, dans le roman, la fatalité apparaît comme un effet de la vie familiale en tant que telle.

3. Génératrice d'action, puissant moteur pour l'intrigue

• Ces passions viennent alimenter l'action. « La base des sociétés humaines sera toujours la famille. Là commence *l'action* du pouvoir et de la loi » (Balzac, *Le Médecin de campagne*).

• Si, avant l'essor du roman, la famille apparaissait dans des fictions (farce, drame, conte…), c'était presque toujours comme décor et non comme sujet en elle-même. Dans le roman, elle devient un thème indispensable.

• Les divers événements qui s'inscrivent dans le milieu familial (mariage, naissance, crise d'adolescence, divorce, mort…) mais aussi le jeu complexe des sentiments et les conflits qu'ils suscitent multiplient les péripéties et permettent le croisement des fils de l'action. La capacité du roman à parcourir une durée assez étendue – parfois une vie entière – permet donc de « couvrir » des moments très variés d'une existence [*exemples*].

III. Un laboratoire d'analyse des cœurs et de l'évolution de l'être humain

1. Un milieu permettant de pénétrer le cœur humain

• Avec la famille, le romancier dispose d'un milieu privilégié pour mettre en lumière la complexité de l'être humain. Les regards croisés des membres de la famille du personnage (un père, une mère, un frère...), qui vivent dans son intimité, l'éclairent aussi.

• À l'inverse, les réactions du personnage face à son milieu familial, souvent traduites par le monologue intérieur [*exemples*] ou le roman à la première personne (*L'Enfant*, *Sido*), nous renseignent aussi sur lui et éclairent son comportement et son univers mental.

• Paradoxalement, l'absence de famille, en créant le manque, génère aussi des passions et éclaire l'être humain (*exemples* : héros de Dickens, de Hugo ; *Sans famille*, de Malot). Quand elle vient à disparaître, la famille est une réserve de souvenirs qui colorent le paysage mental du personnage.

> **Remarque**
> Pour juger de l'intérêt d'un élément littéraire (thème, fait d'écriture...), il est bon d'analyser les conséquences de son absence dans une œuvre.

• Enfin, la présence d'un narrateur qui « dirige » les fils de ce groupe viscéral et social, les focalisations auxquelles il a recours – notamment le point de vue interne – font du roman un genre privilégié pour sonder l'être humain.

2. Un milieu permettant d'éclairer l'évolution de l'être humain

• À la différence du dramaturge qui « capte » son personnage dans un moment de crise, le romancier éclaire l'évolution de ses personnages dans la durée et rend compte de la société et du monde qui l'entourent. Or, la famille est la source de la formation d'un être et l'enfant est un produit familial avant d'être un produit social. C'est le lieu de la germination de l'être humain et de sa préparation à la vie en société. Le romancier met donc en scène la famille pour démonter, analyser, comprendre le développement ultérieur de son personnage et son évolution dans la vie (*Le Rouge et le Noir*, de Stendhal).

• Déjà à la Renaissance, Rabelais considère la famille comme essentielle dans la construction de l'individu : il consacre une grande partie de *Gargantua* et de *Pantagruel* à l'enfance et à la famille de ses héros. Dans *La Princesse de Clèves* (1678), les préceptes de Mme de Clèves expliquent comment sa fille devient un « modèle de vertu » à la Cour. La plupart des romans d'apprentissage montrent l'influence de la famille sur le héros « en formation ».

• Au XIXe siècle, les romanciers naturalistes prennent en compte l'importance de la famille dans l'analyse de la part d'inné et d'acquis chez l'être humain (*Les Rougon Macquart*, de Zola). La mise en scène de la famille permet de comparer la destinée et l'évolution différente de deux frères nés dans la même famille (*Pierre et Jean*, de Maupassant). Au XXe siècle, la psychanalyse conforte les romanciers dans cette voie.

Conseil
Dans la dissertation, pensez à adopter un point de vue chronologique d'histoire littéraire, à analyser l'évolution du genre dont vous parlez.

3. Un milieu permettant d'éclairer la société et son évolution

• Le champ d'investigation du romancier concerne aussi la société en général. Or, en mettant en scène des familles, il peut pointer les antagonismes entre divers milieux sociaux et leurs conséquences dans la destinée des hommes : la famille de Julien Sorel, modeste et besogneuse, côtoie celle, aristocratique et fière, de Mathilde de la Mole (*Le Rouge et le Noir*)...

• Le romancier s'intéresse aussi à l'histoire de l'humanité, qui est affaire de familles, de lignées, de parentés. À travers les diverses figures de familles que propose la littérature romanesque, le lecteur perçoit comment cette cellule a évolué et a changé la donne sociale.

• Les figures patriarcales des romans de Rabelais perdent de leur poids dans ceux des siècles suivants ; les liens au sein d'une même génération prennent de l'importance et dessinent une société aux rapports plus « horizontaux » que verticaux. Les romans les plus récents qui mettent en scène des couples homosexuels (Colette, Gide, Proust, Zola dans *Nana*) témoignent de l'évolution de la notion de couple, du changement des mœurs et des liens sociaux.

Conclusion

Réduite ou nombreuse, monoparentale ou recomposée, la famille est la cellule de base qui forge l'individu et tisse les liens sociaux. Elle présente pour le romancier de multiples intérêts : fertile en événements, elle satisfait le goût du lecteur pour une action mouvementée ; lieu des passions, elle éclaire les mouvements de l'âme de l'être humain ; creuset où se forme et se déforme la personnalité de chacun, elle en éclaire l'évolution et témoigne des changements sociétaux.

SUJET

8

Antilles, Guyane • Juin 2016

Le personnage de roman • 14 points

Figures de mères

Écriture d'invention

▶ Cécile de Volanges écrit à une amie pour se confier : elle lui expose sa situation, raconte, selon son point de vue, les événements relatés par sa mère à la marquise de Merteuil dans la lettre 98 (document A), et s'interroge sur ce qu'elle peut ou doit faire.
Vous écrirez cette lettre, en respectant les caractéristiques des personnages et de leurs relations telles qu'elles apparaissent dans le document A.

Le candidat peut s'appuyer sur les textes du corpus reproduits dans le sujet nº 5.

LES CLÉS DU SUJET

Comprendre le sujet

• Caractéristiques du texte à produire, à partir de la consigne.

Lettre d'une jeune fille (*genre*), qui raconte (*type de texte*) une liaison amoureuse interdite (*thème*) et décrit/rend compte de (*type de texte*) son désarroi et de sa perplexité (*thème*), qui délibère (*type de texte : argumentatif*) sur la conduite à tenir (*thème*), ? (*registre*), pour se confier et faire partager ses sentiments (*buts*).

Chercher des idées

Le fond

• Vous devez être **fidèle au roman de Laclos.** Respectez le **contexte** (libertinage du XVIIIe siècle) ; les **personnalités** de Cécile (« mélancolie », « timidité ») et de sa mère peintes par Laclos ; les **événements** racontés par Mme de Volanges (« larmes », discrétion de la mère...).

• Mais vous devez aussi faire des **choix** : imaginer les **attitudes** que peut adopter Cécile (se taire ? avouer ?) ; opter pour un/des **registre(s)** : lyrique (Cécile est jeune et amoureuse) ou élégiaque (ton de la plainte), mais aussi pathétique ou dramatique…

La forme

• Respectez les **caractéristiques formelles du roman épistolaire** : désignation des correspondants en début de lettre ; lieu d'écriture, points de suspension, date en fin de lettre ; implication de l'auteur et du destinataire (indices personnels des 1re et 2e personnes)…
• Vous devez reprendre certains des **faits d'écriture** de la **lettre de Mme de Volanges** (vocabulaire affectif, hyperboles…). Adoptez un langage courant, voire soutenu (Cécile est une aristocrate).
• Utilisez les faits d'écriture de la **délibération** (interrogations, alternatives, antithèses…), les **marques des registres** choisis (pour le lyrisme : exclamations, répétitions, vocabulaire affectif, exagérations…).

CORRIGÉ 8

Cécile de Volanges à Sophie Carnay

Ma très chère Sophie, je vais sans doute t'horrifier par le récit de ce que j'ai eu la folie de commettre. Et voilà qu'en sus, j'ai l'imprudence de confier le plus inavouable des secrets au papier. Ma lettre pourrait se perdre, on pourrait l'ouvrir par erreur, Maman pourrait exiger de la lire afin de vérifier que je n'entretiens pas une correspondance avec le chevalier Danceny… Que sais-je encore !

Mais je m'égare… Je souhaiterais de tout cœur pouvoir te dire que je vais bien. Mais je mentirais si je te disais que je ne suis pas plongée dans la plus profonde détresse, tant j'ignore ce que je puis faire dans ma situation. S'il est un point, du moins, sur lequel je puis te rassurer, c'est que je n'ai pas quitté le château ; si je suis maintenant déshonorée, du moins cela n'est-il encore su que de moi seule.

Je devine sans peine ta pensée : tu crois sans doute que j'ai cédé au chevalier Danceny. Dieu, comme tu es loin de soupçonner l'étendue de ma honte ! Je ne me suis pas contentée de me perdre, j'ai aussi trahi celui que j'aimais – et que j'aime encore ! Mais je ne puis plus me taire : si je ne te confie pas le secret qui me dévore, je ne pourrai bientôt plus me retenir de le dire à Maman.

Voici donc le mystère qui me tue et que je livre ici nu et tout brûlant de ma honte : je suis l'amante du vicomte de Valmont !

Oui, du vicomte de Valmont ! De ce séducteur qui a perdu tant de femmes et dont on dit même qu'il aurait réussi à corrompre la vertueuse présidente de Tourvel.

Remarque
Si vous connaissez l'œuvre qu'il faut « imiter », vous pouvez lui emprunter des éléments et les reprendre dans votre lettre (vous montrez ainsi vos connaissances personnelles).

Je t'entends t'exclamer d'ici : *Comment, Cécile, comment as-tu pu ?* Je te supplie de m'épargner la honte de te raconter comment j'ai pu me livrer à lui. Je ne sais ce qui m'a pris.

Tout cela m'a véritablement altérée. Je n'arrive pas à cacher ma détresse en société et je crois même que les amies de Maman lui en ont touché un mot. Parfois, j'en viens à un tel désespoir que j'en défaille. Ainsi, ce matin, je sortais d'une visite de cette sournoise de Mlle de Hautecourt, qui m'avait attaquée sur tous les fronts pour me percer à jour. J'étais à bout de forces : je me suis précipitée dans les bras de Maman et n'ai retenu qu'à grand-peine la confession qui me brûlait les lèvres. Par je ne sais quel miracle, Maman ne m'a pas questionnée : je me suis donc repliée dans ma chambre pour pleurer tout mon saoul.

Quel parti prendre ? Éclaire-moi de tes lumières, toi dont la sagesse ne fait pas mentir le prénom. Je me vois cernée de toutes parts : si la chose se sait, tous me condamneront. Ne dois-je donc pas me taire et espérer que rien de toute cette affaire ne vienne à être connu ? Dois-je tout dire à Maman et sceller ainsi ma honte ? Je ne puis m'y résoudre non plus, la seule pensée d'un aveu m'est insoutenable : je préférerais dire à Maman qu'à défaut d'avoir soutenu l'honneur de ma famille, je n'ai pas trahi mon cher Danceny. Elle sait quel lien nous unit et c'est une mère aimante : elle aurait pu comprendre que j'aie fauté par amour, j'en suis certaine. Mais le vicomte de Valmont, ce dépravé ? Elle ne me le pardonnera jamais et je ne pourrai le supporter.

Je me punis assez de ma coupable sottise, crois-le bien. Aussi, je te conjure de ne pas trop me mépriser, si tu le peux, et de me répondre au plus vite pour m'aider à prendre le parti que je dois suivre.

Adieu, ma douce Sophie.

Du château de… ce 2 octobre 17**.

SUJET 9

France métropolitaine • Juin 2015

Le personnage de roman • 6 points

Les personnages non humains

Questions

Documents

A – **Victor Hugo**, *Les Travailleurs de la mer*, deuxième partie, livre IV, chapitre 1, 1866.

B – **Joseph Kessel**, *Le Lion*, deuxième partie, chapitre 9, 1958.

C – **Joy Sorman**, *La Peau de l'ours*, 2014.

▶ **1. Comment peut-on définir les relations entre l'homme et l'animal exprimées dans ces extraits ?** *(3 points)*

▶ **2 Étudiez les moyens mis en œuvre dans ces textes pour donner à l'animal la dimension d'un personnage romanesque.** *(3 points)*

Après avoir répondu à ces questions, les candidats devront traiter au choix un des trois sujets nos 10, 11 ou 12.

DOCUMENT A

Gilliatt, un pêcheur solitaire, robuste et rêveur, a bravé pendant des heures la tempête pour rejoindre l'épave de La Durande, *un bateau à moteur. Tandis que la mer s'apaise, il cherche de quoi se nourrir. À la poursuite d'un gros crabe, il s'aventure dans une crevasse.*

Tout à coup il se sentit saisir le bras.

Ce qu'il éprouva en ce moment, c'est l'horreur indescriptible.

Quelque chose qui était mince, âpre, plat, glacé, gluant et vivant venait de se tordre dans l'ombre autour de son bras nu. Cela lui montait vers la poitrine. C'était la pression d'une courroie et la poussée d'une vrille[1]. En moins d'une seconde, on ne sait quelle spirale lui avait envahi le poignet et le coude et touchait l'épaule. La pointe fouillait sous son aisselle.

Gilliatt se rejeta en arrière, mais put à peine remuer. Il était comme cloué. De sa main gauche restée libre il prit son couteau qu'il avait entre ses dents, et de cette main, tenant le couteau, s'arc-bouta au rocher, avec un effort désespéré pour retirer son bras. Il ne réussit qu'à inquiéter un peu la ligature[2], qui se resserra. Elle était souple comme le cuir, solide comme l'acier, froide comme la nuit.

Une deuxième lanière, étroite et aiguë, sortit de la crevasse du roc. C'était comme une langue hors d'une gueule. Elle lécha épouvantablement le torse nu de Gilliatt, et tout à coup s'allongeant, démesurée et fine, elle s'appliqua sur sa peau et lui entoura tout le corps. En même temps, une souffrance inouïe, comparable à rien, soulevait les muscles crispés de Gilliatt. Il sentait dans sa peau des enfoncements ronds, horribles. Il lui semblait que d'innombrables lèvres, collées à sa chair, cherchaient à lui boire le sang.

Une troisième lanière ondoya hors du rocher, tâta Gilliatt, et lui fouetta les côtes comme une corde. Elle s'y fixa.

L'angoisse, à son paroxysme[3], est muette. Gilliatt ne jetait pas un cri. Il y avait assez de jour pour qu'il pût voir les repoussantes formes appliquées sur lui. Une quatrième ligature, celle-ci rapide comme une flèche, lui sauta autour du ventre et s'y enroula.

Impossible de couper ni d'arracher ces courroies visqueuses qui adhéraient étroitement au corps de Gilliatt et par quantité de points. Chacun de ces points était un foyer d'affreuse et bizarre douleur. C'était ce qu'on éprouverait si l'on se sentait avalé à la fois par une foule de bouches trop petites.

Un cinquième allongement jaillit du trou. Il se superposa aux autres et vint se replier sur le diaphragme[4] de Gilliatt. La compression s'ajoutait à l'anxiété ; Gilliatt pouvait à peine respirer.

Ces lanières, pointues à leur extrémité, allaient s'élargissant comme des lames d'épée vers la poignée. Toutes les cinq appartenaient évidemment au même centre. Elles marchaient et rampaient sur Gilliatt. Il sentait se déplacer ces pressions obscures qui lui semblaient être des bouches.

Brusquement une large viscosité[5] ronde et plate sortit de dessous la crevasse. C'était le centre ; les cinq lanières s'y rattachaient comme des rayons à un moyeu[6] ; on distinguait au côté opposé de ce disque immonde le commencement de trois autres tentacules, restés sous l'enfoncement du rocher. Au milieu de cette viscosité il y avait deux yeux qui regardaient.

Ces yeux voyaient Gilliatt.

Gilliatt reconnut la pieuvre.

Victor Hugo, *Les Travailleurs de la mer*, deuxième partie, livre IV, chapitre 1, 1866.

1. Vrille : outil formé d'une tige métallique servant à percer le bois.
2. Ligature : lien permettant d'attacher, de comprimer.
3. Paroxysme : degré extrême, très forte intensité.
4. Diaphragme : muscle large et mince entre le thorax et l'abdomen.
5. Viscosité : état de ce qui est visqueux, gluant.
6. Moyeu : partie centrale d'une roue.

DOCUMENT B

John Bullit est l'administrateur d'un parc royal au Kenya. Sa fille Patricia est l'amie d'un lion nommé King, qu'elle a recueilli lionceau et soigné. Devenu adulte, King est rendu à la vie sauvage. Lors d'une promenade en voiture dans la réserve, Bullit procure à Patricia la joie de retrouver King.

Aussitôt King fut contre elle, debout, et ses pattes de devant sur les épaules de Bullit. Avec un rauque halètement de fatigue et de joie, il frotta son mufle contre le visage de l'homme qui avait abrité son enfance. Crinière et cheveux roux ne firent qu'une toison.

– Est-ce que vraiment on ne croirait pas deux lions ? dit Patricia.

Elle avait parlé dans un souffle, mais King avait entendu sa voix. Il étendit une patte, en glissa le bout renflé et sensible comme une éponge énorme autour de la nuque de la petite fille, attira sa tête contre celle de Bullit et leur lécha le visage d'un même coup de langue.

Puis il se laissa retomber à terre et ses yeux d'or examinèrent chacun de ceux qui se trouvaient dans la voiture. Il nous connaissait tous : Kihoro, les rangers[1] et moi-même. Alors, tranquille, il tourna son regard vers Bullit. Et Bullit savait ce que le lion attendait.

Il ouvrit lentement la portière, posa lentement ses pieds sur le sol, alla lentement à King. Il se planta devant lui et dit, en détachant les mots :

– Alors, garçon, tu veux voir qui est le plus fort ? Comme dans le bon temps ? C'est bien ça ?

Et King avait les yeux fixés sur ceux de Bullit et comme il avait le gauche un peu plus rétréci et fendu que le droit, il semblait en cligner. Et il scandait[2] d'un grondement très léger chaque phrase de Bullit. King comprenait.

– Allons, tiens-toi bien, mon garçon, cria soudain Bullit. Il fonça sur King. Le lion se dressa de toute sa hauteur sur ses pattes arrière et avec ses pattes avant enlaça le cou de Bullit. Cette fois, il ne s'agissait pas d'une caresse. Le lion pesait sur l'homme pour le renverser. Et l'homme faisait le même effort afin de jeter bas le lion. Sous la fourrure et la peau de King, on voyait la force onduler en longs mouvements fauves. Sous les bras nus de Bullit, sur son cou dégagé saillaient des muscles et des tendons d'athlète. Pesée contre pesée, balancement contre balancement, ni Bullit ni King ne cédaient d'un pouce. Assurément, si le lion avait voulu employer toute sa puissance ou si un accès de fureur avait soudain armé ses reins et son poitrail de leur véritable pouvoir, Bullit, malgré ses étonnantes ressources physiques, eût été incapable d'y résister un instant. Mais King savait – et d'une intelligence égale à celle de Bullit – qu'il s'agissait d'un jeu. Et de même que Bullit, quelques instants plus tôt avait poussé sa voiture à la limite seulement où King pouvait la suivre, de même le grand lion usait de ses moyens terribles juste dans la mesure où ils lui permettaient d'équilibrer les efforts de Bullit.

Alors, Bullit changea de méthode. Il enveloppa de sa jambe droite une des pattes de King et la tira en criant :

– Et de cette prise-là, qu'est-ce que tu en dis, mon fils ?

L'homme et le lion roulèrent ensemble. Il y eut entre eux une mêlée confuse et toute sonore de rires et de grondements. Et l'homme se retrouva étendu, les épaules à terre, sous le poitrail du lion.

Joseph Kessel, *Le Lion*, © Éditions Gallimard, 1958.

1. Rangers : mot anglais désignant les gardes dans une réserve, dans un parc national.
2. Scander : marquer le rythme.

DOCUMENT C

Le narrateur, créature monstrueuse moitié homme moitié ours, raconte sa vie malheureuse. Il a progressivement perdu tout trait humain pour prendre l'apparence d'une bête et a été vendu à un montreur d'ours puis à un organisateur de combats d'animaux. Ce dernier orchestre une parade des animaux avant leur combat.

Le lendemain je suis mené, muselé et enchaîné, à travers les rues de cette ville toujours aussi brouillonne, par un homme au physique de bourreau, glabre[1] et épais. Il me semble qu'il prend mille détours pour que la promenade soit sans fin, que nous n'atteignions jamais notre but ; nous tournons en rond, repassant plusieurs fois aux mêmes carrefours. Le bourreau fait durer le plaisir, celui de me montrer à la foule qui, sur mon passage, produit toujours ces mêmes cris d'étonnement et d'admiration, ces mêmes sifflements et ces mêmes interpellations suscitant en moi, selon les jours et mon humeur, peur, fierté, indifférence ou excitation – mes émotions peinent à se fixer.

Ce nouveau maître se contente de me faire avancer sur les pattes postérieures, ne me demande d'exécuter aucun tour, même pas une révérence aux dames, un grognement feint à l'attention des enfants, non, juste marcher vers une destination inconnue, tenter de fendre cette masse survoltée qui m'entoure, me serre de trop près, m'étouffe, une marée humaine que ma présence semble aimanter. Je reçois une pierre à l'arrière de la tête et vois aussitôt détaler un jeune garçon, je sens le bout d'une canne s'enfoncer furtivement entre mes côtes, une botte écrase mon pied, un soldat me bouscule puis une femme vêtue d'une robe éclatante se jette sur moi en hurlant – ours, sauve-moi, emmène-moi avec toi, loin très loin sinon ils m'attraperont, me tueront. Le bourreau la repousse violemment avant qu'elle ait pu m'étreindre[2], elle s'effondre dans la poussière, personne ne la relève, nous continuons notre chemin, j'entends maintenant des applaudissements dans mon dos, et puis des : regarde, regarde, je sens des mains qui se tendent dans notre direction, le fracas de la rue enfle, bourdonne, ma tête comme une poche qu'on remplit d'eau, ma tête qui gonfle sous l'effet du bruit, une cohue redoublée par ma présence dans ces rues.

Joy Sorman, *La Peau de l'ours*, © Éditions Gallimard, 2014.

1. Glabre : dépourvu de poils.
2. Étreindre : entourer de ses bras en serrant fortement.

LES CLÉS DU SUJET

Question 1

• « **les relations** » signifie « les rapports, les liens ».
• Déterminez d'abord si ces relations sont **bonnes ou conflictuelles.** Voyez si **le vocabulaire** utilisé est plutôt positif ou négatif.
• Dans le cas de relations conflictuelles, déterminez qui en a l'initiative, puis **qui domine**, enfin comment se traduit concrètement le conflit.
• Dans votre réponse, **groupez les textes** qui ont des points communs.
• Appuyez-vous sur des **faits d'écriture** et des références précises aux textes.

Question 2

• « **moyens** » signifie ici « procédés d'écriture romanesque ». Il peut s'agir de figures de style mais aussi de moyens spécifiques au roman comme le statut du narrateur ou le point de vue.
• Construisez votre réponse autour des faits d'écriture repérés. Efforcez-vous de trouver des **points communs** entre les textes, avant de signaler les **différences** ou les spécificités de chaque texte.
• Accompagnez chaque remarque d'**exemples précis** tirés des différents textes.

▶ **Pour réussir les questions** : voir guide méthodologique.
▶ **Le roman :** voir mémento des notions.

CORRIGÉ 9

Les titres en couleur et les indications entre crochets servent à guider la lecture mais ne doivent pas figurer sur la copie.

▸ Question 1

[Problématique et présentation du corpus] Les trois textes ont en commun de mettre en scène une relation entre l'homme et l'animal, et plus précisément un animal sauvage et même dangereux : dans le roman *Les Travailleurs de la mer* (Hugo, XIXe siècle), une pieuvre gigantesque attaque Gilliatt, un pêcheur ; Kessel, au XXe siècle, fait d'un lion le protagoniste d'un de ses romans ; Joy Sorman (XXIe siècle) confie le rôle de narrateur à une créature monstrueuse, mi-homme mi-ours. La relation y est toujours empreinte d'une forme de violence, mais avec des différences notables.

1. Violence et agressivité

Hugo et Joy Sorman donnent à voir une relation violente, agressive.

• Chez Hugo, c'est l'animal qui attaque et Gilliatt se défend pour survivre. Dans cette lutte à mort, Gilliatt est une proie pour la pieuvre qui lance ses attaques avec une froideur calculée ; elle inflige d'« horribles » « souffrances » au pêcheur et sa brutalité imprévisible va crescendo.

• Chez Sorman, c'est l'homme qui exerce une violence dégradante sur l'animal : ce maître est « un bourreau » qui a fait de l'homme-ours une marionnette dérisoire qu'il fait parader devant des spectateurs. Il semble fier de maintenir sa créature sous sa domination et de pouvoir la mener à sa fantaisie (« me fait avancer », « me demande »). La foule, excitée et « survoltée », tout en éprouvant de « l'admiration » pour l'animal, le traite avec cruauté : elle lui jette « une pierre », quelqu'un le pique avec « une canne ».

2. Une violence sublimée par l'affection

• Chez Kessel, la relation entre King et Bullit n'est pas dénuée de violence, mais sublimée par l'affection et le respect mutuel qui lient l'homme et le fauve. Bullitt a élevé le lion et il a avec lui un rapport presque paternel : il l'appelle « garçon » et « mon fils ». Ici, pas de dominant, pas de dominé, mais une entente joyeuse, une « mêlée confuse » de « rires et de grondements » où « crinière et cheveux roux » ne font « qu'une toison » (usage amusant du mot « toison » qui animalise Bullit et l'assimile au lion).

• Le lion retient sa force pour rester au niveau de son adversaire, pour que le combat soit équilibré (« pesée contre pesée »). Si, à la fin, l'animal domine l'homme, c'est une victoire de judoka où le vaincu se redresse indemne et non la mise KO d'un combat entre boxeurs.

• Assez paradoxalement, l'homme-ours est aussi perçu comme une force protectrice par une femme qui « se jette sur [lui] en hurlant – ours, sauve-moi », mais ce moment de la parade se conclut par un accès de violence de la foule contre la femme.

▸ Question 2

[Problématique] Pour donner à ces animaux sauvages la dimension de personnages romanesques, les auteurs les personnifient, les dotent d'un caractère, de particularités physiques, morales, intellectuelles. Le choix du point de vue de la narration contribue aussi à cette personnification.

> **Observez**
> Dans l'introduction à la 2e réponse, il est inutile de mentionner à nouveau le corpus, déjà présenté dans la 1re réponse.

1. Des animaux personnifiés

• Ils sont personnifiés par des particularités physiques. Le lion a un nom : « King », son œil gauche est « un peu plus fendu et rétréci que le droit », il a un corps « d'athlète ». La pieuvre se sert des ventouses de ses tentacules comme autant de « lèvres » d'une multitude de « bouches » voraces.

• Curieusement, la personnification, chez Hugo, porte moins sur l'aspect physique que sur le caractère du monstre. Il compare ses tentacules à des objets (« lanières », « vrille », « épée, « roue » avec « un moyeu » et des « rayons »), mais Hugo souligne la volonté maléfique, obstinée, calculatrice de la pieuvre : elle désire tuer en infligeant le plus de souffrance possible. En l'appelant « la » pieuvre (et non « une » pieuvre), Hugo en fait une créature mythologique, comme on dit « *la* Méduse » ou « *le* Minotaure ». Gilliatt ne découvre pas un monstre inconnu... En effet, sans l'avoir jamais vu, il le « reconn[aît] » parce que, comme tous les marins, il a déjà entendu raconter toutes les horreurs colportées sur ce monstre.

• Le lion a des désirs (« Bullitt savait ce que le lion attendait »), une intelligence « égale à celle de Bullitt » ; il éprouve de la « joie » quand il revoit son père (Bullit l'appelle « mon fils »).

• L'homme-ours passe, selon les moments, par des sentiments variés : « peur, fierté, indifférence, excitation ».

2. Le rôle du choix de point de vue

Ces animaux ne sont pas uniquement dotés de sentiments et d'un caractère ; ils ont aussi un rôle dans la construction romanesque, un statut littéraire.

• La pieuvre, chez Hugo, tient le rôle d'opposant qui gêne la quête du héros (Gilliatt). Elle est le personnage qui introduit une péripétie et crée le suspense, comme l'ennemi dans les épopées.

• Chez Sorman, c'est par les yeux de l'ours – jadis un homme – que les événements nous sont montrés. L'ours a le statut de narrateur-personnage, la narration est faite à la première personne, en focalisation interne, ce qui établit fermement l'ours comme héros, à la fois narrateur et acteur/victime.

• Kessel adopte tantôt un point de vue omniscient, tantôt interne pour accentuer la personnification du lion : il nous fait entrer ainsi dans la réflexion articulée, lucide de King qui « compren[d] » ce qu'attend de lui Bullit, qui « [sait] qu'il s'agi[t] d'un jeu »...).

Conclusion

Par ces différents faits d'écriture, les personnages non humains accèdent au statut de personnages romanesques à part entière.

SUJET 10

France métropolitaine • Juin 2015

Le personnage de roman • 14 points

Les personnages non humains

Commentaire

▸ Vous ferez le commentaire du texte A (texte de Victor Hugo) en vous aidant du parcours de lecture suivant.

1. Vous montrerez comment se développe et s'organise la tension dramatique de cette scène romanesque.

2. Vous montrerez ensuite comment sont exprimées l'angoisse et l'horreur suscitées par la pieuvre.

Se reporter au document A du sujet n° 9.

LES CLÉS DU SUJET

Trouver les idées directrices

- Faites la « **définition** » du texte pour trouver les axes (idées directrices).

Extrait de roman (*genre*) qui raconte (*type de texte*) le combat entre un homme et une pieuvre (*thème*), dramatique, épique (*registre*), tendu, violent, angoissant, horrifiant, contrasté (*adjectifs*), pour créer la tension et le suspense, pour rendre compte des relations entre l'homme et la bête (*buts*).

Pistes de recherche

Première piste : l'organisation et le développement de la tension dramatique

- Analysez les **circonstances spatiotemporelles** du combat. Quelle impression créent-elles ?
- Analysez la **progression du récit** : comment est-il organisé ? Quelles en sont les phases ? Comment Hugo en rend-il la violence ?
- Quel **point de vue** adopte le narrateur ? Y a-t-il des marques de sa **subjectivité ?**
- Comment Hugo entretient-il le **suspense** ?

Deuxième piste : l'expression de l'angoisse et de l'horreur

- Analysez la **description de la pieuvre** : comment Hugo en montre-t-il la **monstruosité** ?
- Quels détails créent **l'horreur** ?
- Quels sont les **rapports de force** entre les combattants (voir réponse à la question 1).
- En quoi le combat prend-il des allures d'**épopée** ?

▶ **Pour réussir le commentaire** : voir guide méthodologique.
▶ **Le roman** : voir mémento des notions.

CORRIGÉ 10

Nous vous proposons un corrigé sous forme de plan détaillé que vous pouvez vous exercer à rédiger. Les titres en couleur et les indications entre crochets servent à guider la lecture mais ne doivent pas figurer sur la copie.

Introduction [rédigée]

[Amorce et présentation du texte] Pendant la vingtaine d'année du Second Empire, Hugo reste en exil sur les îles anglo-normandes de Jersey et de Guernesey. Chef de file des romantiques, il continue dans cet exil son œuvre foisonnante de poète et de romancier. *Les Travailleurs de la mer* est un roman directement inspiré par sa vie insulaire, au milieu de ce monde qui vit au rythme de la mer. Il le dédie d'ailleurs à l'île de Guernesey, « rocher d'hospitalité et de liberté [...] où vit le noble petit peuple de la mer ». Gilliatt le marin est le personnage principal du roman. Solitaire, rêveur et robuste, il s'est aventuré dans une crevasse que la marée basse a laissée à découvert, quand un ennemi invisible l'attaque soudainement : une pieuvre ! [Problématique] Comment Hugo captive-t-il son lecteur par le récit de ce combat peu ordinaire ? [Annonce des axes] Il ménage une tension dramatique qui fait vivre au côté de Gilliatt cet affrontement violent, dans lequel le pêcheur est progressivement réduit à l'impuissance [I]. Il fait ainsi de ce combat épique un moment d'angoisse et d'horreur [II].

I. L'organisation et le développement de la tension dramatique

Par différentes stratégies narratives et descriptives, Hugo crée le suspense et fait croître progressivement la tension dramatique.

1. Le lieu du combat : des conditions spatiotemporelles difficiles

• Gilliatt se bat dans « une crevasse », espace réduit, où il est difficile de se déplacer, de s'abriter. Le monstre, lui, est à l'abri dans « l'enfoncement du rocher ».

• Une luminosité insuffisante : Gilliatt combat dans la pénombre, avec juste « assez de jour » pour distinguer l'adversaire, mais pas assez pour l'identifier.

2. La progression organisée du récit

Le récit ne se déroule pas sur un rythme uniforme mais alterne :

– moments d'attaque du monstre sur différentes parties du corps de Gilliatt ;

– réactions de défense et de souffrance ;

– attente jusqu'à la « chute » ;

– avec deux phrases brutales, construites sur un chiasme qui rend compte du face-à-face entre les deux adversaires, comme un effet de miroir inversé.

• Au rythme des jets de tentacules :

– un décompte lancinant : « Quelque chose », « une deuxième lanière », « une troisième lanière », « une quatrième ligature », « un cinquième allongement » ; chaque lancer ajoute un degré d'horreur et de souffrance ;

– le jeu des temps verbaux : passé simple pour les attaques brutales, imparfait pour les moments de pause, d'attente ;

– les adverbes de temps qui rythment le combat : « tout à coup » « brusquement » ;

– l'alternance de phrases courtes et de phrases longues qui accélèrent ou ralentissent le récit.

• L'immobilisation progressive de Gilliatt :

– gros plans sur les différentes parties du corps touchées : « aisselle », « bras », « cou » « ventre » « diaphragme » ;

– tentatives de Gilliatt pour se libérer : d'abord il peut encore remuer (« se rejeta en arrière ») puis, peu à peu, paralysie et impuissance avec immobilisation progressive de tout le corps (« il était comme cloué », « put à peine remuer », « effort désespéré », « pouvait à peine respirer », « impossible de couper ni d'arracher ces courroies visqueuses », « sa main gauche restée libre ») ;

– grammaticalement, Gilliatt est toujours complément d'objet des verbes d'action dont le sujet est les différents tentacules.

3. Un ennemi dans « l'ombre », un héros en pleine lumière

• Récit fait majoritairement en focalisation interne : le lecteur partage l'ignorance de Gilliatt tout en vivant avec lui ses souffrances, ses tentatives pour résister à un ennemi sans nom et sans visage. Parfois, des réflexions générales du narrateur, une prise de recul (« l'angoisse à son paroxysme est muette »).

• Rôle des modalisateurs, des expressions indéfinies (« Quelque chose », « cela », « on ne sait quelle spirale »...) pour entourer de mystère l'identité de l'adversaire de Gilliatt.

• Découverte à la fin seulement de la tête « immonde » puis « pieuvre », dernier mot du récit avec emploi de l'article défini (« la ») , comme si c'était un spécimen unique, une sorte de monstre mythologique.

II. L'expression de l'angoisse et de l'horreur

1. La description impossible d'un monstre

• Emploi d'expressions indéfinies, indéterminées (« Quelque chose », « cela », utilisation de modalisateurs (« on ne sait quelle spirale »...), d'adjectifs comme « *in*descriptible » « *in*ouïe » « *dé*mesuré » qui accentuent le caractère mystérieux et angoissant de ce que vit le héros.

• Recours obligé à de nombreuses comparaisons et métaphores : un fouet (« lanières », « cordes », « cuir »), une arme (« épée, flèches »), un chien comme Cerbère (« langue hors d'une gueule »), « roue », « rayons », « moyeu ».

2. L'attaque d'un vampire marin répugnant

• Une proie attaquée par un prédateur vampire avec une multitude de « bouches » capables de « boire son sang », et qui immobilise avant de dévorer.

• Une invasion progressive du corps de Gilliatt (« poussée d'une vrille », « envahi le poignet », « fouillait », « entoura tout le corps », « collées à sa chair », « s'y fixa ») : Gilliatt est graduellement vaincu, de plus en plus dominé par le monstre.

• Champ lexical de l'« horreur indescriptible », des sensations répugnantes : « lécha épouvantablement », « âpre », « gluant », « horribles » « repoussantes », « visqueuses », « immondes »... L'angoisse est « à son paroxysme ».

3. Un combat inégal et épique

• Gilliatt, un héros d'épopée. Les épopées ont d'abord été le récit d'exploits guerriers, accomplis par des héros aux qualités physiques et morales exceptionnelles (David contre Goliath, Persée contre Méduse, travaux d'Hercule, Ulysse et le Cyclope...). Gilliatt ici se bat comme un héros d'épopée : « bras nu », ne disposant que d'« un couteau », de sa force, de sa ténacité ; il souffre mais en silence (« pas un cri », son angoisse est « muette »).

• Un grossissement épique. Le monstre entoure tout le corps de Gilliatt avec « un seul tentacule ». Recours aux procédés de l'amplification : hyperboles pour évoquer la peur (« horreur indescriptible », « épouvantablement », « angoisse à son paroxysme »), la souffrance du corps (« une souffrance inouïe », « comparable à rien », « une affreuse et bizarre douleur »), accumulations et gradation (« souple comme le cuir, solide comme l'acier, froide comme la nuit »).

Notez bien
L'amplification est un procédé d'écriture qui a pour but d'augmenter la puissance d'un énoncé, à l'aide de diverses figures : hyperbole, accumulation, anaphore, répétition, gradation.

Conclusion

Si Hugo revenait aujourd'hui, ne serait-il pas tenté de passer derrière la caméra et de raconter en images ces moments et ces personnages exceptionnels, sans se retenir sur l'usage des effets spéciaux comme le cinéma nous y a habitués (*Jason et les Argonautes, Vingt Mille Lieues sous les mers, L'Île mystérieuse, Jurassic Park*) ? C'est seulement par les mots, par la construction de son récit qu'il fait monter le suspense au cours de ce combat à l'issue incertaine, contre un ennemi mystérieux, dans un lieu inquiétant. Le génie visionnaire de Hugo prend son essor dans ces moments épiques où s'exprime sa conception du monde, où l'ombre combat la lumière, où le mal s'oppose au bien. Ici, le monstre pieuvre essaie d'anéantir Gilliatt, le héros sans peur et sans reproche. [Ouverture] De même, quelques années plus tard, Javert, le policier au cœur froid, se donnera pour but de renvoyer au bagne Jean Valjean, l'homme juste et bon.

SUJET

11

France métropolitaine • Juin 2015

Le personnage de roman • 14 points

Les personnages non humains

Dissertation

▸ Vous semble-t-il qu'un personnage non humain puisse être un bon personnage de roman ?
Vous appuierez votre développement sur les textes du corpus, les textes étudiés pendant l'année, ainsi que sur vos lectures personnelles.

Les textes du corpus sont reproduits dans le sujet n° 9.

LES CLÉS DU SUJET

Comprendre le sujet

• Vous devez **définir** ce qu'est :
– « **un personnage non humain** » : attention ! « non humain » (qui n'a pas les caractéristiques d'un être humain) est différent d'« inhumain » (cruel, sans pitié). Le corpus suggère qu'il s'agit d'animaux, mais il faut élargir : un extraterrestre, un spectre, un vampire…
– « **un bon personnage de roman** » : personnage qui apporte de l'action, des péripéties ; qui intrigue, qui a une part de mystère ; qui interagit avec les autres personnages du roman ; qu'on peut comprendre ; un personnage auquel on peut croire ; auquel on peut s'identifier.
• **Reformulez la problématique** : « Les personnages romanesques non humains présentent-ils de l'intérêt ? »
• « **Vous semble-t-il** » suggère la discussion et un plan dialectique.
• Cela implique que vous vous demandiez ce qui suscite l'intérêt pour un roman (action, émotion, pouvoir d'identification, incitation à la réflexion…).

Chercher des idées

Les arguments et le plan

• Le sujet, avec son **alternative** (« ou »), suggère deux interrogations possibles et aide à scinder la problématique en **sous-questions** : *Pourquoi les*

personnages non humains donnent-ils de l'intérêt à un roman ? ***D'où*** *vient leur attrait ?* d'une part ; et d'autre part : ***Pourquoi*** *les personnages non humains enlèvent-ils de l'intérêt à un roman ? Quelles sont leurs limites ?*
• Vous pouvez aussi **dépasser cette alternative** et analyser le cas de personnages hybrides, à la fois humains et non humains ; chercher à *quelles conditions* un personnage non humain devient un « bon » personnage (partie « cela dépend de... »).

Les exemples

• **Des animaux** : *Le Roman de Renart* ; *La Belle et la Bête* (Mme Leprince de Beaumont) ; *L'Histoire d'un merle blanc* (Musset) ; la pieuvre dans *Les Travailleurs de la mer* (Hugo) ; *Scènes de la vie privée et publique des animaux* (Balzac) ; *Moby Dick* (Melville) ; Bataille, le cheval de mine dans *Germinal* (Zola) ; *Le Merveilleux Voyage de Nils Holgerson* (Lagerlöf) ; *Les Mémoires d'un âne* (comtesse de Ségur) ; *Les Contes du chat perché* (Aymé) ; *Croc-Blanc* (London) ; *La Métamorphose* (Kafka) ; *La Ferme des animaux* (Orwell) ; *Les Fourmis* (Werber)...
• **Des objets** : chez Zola, la Lison, la locomotive de *La Bête humaine*, l'alambic dans *L'Assommoir*, le Voreux (puits de mine) dans *Germinal* ; *La Cafetière* (Gautier) ; *La Main* ou *La Main d'écorché* (Maupassant)...
• **Des personnages irréels** : *Entretiens avec un vampire* (Ann Rice) ; *Le Seigneur des anneaux* (Tolkien, hobbit) ; *Pinocchio* (Collodi, pantin de bois) ; *Frankenstein* (Mary Shelley) ; *Dracula* (Bram Stoker)...
• **Les lieux et les éléments** : Paris (personnage vivant et monstrueux) dans *Ferragus* (Balzac) ; l'eau (le fleuve) dans *Le Chant du monde* (Giono).
• Pour trouver des idées, vous pouvez aussi prendre quelques exemples dans le cinéma (Elephant Man, Dark Vador, Frankenstein, Dracula...).

▶ **Pour réussir la dissertation** : voir guide méthodologique.
▶ **Le roman :** voir mémento des notions.

CORRIGÉ 11

Les titres en couleur et les indications entre crochets servent à guider la lecture mais ne doivent pas figurer sur la copie.

Introduction

[Amorce] Le personnage de roman est au centre de l'intérêt du lecteur qui en suit la destinée, s'émeut de ses aventures et s'identifie à lui. Il arrive que le personnage ne prenne pas les traits d'un être humain : animaux, monstres et objets sont récurrents dans les genres populaires (les récits fantastiques), les fables, les contes, les nouvelles. Dans le roman aussi, les personnages, d'abord humains, se sont peu à peu à peu déshumanisés. [Problématique] Ce changement de nature leur fait-il perdre de l'intérêt ? Les personnages non humains sont-ils de « bons » personnages ? [Annonce du plan] Leur fréquence montrent qu'ils peuvent accéder au rang de « vrais » personnages [I]. Cependant le romancier prend des risques en créant de telles créatures [II]. À quelles conditions ce type de personnage prend-il toute son efficacité ?

I. Un personnage non humain peut être un « bon » personnage

Ces personnages ont un intérêt aussi bien d'un point de vue dramatique que pour leur potentiel émotionnel et leur valeur symbolique.

1. Personnage non humain et « bon » personnage

• Quelles formes le « personnage non humain » peut-il prendre ? Il peut s'agir d'animaux (corpus) ou, de façon plus fantaisiste, de monstres divers (ogres, fantômes, hobbits, génies, vampires [*exemples*]), mais aussi de héros inanimés, d'objets (Gautier fait d'une cafetière l'héroïne de l'une de ses nouvelles), parfois même des éléments naturels (dans *Le Chant du monde*, de Giono, le héros se bat avec un fleuve d'une puissance presque humaine).

• Pour accéder au statut de personnage, ces êtres ou objets doivent être dotés des attributs d'êtres vivants, personnifiés. Ainsi, dans *Germinal*, Zola fait du puits de mine une sorte de Minotaure qui avale les mineurs.

• Que signifie être un « bon » personnage romanesque ? C'est un être qui retient l'attention du lecteur, auquel on peut s'identifier et dont le parcours suscite la réflexion et donne une vision du monde.

2. Un défi pour le romancier et des aventures palpitantes

• Le romancier, lorsqu'il crée un tel personnage, relève un défi : soit il doit savoir donner vie à ce qui n'est pas animé, soit il doit transformer un être qui existe et l'habiller de façon humaine, soit encore, dans le cas de créatures irréelles, il doit créer de toutes pièces un « nouvel » être.

• Tout cela exige des qualités, car il faut faire croire à ce personnage, être assez habile pour que lecteur s'imagine ce qu'il ne connaît pas (un hobbit, un vampire), ou croie à la réalité d'un être qu'il connaît (une pieuvre) mais doté de caractéristiques fantaisistes. Il lui faut parfois relever le défi de faire comprendre ce que pense ce personnage qui, dans la réalité, n'a pas la parole.

• Ces personnages, qui confèrent une note de fantaisie ou de fantastique au roman, pimentent l'intrigue par leurs péripéties. Ainsi se tisse une histoire plaisante ou effrayante, pleine de rebondissements. Dans *La Cafetière*, les personnages peints dans des tableaux prennent vie. Les bougies s'allument, et la cafetière se déplace, suivie par les fauteuils ; les portraits sortent de leur cadre. Minuit sonne… [*autres exemples*]. Le personnage non humain est souvent celui par qui l'action arrive.

• Ces personnages, captivants et fascinants, permettent aussi de vivre par substitution des situations que le lecteur ne vit pas dans la réalité et suscitent des émotions fortes : la peur (*Les Travailleurs de la mer*, de Hugo ; la main coupée dans *La Main d'écorché*, de Maupassant ; les vampires…), le rejet et le dégoût (Dracula), ou au contraire la pitié (victimes, souffre-douleur dans *Les Mémoires d'un âne*, de la comtesse de Ségur). Le lecteur, humain alors supérieur, endosse le rôle du protecteur (*La Peau de l'ours*).

• Ces personnages exercent sur le lecteur la fascination de l'inconnu, le font pénétrer dans un monde où règne le fantastique. Dracula, personnage mythique immortel, relie les deux forces qui nous gouvernent : l'amour et la mort.

3. Ils dévoilent les autres personnages

• Ces personnages ont pour fonction d'éclairer, par contraste, les autres personnages par les réactions qu'ils suscitent : ils servent de repoussoir [*exemples*].

> **Notez bien**
> Un repoussoir est une personne ou une chose qui en fait valoir une autre par contraste (en peinture, en littérature).

• Ainsi, ils peuvent être valorisants et stimulants, notamment par rapport aux personnages humains qu'ils côtoient : la créature dominée par l'homme devient un moyen pour ce dernier de montrer son pouvoir (texte de Hugo) et glorifie la puissance du genre humain. Ainsi, le monstre Frankenstein met en valeur la puissance créatrice de la science et du savoir, mais aussi leurs limites.

4. Ils suscitent la réflexion

Enfin, ces personnages permettent la mise à distance et suscitent la réflexion sur nous et le monde qui nous entoure.

• Ils amènent le lecteur à porter un autre regard sur des éléments que la société humaine peine à remettre en cause tant ils sont ancrés dans nos habitudes. Ils ont la même fonction que l'ingénu : en exprimant leurs émotions et en exposant leur point de vue, ils dévoilent nos travers, qui apparaissent d'autant plus clairement grâce au regard naïf à la mode persane ; le décalage entre ces personnages et le milieu où ils évoluent (Beauty, la chatte anglaise, dans *Scènes de la vie privée et publique des animaux*, de Balzac ; l'ours de Sorman nous donne l'image de la cruauté humaine face aux animaux) a le même effet.

• Sur un plan presque philosophique, ils amènent à réfléchir sur l'altérité. Suivre le parcours d'un être différent de soi permet de connaître l'autre, ses pensées, ses motivations [*exemples*]. Ces personnages nous invitent aussi à nous interroger sur le regard que nous posons sur un être différent de nous ou hors normes et sur notre conduite, donc à nous remettre en cause. Or, s'interroger sur la notion de normalité peut conduire à la tolérance.

• Enfin, comme dans les contes, ils ont une fonction allégorique et sont la représentation symbolique de faits de société ou de penchants humains. La Lison est le symbole du « progrès qui passe, allant au XXe siècle, et cela au milieu d'un abominable drame, ignoré de tous » (Zola). Dans son roman-apologue *La Ferme des animaux*, George Orwell propose l'image du bolchevisme [*à développer*]. Dark Vador est le symbole du mal…

II. Les limites d'un personnage non humain. Les conditions pour être un « bon » personnage

1. Un personnage pour enfants ? qui nuit à l'illusion du vrai ?

• Son identité repose sur un procédé souvent utilisé dans la littérature ou le cinéma enfantins : l'anthropomorphisme qui simplifie et grossit la psychologie du personnage, qui risque alors de perdre la profondeur d'un « vrai » personnage romanesque. Il renvoie à un univers imaginaire assez simpliste et à des préoccupations qui peuvent sembler futiles au lecteur adulte (exemple : l'amitié entre un enfant et un animal…).

• En même temps, il risque de paraître artificiel, de nuire à l'illusion de vérité qui fait qu'on « croie » à l'histoire (*La Peau de l'ours, La Ferme des animaux*…). Le lecteur reste sceptique devant ce type de « personnage » qui a perdu de son épaisseur et devient un symbole vide de vie intérieure réelle, simple vecteur du message de l'auteur (*La Métamorphose*, de Kafka, où le héros est transformé en insecte, image de l'injustice de l'exclusion).

2. Un personnage auquel il est difficile de s'identifier ?

• Une des raisons qui attire le lecteur, c'est qu'il peut s'identifier aux personnages et « vivre » en sympathie avec eux. Or, le lecteur peut-il vraiment se reconnaître dans un animal (mi-homme mi-ours, pieuvre…), dans un objet, dans un personnage difforme ou venu d'un monde totalement inconnu ?

• L'écart est parfois trop grand. Ainsi, on se sent plus proche d'un humain qui évolue dans un milieu réaliste et dont on partage les émotions – plus proche de Gilliatt que de la pieuvre.

3. Nécessité d'une « dose » d'humain : le personnage « mêlé »

• Le jeu entre l'humain et le non-humain. Force est de constater que le personnage non humain le plus intéressant est celui qui comporte d'une façon ou d'une autre une bonne part d'humain, qu'il soit le résultat d'une métamorphose (*La Peau de l'ours*), ou que l'auteur lui prête des caractéristiques humaines, émotions, sentiments ou pensées, voire la parole [*exemples*], dans lesquels le lecteur peut se retrouver. Derrière son apparence insolite, il est humain par la psychologie et le ressenti (*La Peau de l'ours*). Cette mixité salutaire est concrétisée dans le titre du roman de Zola, *La Bête humaine*. L'intérêt d'un roman tient en grande partie à ces personnages mêlés.

• Il faut aussi, pour que se maintienne le lien avec le lecteur, que le personnage non humain se trouve confronté à des hommes. C'est l'interaction entre l'homme et les autres espèces – animal, objet, êtres imaginaires – qui nous intéresse. En effet, les monstres n'existent que dans leurs rapports à l'homme, puisqu'ils ne se définissent que par l'écart qui sépare leur comportement et la norme humaine. L'intérêt d'un roman tient en grande partie au mélange des types de personnages.

4. Personnage non humain et dimension mythique

Il est enfin une condition infaillible pour qu'un personnage non humain accède au rang de « bon » personnage, c'est la dimension mythique qu'il peut prendre. Il nous renvoie alors à ce qui fait notre humanité, aux grandes questions qui agitent tout être humain (l'identité, la différence, la violence et le mal, l'amitié et l'amour, la haine, le pouvoir, le surnaturel) [*exemples*].

Conclusion

Certains genres se satisfont de héros non humains (fable, conte...). Mais le roman, qui doit permettre de s'identifier au personnage, et créer en partie l'illusion du vrai, ne peut se contenter de tels personnages qui, certes, ont des atouts, mais doivent obéir à certaines conditions pour entrer dans l'univers romanesque. [Ouverture] Ainsi s'explique sans doute le succès de personnages qui, bien que humains au fond, s'éloignent de l'humanité, soit par leurs disgrâces physiques (Gwynplaine de *L'homme qui rit*, chez Hugo), soit par leur laideur morale (Grenouille chez Suskind). Les personnages non humains trouvent plutôt leur champ de prédilection dans les films qui, grâce aux effets spéciaux, donnent vie aux robots, aux fantômes, aux extraterrestres en tous genres.

SUJET 12

France métropolitaine • Juin 2015
Le personnage de roman • 14 points

Les personnages non humains

Écriture d'invention

▸ Imaginez la suite du texte C (texte de Joy Sorman).
Après avoir été exhibé dans les rues de la ville par son nouveau maître, l'ours échappe à la surveillance de ce dernier et retrouve enfin sa forêt natale.
Vous narrerez ces épisodes en ayant soin d'exprimer les émotions et les pensées du personnage. Vous veillerez à respecter les choix d'écriture du texte initial. Votre texte comprendra une quarantaine de lignes au minimum.

Se reporter au document C du sujet n° 9.

LES CLÉS DU SUJET

Comprendre le sujet

- **Genre** : extrait de roman. Il s'agit d'une « suite de texte ». Respectez le statut du narrateur (narrateur-personnage qui s'exprime à la 1re personne), le temps des verbes et l'emploi des indices personnels.
- **Sujet/thème du texte** : les aventures d'un ours qui s'est enfui.
- **Type de texte** : « narrerez » : le texte est narratif.
- **Situation d'énonciation** : *qui parle ?* L'ours, à la 1re personne.
- **Niveau de langue** : le même que dans le texte de Sorman, courant.
- **Registre** non indiqué, à déduire de l'analyse du texte de Sorman.
- « **Définition** » du texte à produire, à partir de la consigne.

Extrait de roman (*genre*), qui raconte (*type de texte*) les aventures d'un ours qui s'est enfui (*thème*), mouvementé puis apaisé (*adjectifs*), pour mettre en opposition deux conditions de vie, pour compléter le portrait psychologique de l'ours (*buts*).

■ Chercher des idées

Les contraintes à respecter

• Le **narrateur** est un personnage mi-ours mi-homme : la narration se fait à la 1re personne.
• Le **point de vue** : il est interne.
• Le **style** (à analyser dans le texte) : simple, avec des phrases courtes, juxtaposées.
• Le **temps du récit** est le présent de narration.
• Les différentes **étapes du récit** doivent être respectées : d'abord la fuite/évasion, puis le retour/l'arrivée dans la « forêt natale ».
• Le récit doit rendre compte à la fois de **ce que voit** l'ours, de **ce qu'il ressent** (« émotions ») et de **ce qu'il pense** (« pensées »).
• Restez dans la logique d'un **récit fait par un animal**, en tenant compte de ses caractéristiques physiques (« pattes », « grognement »...).
• Respectez la manière dont les **paroles rapportées** sont insérées dans le récit (ponctuation peu ordinaire).
• Reprenez la dernière phrase du texte et **racontez** la fuite de l'ours jusqu'à « sa forêt natale ».

Les choix à faire

• Les **circonstances** dans lesquelles l'ours parvient à s'échapper (un incident, une personne blessée par la foule, l'intervention de la police...), comment il parvient à se libérer de ses chaînes et de sa muselière et retrouve sa forêt.
• La **progression du récit** : construisez-le et déterminez-en les étapes.
• Les **émotions de l'ours** : quelques pistes : peur d'être vu ou rattrapé lors de sa fuite, apaisement lors de la réussite de la fuite, hésitations dans son itinéraire ; euphorie, sentiment de liberté et bien-être lors des retrouvailles avec la forêt, attendrissement sur ses souvenirs d'enfance, étonnement devant les changements survenus...
• La **description des lieux** (la « forêt natale ») : rappelez-en les éléments réels (arbres, lumière...) et l'atmosphère (en contraste avec celle, angoissante, de la ville) : calme, sereine, propice à la réflexion.
• Les **pensées de l'ours** : quelques pistes : retour en arrière sur sa fuite et rappel de sa peur ; réflexions critiques sur la cruauté des hommes, sur son maître, sur la civilisation ; éloge de la vie naturelle, de la solitude ; réflexion sur son identité, sur son passé. Il peut même être un peu philosophe !

▶ **Pour réussir l'écriture d'invention** : voir guide méthodologique.
▶ **Le roman :** voir mémento des notions.

CORRIGÉ 12

> **Observez**
> Si vous devez composer la suite d'un récit, respectez-en les caractéristiques et les faits d'écriture : circonstances spatiotemporelles, temps verbaux, statut du narrateur, point de vue, identité/personnalité des personnages…

(« […] le fracas de la rue enfle, bourdonne, ma tête comme une poche qu'on remplit d'eau, ma tête qui gonfle sous l'effet du bruit, une cohue redoublée par ma présence dans ces rues. »)

Alors je deviens fou. J'en oublie les coups qu'on me portait aux flancs il y a dix secondes à peine : je ne me contrôle plus. Je n'entends plus que ce vrombissement vertigineux qui me cerne, m'accule et me fait perdre tout repère… Et c'est le trou noir.

Je reprends peu à peu mes esprits. Le vrombissement s'est arrêté : je suis à nouveau moi-même. Par je ne sais quel miracle, me voilà seul, aux portes de la ville, dans un silence délicieux et rassurant. Mais il ne faut pas trop tarder : mon bourreau ne doit pas être bien loin ! À voir la chaîne rompue qui pend de mon encolure, je devine – plus que je ne me le rappelle – que, dans un accès de folie furieuse, j'ai brisé mes fers brutalement, avec une force inouïe et malgré les efforts de mon bourreau. Celui-ci a dû être pris au dépourvu car, jusque-là, la peur des coups me rendait particulièrement docile…

Je romps là ma réflexion, car du bruit se rapproche. Je me redresse, prêt à fuir le vrombissement qui menace de me rattraper. Je suis aussi terrifié à l'idée de retrouver mon bourreau car, désormais, s'il me rattrape, il veillera au grain… Galvanisé, je me précipite : je passe les portes de la ville à toutes pattes et me laisse porter où mes pas me mènent, sans trop réfléchir. Je commence d'ailleurs à comprendre qu'il n'est plus temps, pour moi, de le faire, si je veux avoir une chance de m'en sortir vivant, et heureux. N'aurais-je tout simplement pas beaucoup trop réfléchi, jusqu'ici, pour mon propre bonheur ?

Quelle joie de courir, nez au vent qui caresse ma fourrure ! Jamais, je crois, je n'ai ressenti une telle sensation de liberté. Qu'elle me semble loin, cette parade atroce que m'a infligée mon bourreau ! Que la nature me semble belle, une fois dépouillée des êtres qui me torturaient tantôt ! Comme l'air me semble plus vivifiant et la terre plus douce sous mes pattes nues !

Quelque peu essoufflé, je finis par m'arrêter ; je m'avise alors que ma course m'a mené… dans la forêt où je suis né – enfin, où je suis apparu, moi, être hybride qui n'a jamais connu de mère ni de père… et qui n'a jamais su exactement ce qu'il venait faire au monde, sinon souffrir. Je jette un coup d'œil circulaire à cette forêt à la fois protectrice et cruelle, *ma* forêt qui m'a vu naître et qui m'a caché. Je sens qu'il me faut, maintenant, prendre une décision…

Je me permets de revenir sur ce qui m'est arrivé dans la ville, au milieu du bourdonnement infernal qui m'a fait perdre la mémoire. N'était-ce pas là la manifestation ultime de mon évolution ? De la créature humanoïde que j'étais, j'ai pris de plus en plus les traits d'un ours : cette parade n'a donc fait que faire coïncider être et paraître ? Pendant ces quelques moments où j'ai perdu conscience, mon esprit s'est conformé à mon apparence de bête. J'en reste confondu quelques instants, pris de peur et de résignation tout à la fois. Car quel mal y a-t-il à vouloir fuir cette destinée, finalement ? Ce monde cruel, qui m'a maltraité et vendu, pourquoi voudrais-je y rester ? Quelle place pourrais-je y occuper, sinon celle d'une bête fauve à la fois terrifiante et pitoyable ? Revenir à ce qui semble être devenu mon destin désormais parmi les hommes – ces créatures qui s'appellent des hommes ?… Une vie d'exploitation, de misère et de honte à l'idée d'une déchéance que je n'ai pas demandée et certainement pas méritée ? Non, non ! Ma place est ici, dans ces étendues protectrices et simples, où l'on est soi-même… N'ai-je pas assez souffert de cette terrible métamorphose ?

Il me semble que ma forêt natale m'encourage dans ces réflexions. Les branches des arbres bruissent doucement et semblent m'inviter à m'enfoncer plus profondément entre leurs troncs accueillants. Je prends alors finalement ma décision : tournant l'échine à la lisière du bois, je m'avance d'un pas lourd et serein vers son cœur, après un adieu bref, sans regret, au monde qui m'a rejeté.

Et cette fois-ci, c'est de toute mon âme que j'embrasse le trou noir qui me submerge…

France métropolitaine • Septembre 2016
Le texte théâtral et sa représentation • 6 points

Théâtre, rire et gravité

Questions

Documents

A – **Molière**, *Le Malade imaginaire*, acte I, scène 5, 1673.
B – **Marivaux**, *La Fausse Suivante*, acte I, scène 5, 1724.
C – **Victor Hugo**, *Ruy Blas*, acte III, scène 5, 1838.

▸ 1. Quelles sont les caractéristiques du maître dans chacun de ces extraits ? (*3 points*)

▸ 2. Dans le dialogue entre maître et serviteur, comment ce dernier cherche-t-il à prendre l'avantage ? (*3 points*)

Après avoir répondu à ces questions, les candidats devront traiter au choix un des trois sujets nos 14, 15 ou 16.

DOCUMENT A

Argan, qui passe son temps à s'inventer des maladies, veut marier sa fille Angélique à un médecin pour s'assurer des soins à domicile. Il la menace du couvent si elle refuse ce mariage. Mais Toinette, la servante de la maison, décide d'intervenir pour protéger l'amour qu'Angélique porte à un jeune homme.

Acte I, scène 5
ARGAN, ANGÉLIQUE, TOINETTE.

[…]
ARGAN. – Ouais ! voici qui est plaisant : je ne mettrai pas ma fille dans un couvent, si je veux ?
TOINETTE. – Non, vous dis-je.
ARGAN. – Qui m'en empêchera ?
TOINETTE. – Vous-même.
ARGAN. – Moi ?
TOINETTE. – Oui, vous n'aurez pas ce cœur-là.
ARGAN. – Je l'aurai.

TOINETTE. – Vous vous moquez.
ARGAN. – Je ne me moque point.
TOINETTE. – La tendresse paternelle vous prendra.
ARGAN. – Elle ne me prendra point.
TOINETTE. – Une petite larme ou deux, des bras jetés au cou, un « mon petit papa mignon », prononcé tendrement, sera assez pour vous toucher.
ARGAN. – Tout cela ne fera rien.
TOINETTE. – Oui, oui.
ARGAN. – Je vous dis que je n'en démordrai point.
TOINETTE. – Bagatelles.
ARGAN. – Il ne faut point dire « bagatelles ».
TOINETTE. – Mon Dieu ! je vous connais, vous êtes bon naturellement.
ARGAN, *avec emportement.* – Je ne suis point bon, et je suis méchant quand je veux.
TOINETTE. – Doucement, Monsieur : vous ne songez pas que vous êtes malade.
ARGAN. – Je lui commande absolument de se préparer à prendre le mari que je dis.
TOINETTE. – Et moi, je lui défends absolument d'en faire rien.
ARGAN. – Où est-ce donc que nous sommes ? et quelle audace est-ce là à une coquine de servante de parler de la sorte devant son maître ?
TOINETTE. – Quand un maître ne songe pas à ce qu'il fait, une servante bien sensée est en droit de le redresser.
ARGAN *court après Toinette.* – Ah ! insolente, il faut que je t'assomme.
[…]

Molière, *Le Malade imaginaire*, acte I, scène 5, 1673.

DOCUMENT B

Frontin est le domestique d'un Chevalier. Envoyé à Paris, il propose à Trivelin de le remplacer en son absence auprès de son maître et lui révèle par mégarde le secret de ce dernier : le Chevalier est en réalité une femme qui dissimule sa véritable identité. Dans cet extrait, Trivelin se présente à son nouveau maître.

Acte I, scène 5

LE CHEVALIER, TRIVELIN.

[...]

TRIVELIN. – Cependant, Monsieur, j'aurai l'honneur de vous dire que je m'appelle Trivelin. C'est un nom que j'ai reçu de père en fils très correctement, et dans la dernière fidélité ; et de tous les Trivelins qui furent jamais, votre serviteur en ce moment s'estime le plus heureux de tous.

LE CHEVALIER. – Laissez là vos politesses. Un maître ne demande à son valet que l'attention dans ce à quoi il l'emploie.

TRIVELIN. – Son valet ! le terme est dur ; il frappe mes oreilles d'un son disgracieux ; ne purgera-t-on jamais le discours de tous ces noms odieux ?

LE CHEVALIER. – La délicatesse est singulière !

TRIVELIN. – De grâce, ajustons-nous[1] ; convenons d'une formule plus douce.

LE CHEVALIER, *à part.* – Il se moque de moi. Vous riez, je pense ?

TRIVELIN. – C'est la joie que j'ai d'être à vous qui l'emporte sur la petite mortification[2] que je viens d'essuyer.

LE CHEVALIER. – Je vous avertis, moi, que je vous renvoie, et que vous ne m'êtes bon à rien.

TRIVELIN. – Je ne vous suis bon à rien ! Ah ! ce que vous dites là ne peut pas être sérieux.

LE CHEVALIER, *à part.* – Cet homme-là est un extravagant[3]. (*À Trivelin.*) Retirez-vous.

TRIVELIN. – Non, vous m'avez piqué ; je ne vous quitterai point, que vous ne soyez convenu avec moi que je vous suis bon à quelque chose.

LE CHEVALIER. – Retirez-vous, vous dis-je.

TRIVELIN. – Où vous attendrai-je ?

LE CHEVALIER. – Nulle part.

TRIVELIN. – Ne badinons[4] point ; le temps se passe, et nous ne décidons rien.

LE CHEVALIER. – Savez-vous bien, mon ami, que vous risquez beaucoup ?

TRIVELIN. – Je n'ai pourtant qu'un écu à perdre.

LE CHEVALIER. – Ce coquin-là m'embarrasse. (*Il fait comme s'il s'en allait.*) Il faut que je m'en aille. (*À Trivelin.*) Tu me suis ?

TRIVELIN. – Vraiment oui, je soutiens mon caractère : ne vous ai-je pas dit que j'étais opiniâtre[5] ?

LE CHEVALIER. – Insolent !

TRIVELIN. – Cruel !

LE CHEVALIER. – Comment, cruel !

TRIVELIN. – Oui, cruel ; c'est un reproche tendre que je vous fais. Continuez, vous n'y êtes pas ; j'en viendrai jusqu'aux soupirs ; vos rigueurs me l'annoncent.

LE CHEVALIER. – Je ne sais plus que penser de tout ce qu'il me dit.

TRIVELIN. – Ah ! ah ! ah ! vous rêvez, mon cavalier, vous délibérez ; votre ton baisse, vous devenez traitable, et nous nous accommoderons, je le vois bien. La passion que j'ai de vous servir est sans quartier[6] ; premièrement cela est dans mon sang, je ne saurais me corriger.

LE CHEVALIER, *mettant la main sur la garde de son épée.* – Il me prend envie de te traiter comme tu le mérites.

TRIVELIN. – Fi ! ne gesticulez point de cette manière-là ; ce geste-là n'est point de votre compétence ; laissez là cette arme qui vous est étrangère : votre œil est plus redoutable que ce fer inutile qui vous pend au côté.

LE CHEVALIER. – Ah ! je suis trahie !

[…]

Marivaux, *La Fausse Suivante*, acte I, scène 5, 1724.

---

1. Ajustons-nous : accordons-nous.
2. Mortification : humiliation, blessure d'orgueil.
3. Extravagant : fou.
4. Ne badinons point : ne plaisantons pas.
5. Opiniâtre : têtu.
6. Sans quartier : pleine et entière.

DOCUMENT C

Don Salluste, un grand d'Espagne disgracié par la Reine, a décidé de se venger : il introduit à la cour son serviteur, Ruy Blas, sous la fausse identité d'un noble. Ce dernier, ignorant les véritables intentions de son maître, remplit si bien son rôle qu'il se fait remarquer par la Reine et aimer d'elle. Elle en fait même son Premier ministre.

Don Salluste s'apprête à faire connaître l'amour de la Reine pour un simple domestique, afin de la déshonorer. Il convoque Ruy Blas.

Acte III, scène 5

RUY BLAS, DON SALLUSTE.

[…]

DON SALLUSTE

L'air me semble un peu froid.
Faites-moi le plaisir de fermer la croisée[1].

Ruy Blas, pâle de honte et de désespoir, hésite un moment ; puis il fait un effort et se dirige lentement vers la fenêtre, la ferme, et revient vers don Salluste, qui, assis dans le fauteuil, le suit des yeux d'un air indifférent.

RUY BLAS, *reprenant et essayant de convaincre don Salluste.*

Daignez voir à quel point la guerre est malaisée.
Que faire sans argent ? Excellence, écoutez.
Le salut de l'Espagne est dans nos probités[2].
Pour moi, j'ai, comme si notre armée était prête,
Fait dire à l'empereur que je lui tiendrais tête…

DON SALLUSTE, *interrompant Ruy Blas et lui montrant son mouchoir qu'il a laissé tomber en entrant.*

Pardon ! ramassez-moi mon mouchoir.

Ruy Blas, comme à la torture, hésite encore, puis se baisse, ramasse le mouchoir, et le présente à don Salluste.

Don Salluste, mettant le mouchoir dans sa poche.

– Vous disiez ?…

RUY BLAS, *avec effort.*

Le salut de l'Espagne ! – oui, l'Espagne à nos pieds,
Et l'intérêt public demandent qu'on s'oublie.
Ah ! toute la nation bénit qui la délie.

Sauvons ce peuple ! Osons être grands, et frappons !
Ôtons l'ombre à l'intrigue et le masque aux fripons !

DON SALLUSTE, *nonchalamment.*

Et d'abord ce n'est pas de bonne compagnie. –
Cela sent son pédant[3] et son petit génie
Que de faire sur tout un bruit démesuré.
Un méchant million, plus ou moins dévoré,
Voilà-t-il pas de quoi pousser des cris sinistres !
Mon cher, les grands seigneurs ne sont pas de vos cuistres[4].
Ils vivent largement. Je parle sans phébus[5].
Le bel air que celui d'un redresseur d'abus
Toujours bouffi d'orgueil et rouge de colère !
Mais bah ! vous voulez être un gaillard populaire,
Adoré des bourgeois et des marchands d'esteufs[6].
C'est fort drôle. Ayez donc des caprices plus neufs.
Les intérêts publics ? Songez d'abord aux vôtres.
Le salut de l'Espagne est un mot creux que d'autres
Feront sonner, mon cher, tout aussi bien que vous.

Victor Hugo, *Ruy Blas*, acte III, scène 5, 1838.

1. Croisée : fenêtre.
2. Probités : justes devoirs.
3. Pédant : prétentieux.
4. Cuistres : vaniteux ridicules.
5. Sans phébus : sans détour.
6. Esteufs : balles pour jouer à la paume.

LES CLÉS DU SUJET

■ Question 1

- « caractéristiques » signifie « particularités, **traits essentiels** », notamment de personnalité. Vous devez faire le portrait des maîtres en vous appuyant sur leur façon de **se comporter** avec leurs serviteurs.
- Malgré l'expression « chacun de ces extraits », vous ne devez pas analyser les textes successivement, mais chercher les **traits communs** à ces maîtres, avant, éventuellement, de signaler la spécificité de chacun d'eux.

■ Question 2

• Les **serviteurs**, dans ces scènes, s'opposent à leur maître.
• Vous devez identifier leur **stratégie** dans ce conflit.
• « Comment ?... » signifie « de quelle manière, **par quels moyens** ?... » : type d'arguments, façon de parler, ton (ou registre).
• **Structurez votre réponse** : encadrez-la d'une phrase d'introduction, qui reprend la question, et d'une brève conclusion, qui rappelle l'intérêt des éléments analysés.
• Accompagnez vos remarques d'**exemples** tirés des différents textes.
▶ **Pour réussir les questions** : voir guide méthodologique.
▶ **Le théâtre** : voir mémento des notions.

CORRIGÉ 13

Les titres en couleur et les indications entre crochets servent à guider la lecture mais ne doivent pas figurer sur la copie.

Question 1

Introduction

[Problématique et présentation du corpus] Le couple maître-valet fait partie depuis l'Antiquité des conventions théâtrales les plus efficaces. Ainsi, au XVIIe siècle, dans *Le Malade imaginaire*, de Molière, Toinette s'oppose aux intentions d'Argan qui veut marier sa fille Angélique à un médecin ridicule. Plus tard, dans *La Fausse Suivante*, de Marivaux, le valet Trivelin qui entre au service d'un Chevalier se livre avec lui (elle ?) à une joute verbale dynamique. Ce couple apparaît aussi dans le drame romantique : dans *Ruy Blas*, de Hugo, don Salluste fait de son valet, devenu Premier ministre, l'outil de sa vengeance contre la Reine.

Observez
Présentez le corpus en le reliant à la question et en évitant les présentations en liste du type : « le premier texte est extrait de..., le deuxième texte est extrait de... ».

1. Des maîtres autoritaires

Argan, le Chevalier et don Salluste se comportent tous les trois de façon très autoritaire avec leur serviteur : le Chevalier et don Salluste utilisent l'impératif, Argan recourt au champ lexical de la volonté et de l'ordre, le Chevalier menace Trivelin de le renvoyer.

2. Deux maîtres de comédie emportés

• Argan et le Chevalier n'hésitent pas à menacer leur serviteur de représailles violentes. Argan lance à Toinette : « il faut que je t'assomme » ; le Chevalier avertit Trivelin qu'« il risque beaucoup », puis met « *la main sur la garde de son épée* ».

• Leur violence se manifeste aussi dans les paroles, à travers des insultes : « insolente, coquine », chez Argan ; « bon à rien, coquin, insolent », chez le Chevalier.

• Ces deux maîtres sont obstinés et déterminés : Argan utilise le futur de certitude (« Je l'aurai ») ; il reprend les mots mêmes de Toinette pour la contredire (« Je ne suis point bon ») et utilise des phrases brèves et directes (« Nulle part », « retirez-vous »).

3. Un maître méprisant et diabolique

• Les injures de don Salluste à l'égard de Ruy Blas sont plus blessantes et méprisantes (« pédant », « petit génie », « cuistre[s] », « bouffi »), car c'est un traître de drame romantique. Son mépris se marque dans l'interjection dédaigneuse « bah » et dans le fait qu'il interrompt Ruy Blas.

• Pour mieux rabaisser son valet, don Salluste recourt aussi à l'ironie (« bel air, fort drôle »), à la fausse politesse à travers des expressions faussement respectueuses (« faites-moi le plaisir de », « pardon », « mon cher » [deux fois]).

• La supériorité et la victoire de don Salluste sur Ruy Blas se manifestent dans la longueur de ses répliques et les impératifs dédaigneux (« Ayez donc », « songez d'abord »).

Question 2

Introduction

[Problématique] Mais les trois serviteurs ne se laissent pas déstabiliser par l'affrontement avec leur maître et cherchent à prendre l'avantage par différentes stratégies.

> **Remarque**
> Dans la deuxième réponse, il est inutile de présenter à nouveau le corpus.

1. Les serviteurs de comédie : deux stratégies d'opposition…

• Toinette et Trivelin optent pour une franche opposition à leur maître. Ils recourent à des dénégations directes (qu'appuient des tournures négatives : « Et moi je lui défends absolument d'en rien faire » ; « ne badinons point » ; « je ne saurais me corriger »).

• Tous deux recourent à l'impertinence, voire à « l'insolence » : Toinette qualifie les propos d'Argan de « bagatelles », elle lui rappelle avec malice qu'il est « malade » et ne doit donc pas s'échauffer ; Trivelin se moque du Chevalier

(« ah ! ah ! ah ! vous rêvez, mon cavalier ! ») ou lui conseille de « ne [point] gesticule[r] de cette manière ».

2. ... mais différentes

• Pour prendre l'avantage, Toinette prétend d'abord mieux connaître son maître que lui-même, puis, faisant semblant de ne pas s'apercevoir de sa colère, prend le ton du bon sens en servante « bien sensée ».

• Le Chevalier, lui, ménage une savante progression : il commence par faire preuve de respect et de soumission avec de nombreuses formules de politesse et de la (fausse) flatterie (« j'aurai l'honneur de vous dire que... », « la joie que j'ai d'être à vous ») ; puis il prend de l'assurance (« ne vous ai-je pas dit que j'étais opiniâtre ? »), et enfin passe à la prise d'autorité (« ne gesticulez pas point »), à des piques (« cruel ») et à la menace implicite (« ce geste-là n'est pas de votre compétence »).

3. La stratégie de la parole : à la fois valet et Premier ministre

• Se sentant encore son serviteur, Ruy Blas se soumet à don Salluste et exécute les ordres qu'il lui donne (« *ramasse le mouchoir* ») et l'appelle « Excellence ».

• Mais, redevenant Premier ministre, il manifeste son engagement personnel (« Pour moi, j'ai... »), il essaie d'argumenter par la parole, recourt à la rhétorique (question rhétorique, v. 7 ; interjections lyriques ; vérités générales, v. 14 ; rythme haletant des vers, v. 15). Il en appelle aux sentiments patriotiques (v. 8 et 12) et associe son maître au salut du peuple et de l'Espagne (« Osons, Ôtons »).

• Cette stratégie, au contraire de celle des valets de comédie, n'aboutit pas et Ruy Blas perd le combat, écrasé par la parole et le mépris de son maître.

SUJET

14

France métropolitaine • Septembre 2016

Le texte théâtral et sa représentation • 14 points

Théâtre, rire et gravité

Commentaire

▸ Vous ferez le commentaire du texte B (texte de Marivaux) en vous aidant du parcours de lecture suivant.

1. Vous étudierez la dimension comique de ce passage.

2. Vous montrerez ensuite comment évolue le rapport de force entre le Chevalier et Trivelin.

Se reporter au document B du sujet nº 13.

LES CLÉS DU SUJET

Trouver les idées directrices

• Appuyez-vous sur les pistes données dans le sujet.

Mots essentiels des pistes de lecture : *comique, évolue, rapport de force.*

• Identifiez les caractéristiques du texte pour trouver les principaux axes (idées directrices).

> Scène de comédie (*genre*), qui met en scène l'affrontement entre un valet et un maître (une maîtresse !), comique (*registre*), vivante (*adjectif*), pour faire rire le public et montrer la stratégie et la supériorité du valet sur le maître (*buts*).

Pistes de recherche

Première piste : le comique

• Répertoriez les **diverses sources du comique** que vous connaissez : situation, gestes, mots, caractère…

• Repérez dans le texte des **exemples** de ces diverses sources de comique et analysez-les.

Deuxième piste : l'évolution du rapport de force

• Analysez et comparez le **ton** de chacun des personnages au début et à la fin de la scène.

• Qui semble **avoir le dessus** au début de la scène ? à la fin ?

• Étudiez la **stratégie** de Trivelin pour prendre l'avantage. Servez-vous pour cela de votre réponse à la question 2.

▶ **Pour réussir le commentaire** : voir guide méthodologique.
▶ **Le théâtre** : voir mémento des notions.

CORRIGÉ 14

Les titres en couleur et les indications entre crochets servent à guider la lecture mais ne doivent pas figurer sur la copie.

Introduction

[Amorce] Marivaux, au début du XVIIIe siècle, crée un théâtre qui fait du neuf avec de l'ancien : des personnages traditionnels – maîtres et valets, couples d'amoureux – se croisent, se cherchent, parfois sous des déguisements prétextes à bien des quiproquos ; leurs préoccupations, leur langage portent la marque du marivaudage, façon raffinée d'explorer avec une apparente légèreté mais une réelle gravité les mystères de l'amour et le poids des préjugés sociaux. [Présentation du texte] Dans *La Fausse Suivante*, une jeune aristocrate se fait passer tantôt pour un Chevalier, tantôt pour une domestique (une « fausse suivante »), afin de connaître les sentiments d'un prétendant. Ici, elle affronte Trivelin qui lui propose d'être son valet pour remplacer Frontin, son serviteur habituel. [Annonce du plan] Dans cette scène comique et vive [I], Trivelin aborde le Chevalier d'abord avec respect mais c'est une stratégie car, connaissant le secret du Chevalier, il s'en sert pour inverser les rôles et s'imposer [II].

I. La dimension comique

Marivaux recourt aux moyens traditionnels de la comédie : comique de situation, de caractère, de geste, de mot…

1. Une situation et des jeux de scène comiques

• Pas de scène de théâtre réussie sans conflit ! Le spectateur s'amuse d'une situation où s'opposent deux volontés : Trivelin, bien décidé à devenir le valet du Chevalier, s'impose peu à peu, alors que le Chevalier cherche à se débarrasser de ce valet de plus en plus sûr de lui. Car le combat n'est pas égal : Trivelin – tout comme le spectateur – connaît le secret du Chevalier et mesure l'inutilité des efforts de celui-ci pour se libérer du nœud que le valet resserre autour de lui.

• L'exaspération d'abord puis le désarroi croissant du Chevalier se marquent dans ses apartés : « il se moque de moi », « cet homme-là est un extravagant », « ce coquin-là m'embarrasse », « je ne sais plus que penser de tout ce qu'il me dit »...

• Ses gestes, suggérés par les didascalies (« *il fait comme s'il s'en allait, mettant la main sur la garde de son épée* »), amusent d'autant plus le spectateur qu'il sait que le Chevalier ne saurait mettre ses menaces à exécution. Contraste qui peut être amplifié par le jeu des acteurs : le Chevalier, de plus en plus troublé, s'agite, « gesticule [...] » alors que Trivelin, après les courbettes du début, se redresse et s'affirme dans son intention de ne pas se retirer.

2. Le comique de caractère

• Trivelin appartient à la lignée des serviteurs de la commedia dell'arte, rusé, beau parleur, déterminé. Il joue d'abord le personnage du serviteur exemplaire et parle avec solennité de ses origines et de sa passion de servir.

• Il sait manipuler le Chevalier, il le provoque puis esquive son agressivité avant de prendre l'avantage en lui révélant, par des remarques à double sens, qu'il connaît son déguisement. Le Chevalier paraît bien désarmé, avec son épée « inutile », face à ce serviteur impitoyable.

3. Le comique de mots

• Les personnages de Marivaux sont experts dans l'art des sous-entendus, des mots à double sens et le spectateur se réjouit de ce détournement du langage. Quand le Chevalier menace Trivelin (« vous risquez beaucoup »), il veut dire qu'il pourrait bien le frapper s'il s'obstine, mais Trivelin feint de croire que le Chevalier lui lance un pari et que lui, Trivelin, n'y perdrait qu'« un écu », alors que le Chevalier risque beaucoup plus gros...

• En qualifiant d'« arme étrangère » et de « fer inutile » l'épée du Chevalier, Trivelin lui fait comprendre que son déguisement ne l'abuse pas. Dans ses dernières répliques, il s'adresse d'ailleurs au Chevalier comme un amant à une maîtresse insensible au « reproche tendre », « aux soupirs ».

• Parfois, les répliques se font écho : le Chevalier renvoie Trivelin qui ne lui est « bon à rien », reproche que le valet reprend puis modifie en « bon à *quelque chose* ». Au début de l'échange, le chevalier exige de Trivelin : « *Laissez là* vos politesses » et Trivelin, à la fin de la scène, se moque : « *Laissez là* cette arme qui vous est étrangère ».

II. L'évolution du rapport de force entre le Chevalier et Trivelin

1. Apparemment modeste, soumis et sensible

• Trivelin se présente d'abord comme un serviteur humble et soumis, et multiplie les marques de politesse et de respect à l'égard du Chevalier. C'est pour lui un « honneur » et un bonheur de devenir le « serviteur » du Chevalier. Il accumule les hyperboles pour donner de lui une image flatteuse, pour annoncer son nom et se situer dans une lignée où l'on est un serviteur fidèle de père en fils.

• Trivelin ne se laisse pas déstabiliser par la réponse brutale du Chevalier qui n'apprécie guère sa « politesse » alambiquée et le remet à sa place de « valet ». Trivelin fait semblant d'accuser le coup et d'être meurtri par ce nom « odieux ». Il y a une certaine solennité dans sa déclaration (« il frappe mes oreilles d'un son disgracieux ») : c'est un alexandrin bien cadencé avec deux hémistiches parfaits si l'on met le mot « disgraci/eux » en valeur en l'étirant par une diérèse. Trivelin est bien un serviteur du XVIIIe siècle et ses protestations de dévouement ne servent qu'à cacher son désir d'émancipation et son intention de renverser les rôles.

• Il propose néanmoins un compromis qui mêle une formule de politesse (« de grâce ») à deux impératifs (« ajustons-nous », « convenons ») : il donne déjà des ordres à son futur maître et la première personne du pluriel matérialise ce nouveau couple de maître/valet. Le Chevalier sent bien que l'affaire est « singulière » (= étrange) et pense seulement être victime d'un mauvais plaisant qui se « moque » de lui. La réponse de Trivelin est ambiguë, car il associe une nouvelle protestation hyperbolique d'amitié (« la joie d'être à vous ») à un rappel de « la mortification » que lui a infligée le Chevalier ; il a beau modaliser l'offense en la qualifiant de « légère », il n'oublie rien et pourrait bien se venger.

2. Ironique et déterminé

• Quand le Chevalier le congédie à deux reprises, Trivelin feint d'abord la surprise en reprenant ironiquement les paroles du Chevalier puis change de ton : il marque fermement sa détermination par deux négations (« non, vous m'avez piqué », « je ne vous quitterai point ») ; c'est lui qui fixe les conditions de son abandon éventuel au terme d'une négociation où maître et valet ont un poids égal (« vous ne soyez convenu avec moi »).

• Il ne tient plus compte des ordres du Chevalier qui l'enjoint de se retirer et suit son idée : « Où vous attendrai-je ? ». Désormais, il s'impatiente, ordonne (« ne badinons point ») et, en se servant du

> Au théâtre, la stichomythie est une succession de répliques courtes entre deux personnages qui se répondent vers à vers, ce qui donne un rythme alerte à l'échange.

« nous », prétend ne faire plus qu'un avec ce maître peu obéissant. Le dialogue s'accélère et prend le tempo d'une stichomythie. Le Chevalier, poussé à bout, en vient à l'insulte (« insolent »)...

3. L'amant malheureux de... la Chevalière ?

• Trivelin lui répond du tac au tac mais choisit bien son apostrophe : « cruel » appartient au vocabulaire du reproche amoureux et le Chevalier s'étonne de cette épithète. Mais Trivelin triomphe et se moque ouvertement (« ah ! ah ! ah ! »), interpelle familièrement son adversaire (« mon cavalier »), commente à haute voix la surprise du Chevalier qui « rêve [...] », « délibère [...] », « baisse le ton », devient « traitable ».

• Bien décidé à achever le Chevalier en lui faisant comprendre qu'il sait tout de son déguisement, Trivelin poursuit sur le même ton, comme s'il s'adressait désormais à une maîtresse – au sens amoureux du terme : il se présente comme un amoureux « tendre », dont les « soupirs » n'arrivent pas à vaincre les « rigueurs » de la belle malgré sa « passion ».

• Trivelin parle comme un amant malheureux qui craint davantage les effets « redoutables » de la beauté ou de la dureté de « l'œil » de la belle que la menace de l'épée qu'elle porte. Trivelin a gagné et le Chevalier reconnaît sa défaite : « je suis trahie » ; son déguisement a été découvert.

Conclusion

Cette scène de *La Fausse Suivante* condense certains traits et thèmes des comédies de Marivaux : le personnage du valet déterminé et manipulateur comme le Dubois des *Fausses confidences*, le recours au travestissement pour faire éclater la vérité, un dialogue vif, au comique léger, où les mots eux-mêmes sont déguisés.

> **Conseil**
> Lorsque vous citez une expression du texte, qualifiez-la, caractérisez-la en précisant le procédé de style utilisé et commentez-la (principe ICQ, voir Guide méthodologique, conseils pour le commentaire composé).

SUJET

15

France métropolitaine • Septembre 2016

Le texte théâtral et sa représentation • 14 points

Théâtre, rire et gravité

Dissertation

▸ **Pensez-vous qu'au théâtre le rire soit compatible avec le traitement de sujets graves et profonds ?**
Vous appuierez votre développement sur les textes du corpus, sur les textes étudiés pendant l'année et sur vos lectures personnelles, ainsi que sur votre expérience de spectateur.

Les textes du corpus sont reproduits dans le sujet nº 13.

LES CLÉS DU SUJET

Comprendre le sujet

- « **compatible** » signifie « conciliable, qui s'accorde avec, qui convient à ».
- Le **présupposé** du sujet est : *Le rire au théâtre est adapté, efficace pour aborder des sujets sérieux.*
- La forme interrogative « Pensez-vous » permet une **discussion** de ce présupposé.
- **Reformulez la problématique** : *Au théâtre, peut-on faire rire de sujets sérieux et graves ?*

Chercher des idées

- **Définissez** d'abord ce que l'on entend par « sujets sérieux et profonds » : problèmes existentiels (vie/mort, absurdité de la vie, fatalité, maladie…) ; enjeux sociaux et politiques (abus de pouvoir, injustice, guerre, religion…) ; problèmes sentimentaux (amour non partagé, différence de statut social…).
- **Subdivisez la problématique en sous-questions.** *Quel peut être l'intérêt du rire au théâtre pour parler d'un sujet grave ? D'où vient l'efficacité du rire/comique/humour au théâtre pour traiter de sujets graves ? Quels inconvénients peut présenter le rire au théâtre quand il aborde des sujets sérieux ? N'y a-t-il pas des limites au rire ?…*

• Choisissez les **sous-questions** qui pourraient être le titre d'une partie de votre devoir.
• Faites-vous une **liste de pièces comiques** qui abordent des sujets sérieux.
• Comme vous aurez souvent à faire référence aux notions, constituez une **réserve de mots** :
– « rire » : ridicule, dérision, sourire, comique, humour/humoristique, plaisant, amusant…
– « sérieux » : profond, grave, dramatique, critique, tragique, cruel, triste, pénible…

CORRIGÉ 15

Les titres en couleur et les indications entre crochets servent à guider la lecture mais ne doivent pas figurer sur la copie.

Certains exemples seulement mentionnés doivent être analysés.

Introduction

[Amorce] « Je me presse de rire de tout, de peur d'être obligé d'en pleurer », lance Figaro à son maître dans *Le Barbier de Séville*, de Beaumarchais. Il conseille donc d'aborder les sujets graves et profonds sur le mode humoristique. [Annonce des axes] Dans quelle mesure le rire est-il compatible avec le traitement de tels sujets ? [I] Quel parti un dramaturge peut-il tirer du principe de Molière : instruire en divertissant ? [II] Le parti pris de « rire de tout » au théâtre n'a-t-il pas des limites ?

I. Le rire au théâtre rend plus réceptif aux sujets sérieux

1. Qu'est-ce qu'un sujet « grave » ou « profond » ?

• Ces sujets sont ceux qui touchent aux fondements de la condition humaine : la vie, la mort, l'ignorance de son destin, l'absurdité de la vie…

• Mais le théâtre aborde aussi des sujets graves plus concrets : les faits de société, comme l'amour (Marivaux, *La Fausse Suivante*) et le mariage (Molière, *Le Malade imaginaire*), les défauts des hommes (*Le Malade imaginaire*), le pouvoir (Hugo, *Ruy Blas*), la religion (Molière, *Tartuffe* et *Dom Juan*).

• Or, paradoxalement, la littérature et plus précisément le théâtre choisissent des registres plaisants pour traiter ces sujets : Molière, Marivaux, Beaumarchais, Ionesco (*La Cantatrice* chauve) ou Jarry (*Ubu Roi*) prennent le parti de « plaire » pour mieux « instruire ».

2. L'humour pour divertir

• Le comique au théâtre divertit et touche un public varié puisqu'il s'agit d'un spectacle collectif et vivant.

• Marivaux, dans *La Colonie*, met en scène avec humour des femmes féministes avant l'heure : le public préfère aborder par le rire la question – sérieuse – de l'égalité entre hommes et femmes, plutôt que de lire les développements de Rousseau sur l'éducation des filles dans *Émile ou de l'Éducation*.

3. Le rire atténue la critique

• L'efficacité du registre comique au théâtre vient de ce que le rire introduit une distance et atténue apparemment la critique. Ainsi, les aristocrates se pressaient et riaient au *Barbier de Séville* ou au *Mariage de Figaro*, où Beaumarchais remettait en cause leurs privilèges.

• Molière renonce aux longues analyses des moralistes sur les vices de son temps : en amplifiant les défauts des hommes, en les caricaturant à travers des personnages ridicules, il provoque un rire qui « purifie » le spectateur.

II. Le rire dédramatise la souffrance et libère l'homme

1. Le rire, libérateur, désamorce l'angoisse

• Faire rire, c'est aussi dédramatiser : le rire est libérateur, il allège l'angoisse et offre, devant des sujets trop graves, une porte de sortie.

• À la question « Peut-on rire de tout ? » Pierre Desproges répond : « S'il est vrai que l'humour est la politesse du désespoir, […] alors oui, on peut rire de tout, on doit rire de tout. De la guerre, de la misère, et de la mort. »

• Au XXe siècle, le théâtre de l'absurde met en scène le tragique de la condition humaine dans des pièces à l'humour grinçant : chez Ionesco (*La Leçon*) ou chez Brecht (prologue de *La Résistible ascension d'Arturo Ui*), le décalage entre le ton et le fond désamorce l'angoisse.

2. Le rire, instrument d'émancipation et de domination

• Mais, plus encore, l'humour rend supérieur. Ainsi, au Moyen Âge, l'Église se méfiait du rire. Dans le roman d'Umberto Eco, *Le Nom de la Rose* (1982), un moine criminel veut interdire un livre d'Aristote sur la comédie, sous prétexte qu'il fait l'éloge du rire… C'est que le rieur se met en position de supériorité par rapport à celui dont il rit : il le domine.

• Rire de son supérieur, du maître, du roi ou de Dieu, c'est les rabaisser, s'en libérer. Ainsi, lorsque Figaro se moque du comte Almaviva (Beaumarchais, *Le Barbier de Séville*) et Trivelin du Chevalier (*La Fausse Suivante*), ils se libèrent en paroles de la pression qu'exercent sur eux leurs maîtres qui, dans la vie réelle, les dominent.

3. Le rire, une arme de combat

• L'humour et le rire sont des armes de la contestation et mettent en question le pouvoir et les violences qu'il exerce. Dans *Le Mariage de Figaro*, le valet défie son maître dans des propos très polémiques : « Qu'avez-vous fait pour tant de biens ? Vous vous êtes donné la peine de naître, et rien de plus. Du reste, homme assez ordinaire ! tandis que moi, morbleu !... »

Conseil
Un paragraphe = un argument, qui doit être illustré par un ou plusieurs exemples commentés. Ne vous contentez pas de citer des œuvres : expliquez en quoi elles appuient votre idée.

• Tourner en dérision celui contre lequel on ne peut rien est parfois la seule arme de l'opprimé.

• Alors, oui, il est des sujets graves dont le théâtre doit traiter sur le mode humoristique ou comique, pour mieux les dominer, parce que le rire est provocateur, parce qu'il est cruel pour sa cible, parce qu'il est une marque de courage.

[Transition] Jouer sur le décalage entre le ton (fantaisiste) et le contenu (sujets tragiques), permet de dévoiler l'absurde du monde. Et pour cela, le théâtre est particulièrement approprié, mais peut-il faire rire de tout ?

III. Le théâtre peut-il vraiment faire rire de *tout* ?

1. Le théâtre, un genre particulièrement adapté au rire

• Le théâtre est d'abord un spectacle vivant et incarné qui crée l'illusion : les jeux de scène (gestes, mimiques, chutes...), le rythme du spectacle (« La Folle Journée » est le sous-titre du *Mariage de Figaro*), le grossissement qu'il implique sont autant de supports pour le comique et de vecteurs du rire.

• C'est ensuite un divertissement collectif : or, les réactions collectives sont plus intenses que celles d'un individu isolé et surtout elles sont plus contagieuses. De là l'efficacité du comique au théâtre : le spectateur, emporté par le mouvement de groupe, accepte de rire des sujets les plus sérieux. Mais le théâtre peut-il pour autant faire rire de tout ?

2. Tenir compte du public et de l'interlocuteur

• L'humoriste Pierre Desproges est formel : on peut rire de tout, mais pas avec n'importe qui. Il faut prêter attention au contexte et au destinataire, car ce qui peut amuser une personne risque d'en blesser une autre. La presse satirique, par exemple, aborde certains sujets, comme la religion, de manière humoristique (caricature du pape, du Dieu des chrétiens, de Mahomet dans *Charlie Hebdo*...) : l'efficacité de l'humour dépend alors du public visé.

• L'humour noir est à manier avec précaution : où s'arrêter ? Comment fixer les limites du mauvais goût ? Il est des sujets qui s'accommodent mal du rire, comme les violences et les souffrances (camps de concentration, torture, attentats terroristes). Du reste, comment les représenter sur scène de façon à créer l'illusion théâtrale sans choquer et bouleverser le public ?

• L'équilibre entre le « parti d'en rire » et le respect de la dignité humaine est donc très difficile à tenir. Car chacun a son propre système de valeurs et ce qui amuse l'un risque de choquer l'autre : Jean Genet fait rire de « bonnes » qui, au fond, planifient le meurtre de leur maîtresse (*Les Bonnes*, exemple à exploiter)...

3. La difficulté à rire de soi-même

• Par ailleurs, il est plus malaisé de rire de soi-même que des autres. On reconnaît aisément dans l'Iphicrate de *L'Île des esclaves* (Marivaux) l'oppresseur et l'on rit des traitements que lui inflige son valet Arlequin, mais pense-t-on que l'on peut être soi-même l'Iphicrate de quelqu'un ?

• Rire de soi-même demande une certaine force d'âme. Beaumarchais a su le faire quand Figaro, son *alter ego* sur scène, rit de ses déboires littéraires et professionnels dans le long monologue de l'acte V du *Mariage de Figaro*. Molière l'a su faire qui se met lui-même en scène dans *L'École des femmes* sous les traits d'Arnolphe, « vieillard » amoureux et malheureux d'une toute jeune fille, comme lui-même l'était d'Armande Béjart.

• Mais les exemples sont rares d'une telle autodérision. On est peu enclin au théâtre à se reconnaître dans ce qui est ridiculisé, donc à « s'instruire » sur soi par le rire. Rire de soi, c'est se dédoubler pour se juger et en partie se détruire. On a du mal à ne pas se prendre au sérieux, à résister à la peur ou à l'espoir. L'efficacité du rire au théâtre se trouve parfois affaiblie par notre incapacité à rire de nous-mêmes.

Conclusion

[Synthèse] À la fois spectacle collectif et école de vie, le théâtre recourt souvent au rire qui plaît au public en même temps qu'il désamorce la gravité de certains enjeux et donne du recul sur les événements. Mais le rire a ses limites et l'on doit veiller à ne pas tomber dans le mauvais goût ou l'excès. [Ouverture] Cependant, si l'on ôte à l'homme son droit au rire – par la censure ou par une excessive gravité –, on lui enlève du même coup un remède à ses souffrances, une partie de sa liberté et de son identité, « parce que rire est le propre de l'homme » (Rabelais).

SUJET

16

France métropolitaine • Septembre 2016

Le texte théâtral et sa représentation • 14 points

Théâtre, rire et gravité

Écriture d'invention

▸ En vue d'un spectacle de fin d'année, vous rédigez un dialogue théâtral comique, dans lequel le rapport de force entre deux personnages s'inverse au fil des répliques.
Pour faciliter le travail de vos camarades qui vont jouer cette scène de confrontation, vous écrivez ensuite une note de mise en scène précisant l'état d'esprit des personnages et le jeu des acteurs.
Votre premier texte, le dialogue théâtral, comprendra une trentaine de lignes.
Votre second texte, la note de mise en scène, comprendra une vingtaine de lignes.

Le candidat peut s'appuyer sur les textes reproduits dans le sujet n° 13.

LES CLÉS DU SUJET

Comprendre le sujet

Analysez la consigne pour en cerner les contraintes. **Attention** ! cette écriture d'invention vous amène à composer **deux textes** très différents.

	Texte 1	Texte 2
Genre	« dialogue théâtral » → Caractéristiques formelles : didascalies, nom des personnages avant les répliques…	« note de mise en scène » → Il s'agit d'un petit essai.
Thème	« rapport de force », scène de conflit (thème non défini).	La scène que vous avez écrite (« état d'esprit des personnages », « jeu des acteurs »).

	Texte 1	Texte 2
Type de texte	/	Explicatif et argumentatif.
Registre	Comique	Non précisé ; « précisant » peut suggérer le registre didactique.
Caractéris-tiques des textes à produire	Scène de théâtre (*genre*), de conflit (*thème*), comique (*registre*) pour faire rire le public, pour montrer la stratégie des personnages dans le conflit (*buts*).	Texte en prose/essai (*genre*), qui explique (*type de texte*) la psychologie des personnages, leur caractère (*thème*) et argumente sur la façon de jouer, les directives de mises en scène (*thème*) ? (*registre*).

■ Chercher des idées

Le fond

• **Texte 1** : vous devez choisir les **personnages** (leur donner un caractère), la **situation** (enjeu du conflit), la **progression** de la scène (qui a le dessus au début ? à la fin ?) et la **stratégie** d'un des personnages pour inverser les rapports de force.

• **Texte 2** : vous devez vous appuyer sur la scène que vous aurez écrite et sur les éléments qui dévoilent le caractère des personnages, puis imaginer des **éléments de mise en scène** en discernant dans la scène les expressions qui la justifient.

• Pensez à tous les aspects d'une **mise en scène** : décor, costumes, éclairages, jeu des acteurs...

La forme

• **Texte 1** : utilisez les **types de comiques** que vous connaissez (gestes, situation, paroles, caractère...). Votre scène doit être vive.

• **Texte 2** : utilisez les faits d'écriture du registre **didactique** (impératifs, formules telles que « il faut »...). Soyez précis : faites allusion à des répliques de la scène.

CORRIGÉ 16

Scène

Jeanne, huit ans, ouvre subrepticement la porte d'une cuisine proprette puis avance sur la pointe des pieds jusqu'au garde-manger, dont elle retire un pot de confiture qu'elle entame au doigt. La porte de la cuisine s'ouvre à nouveau mais Jeanne ne s'en aperçoit pas. Entre sa sœur, Élise, grande gigue d'une quinzaine d'années en chemisier bleu et pantalon blanc.

ÉLISE. – Ah ! Ah ! Prise sur le fait !

JEANNE. – Ah !

Surprise, Jeanne se retourne et laisse tomber le pot de confiture dont le contenu se répand sur le sol.

ÉLISE. – C'est du propre ! Papa et Maman vont être contents ! Non seulement tu chipes dans les placards, mais en plus tu salis la cuisine !

JEANNE, *tout bas, avec des yeux de chien battu*. – Tu vas leur dire ?

ÉLISE. – Et comment ! Tu ne t'imagines pas que je vais attendre que tu racontes que c'est moi qui ai tout cassé dans la cuisine. Je te connais, va ! Tu es capable de leur faire croire n'importe quoi, avec ton air de petite fille modèle. Comment des tresses blondes peuvent-elles avoir autant de pouvoir sur les adultes ? C'est absurde.

JEANNE, *d'un air légèrement buté*. – C'est parce que c'est joli.

ÉLISE. – La belle raison… Enfin, cela n'a aucune importance. Cette fois-ci, Papa et Maman devront bien se rendre à l'évidence : ce n'est pas moi qui vide les pots de confiture. Ce n'est pas moi qui tire la queue du chat. Ce n'est pas moi qui laisse le tapis de la salle de bains trempé après ma douche. Non, non, non ! Ah, enfin, justice va être faite ! Et encore, tu t'en tireras à bon compte : à une certaine époque, tu aurais fini au pain sec, dans un cabinet noir !

Pendant qu'Élise se réjouit, Jeanne, l'air buté, observe sa sœur avec un petit sourire.

JEANNE. – Mais pourquoi ? Je n'ai rien fait.

ÉLISE, *soufflée*. – Quel culot ! Et ce pot en miettes, et cette confiture, partout…

JEANNE, *avec intention*. – Mais je n'ai pas de confiture sur moi, ce qui n'est pas le cas de tout le monde…

ÉLISE, *sans comprendre*. – Ce qui n'est pas le cas de tout le monde ?

JEANNE, *avec un sourire en coin*. – Oui.

ÉLISE, *interloquée, baisse les yeux et s'aperçoit que le bas de son pantalon blanc est moucheté de taches de confiture.*

JEANNE, *d'un air faussement inquiet.* – C'est Papa et Maman qui ne vont pas être contents.

ÉLISE. – Papa et Maman…

JEANNE. – Tu en as mis partout.

ÉLISE. – J'en ai… Quoi ?

JEANNE. – Ça part, au lavage, la confiture ?

ÉLISE. – Au lavage, oh non, non !

JEANNE. – Ça colle sous les pieds, par terre, dis donc.

ÉLISE. – Oh la chipie ! Oh la petite peste !

Élise s'apprête à attraper sa sœur pour la corriger quand un bruit de voiture se fait entendre. Elle jette un coup d'œil par la fenêtre, pousse un cri et commence à nettoyer fébrilement le sol de la cuisine. Jeanne sourit et sort de la cuisine. On entend un chat miauler et cracher, puis Jeanne pousse un petit cri.

La porte d'entrée claque, et une voix retentit.

LA MÈRE D'ÉLISE. – Jeanne ! Est-ce que ce serait toi qui tires la queue du chat ?

JEANNE, *d'une voix contrite, sur le ton de la promesse.* – Je ne me ferai plus griffer par le minet.

Élise, elle, frotte toujours…

Note de mise en scène

Ce que le public doit voir d'emblée, c'est la différence de caractère entre les deux personnages. Les deux comédiennes doivent donc développer des gestuelles spécifiques et rigoureusement opposées : ainsi, Jeanne peut se montrer très calme, très économe dans ses mouvements, en accord avec la brièveté et la simplicité de ses répliques. À l'inverse, Élise peut gesticuler de façon très dramatique, à l'image de sa façon de parler plus ampoulée.

Élise se montre d'autant plus grandiloquente qu'elle cherche depuis un moment à piéger sa sœur, qui rejette sur elle toutes ses bêtises. Élise doit exprimer le soulagement et la joie de la revanche. Il ne faut pas pour autant faire de Jeanne une petite fille vicieuse. Ce n'est pas par méchanceté qu'elle veut faire accuser sa sœur, c'est par crainte d'être punie. La comédienne doit donc plutôt jouer l'espièglerie que la malignité.

Afin de préserver l'effet de surprise, le public ne doit pas voir immédiatement les taches de confiture. Plusieurs solutions sont envisageables. Élise peut se tenir derrière une table recouverte d'une nappe qui cacherait le bas de son pantalon, jusqu'à ce qu'elle sursaute et se déplace. On peut aussi placer le garde-manger au fond du plateau, auquel cas Élise passerait la première partie de la scène dos au public. On peut alors imaginer qu'au moment où elle découvre l'étendue du désastre, elle se retourne lentement, de façon dramatique.

Le fait qu'Élise soit dos au public aurait l'avantage de rendre encore plus ridicule son langage pompeux, puisque les spectateurs, ne voyant pas son visage, ne pourraient pas être en connivence avec elle, alors que cela renforcerait la complicité entre eux et Jeanne, dont ils verraient, à l'inverse, toutes les mines. Le jeu muet de Jeanne doit en ce cas être très expressif, tant dans la peur que dans l'astuce.

Enfin, le rythme de la scène doit être soutenu : pas de silences qui s'éternisent, pas de temps mort, l'objectif reste de faire rire le public.

Antilles, Guyane • Septembre 2015

Le texte théâtral et sa représentation • 6 points

Être joué pour faire rire

Questions

Documents

A – **Molière**, *Le Malade imaginaire*, acte II, scène 5, 1673.
B – **Eugène Labiche**, *Mon Isménie !*, scène 8, 1852.
C – **Jean Tardieu**, « Finissez vos phrases ! ou une heureuse rencontre », *La Comédie du langage*, 1978.

▸ **1. Caractérisez la situation qui réunit les personnages de ces trois scènes. (*2 points*)**

▸ **2. Qu'est-ce qui fait le comique de ces trois textes ? (*4 points*)**

Après avoir répondu à ces questions, les candidats devront traiter au choix un des trois sujets nos 18, 19 ou 20.

DOCUMENT A

Argan est un homme bien portant, mais il est persuadé qu'il est très malade et consulte sans cesse des médecins. Par intérêt personnel, il veut marier sa fille Angélique à Thomas Diafoirus, le fils de l'un de ses médecins, qui est aussi prétentieux que son père. Monsieur Diafoirus vient avec son fils pour le présenter à Angélique et à Argan. Toinette, servante impertinente et alliée d'Angélique, est également présente.

MONSIEUR DIAFOIRUS. – [...] *Il se retourne vers son fils et lui dit :* Allons, Thomas, avancez. Faites vos compliments.

THOMAS DIAFOIRUS *est un grand benêt nouvellement sorti des Écoles, qui fait toutes choses de mauvaise grâce et à contretemps.* – N'est-ce pas par le père qu'il convient commencer ?

MONSIEUR DIAFOIRUS. – Oui.

THOMAS DIAFOIRUS. – Monsieur, je viens saluer, reconnaître, chérir et révérer en vous un second père ; mais un second père auquel j'ose dire que je me trouve plus redevable qu'au premier. Le premier m'a engendré[1] ; mais vous m'avez choisi. Il m'a reçu par nécessité ; mais vous m'avez accepté par grâce. Ce que je tiens de lui est un ouvrage de son corps, mais ce que je tiens de vous est un ouvrage de votre volonté ; et d'autant plus que les facultés spirituelles sont au-dessus des corporelles, d'autant plus je vous dois, et d'autant plus je tiens précieuse cette future filiation[2], dont je viens aujourd'hui vous rendre par avance les très humbles et très respectueux hommages.

TOINETTE. – Vivent les collèges, d'où l'on sort si habile homme !

THOMAS DIAFOIRUS. – Cela a-t-il bien été, mon père ?

MONSIEUR DIAFOIRUS. – *Optime*[3].

ARGAN, *à Angélique.* – Allons, saluez monsieur.

THOMAS DIAFOIRUS. – Baiserai-je[4] ?

MONSIEUR DIAFOIRUS. – Oui, oui.

THOMAS DIAFOIRUS, *à Angélique.* – Madame, c'est avec justice que le Ciel vous a concédé le nom de belle-mère, puisque l'on…

ARGAN. – Ce n'est pas ma femme, c'est ma fille à qui vous parlez.

THOMAS DIAFOIRUS. – Où donc est-elle ?

ARGAN. – Elle va venir.

THOMAS DIAFOIRUS. – Attendrai-je, mon père, qu'elle soit venue ?

MONSIEUR DIAFOIRUS. – Faites toujours le compliment de Mademoiselle.

THOMAS DIAFOIRUS. – Mademoiselle, ni plus ni moins que la statue de Memnon[5] rendait un son harmonieux, lorsqu'elle venait à être éclairée des rayons du soleil : tout de même me sens-je animé d'un doux transport à l'apparition du soleil de vos beautés. Et, comme les naturalistes remarquent que la fleur nommée héliotrope tourne sans cesse vers cet astre du jour, aussi mon cœur dores-en-avant[6] tournera-t-il toujours vers les astres resplendissants de vos yeux adorables, ainsi que vers son pôle unique. Souffrez donc, Mademoiselle, que j'appende[7] aujourd'hui à l'autel de vos charmes l'offrande de ce cœur qui ne respire et n'ambitionne autre gloire que d'être toute sa vie, Mademoiselle, votre très humble, très obéissant et très fidèle serviteur et mari.

TOINETTE, *en le raillant.* – Voilà ce que c'est que d'étudier, on apprend à dire de belles choses. […]

THOMAS DIAFOIRUS, *il tire une grande thèse roulée de sa poche, qu'il présente à Angélique.* – J'ai contre les circulateurs[8] soutenu une thèse, qu'avec la permission de Monsieur, j'ose présenter à Mademoiselle, comme un hommage que je lui dois des prémices de mon esprit[9].

ANGÉLIQUE. – Monsieur, c'est pour moi un meuble[10] inutile, et je ne me connais pas à ces choses-là.

TOINETTE. – Donnez, donnez. Elle est toujours bonne à prendre pour l'image ; cela servira à parer notre chambre.

THOMAS DIAFOIRUS. – Avec la permission aussi de Monsieur, je vous invite à venir voir l'un de ces jours, pour vous divertir, la dissection d'une femme, sur quoi je dois raisonner.

TOINETTE – Le divertissement sera agréable. Il y en a qui donnent la comédie à leurs maîtresses ; mais donner une dissection est quelque chose de plus galant.

Molière, *Le Malade imaginaire*, acte II, scène 5, 1673.

1. Engendré : donné la vie. 2. Filiation : lien de parenté unissant le gendre et le beau-père. 3. *Optime* : « très bien » en latin. 4. Baiserai-je ? : Ferai-je un baisemain ? 5. La statue de Memnon : statue antique qui produisait un bruit sous l'effet de la chaleur et du soleil. 6. Dores-en-avant : dorénavant ; orthographe déjà vieillie à l'époque de Molière. 7. Que j'appende : que je suspende, que je présente. 8. Les circulateurs : médecins qui défendaient la théorie selon laquelle le sang circule dans l'organisme. 9. Prémices de mon esprit : les débuts de mon intelligence. 10. Un meuble : un objet.

DOCUMENT B

Le père d'Isménie, monsieur Vancouver, est un homme extrêmement possessif qui a éconduit de nombreux prétendants de sa fille. Il a déjà tenté de prendre Dardenbœuf au piège pour le discréditer, mais le jeune homme s'en est tiré habilement. Le père, dépité, s'est absenté pour écrire un courrier destiné à favoriser un autre prétendant. Isménie arrive au moment où Dardenbœuf est resté seul.

Scène 8

DARDENBŒUF, *puis* ISMÉNIE

DARDENBŒUF, *seul.* – Roulé, le beau-père !... En voilà un assaut !... Je n'ai fait qu'une faute... c'est quand il a ouvert sa tabatière... Là, j'ai été médiocre... je me suis trop fendu[1]... mais c'est si bon une prise[2]... surtout quand le nez picote... dans ce moment, par exemple... cristi[3] ! *(Regardant autour de lui.)* Personne ! savourons mon second défaut... le numéro deux !...

Il ouvre sa tabatière et y puise.

ISMÉNIE, *par le fond apportant un bouquet, entrant et s'adressant à la cantonade.* – Tout de suite, ma tante.

DARDENBŒUF, *à part, laissant tomber sa prise à terre.* – Mâtin !... il n'a pas de chance, le numéro deux !

ISMÉNIE. – Ah ! vous voilà, monsieur... Elle place les fleurs dans un vase à gauche.

DARDENBŒUF, *à part, l'admirant.* – Quel coloris !... La palette de Rubens[4] !... allons !... conversation Ruggieri[5] ! *(Haut, avec passion.)* Ah ! mademoiselle !... non, ce n'est pas du feu... c'est de la lave !

ISMÉNIE. – Pardon... vous avez causé avec mon père ?

DARDENBŒUF. – Oui... nous sommes d'accord... il est plein de rondeur... *(Reprenant avec feu.)* Mademoiselle... *(À part.)* C'est peut-être le moment de lui offrir le médaillon... la belle Gabrielle[6].

ISMÉNIE. – Il ne vous a rien dit relativement à votre départ[7] ?

DARDENBŒUF, *étonné.* – Mon départ ?... Rien.

ISMÉNIE, *à part.* – Ce sera pour demain...

DARDENBŒUF. – Dans ce moment, il s'occupe du contrat[8].

ISMÉNIE. – Déjà ?

DARDENBŒUF. – Ah ! voilà un mot qui n'est pas... gentil !... mais, quand vous me connaîtrez mieux... j'ai des défauts sans doute, je suis...

ISMÉNIE, *vivement.* – Chut ! on ne vous les demande pas, vos défauts.

DARDENBŒUF. – Comment ?

ISMÉNIE. – Cachez-les !... Un prétendu... c'est son état !

DARDENBŒUF, *étonné.* – Ah bah !... mais à vous...

ISMÉNIE. – À moi ni à personne !... Je ne vous dis pas les miens, ainsi...

DARDENBŒUF. – Oh ! c'est inutile... monsieur votre père a eu l'obligeance de m'en donner la note détaillée...

ISMÉNIE. – Comment ?

DARDENBŒUF, *souriant.* – Laide, maussade, bavarde, dépensière, acariâtre[9]...

ISMÉNIE. – Par exemple !... mais ce n'est pas vrai, monsieur !... ce n'est pas vrai !

DARDENBŒUF. – Soyez donc tranquille... je connais assez la botanique pour distinguer une rose... d'un chardon.

ISMÉNIE, *le remerciant.* – Ah ! monsieur !

DARDENBŒUF, *triomphant, à part.* – Je ne crois pas qu'on l'ait lu dans l'almanach[10], celui-là.

ISMÉNIE. – Ainsi vous n'avez pas cru... ?

DARDENBŒUF. – Moi, mademoiselle ?... J'ai cru que vous étiez belle, douce, charmante. ISMÉNIE, *avec reconnaissance.* – Merci ! monsieur Eusèbe, merci !

DARDENBŒUF, *à part.* – Elle m'appelle Eusèbe[11] !... Cristi... j'ai des pétards dans les veines ! *(Haut, avec passion.)* Mademoiselle... non !... ce n'est pas du feu... non ! ce n'est pas de la lave !... non, ce n'est pas… permettez !… voilà ce que c'est… *Il lui embrasse la main à plusieurs reprises.*

Eugène Labiche, *Mon Isménie !*, scène 8, 1852.

1. Je me suis trop fendu : j'ai pris un trop grand risque (vocabulaire de l'escrime). 2. Prise : pincée de tabac que l'on prend par le nez. 3. Cristi : juron. 4. Rubens : célèbre peintre flamand du XVIIe siècle. 5. Ruggieri : célèbre spécialiste du vocabulaire qui avait composé un manuel de conversation. 6. La belle Gabrielle : Gabrielle d'Estrées, maîtresse du roi Henri IV, célèbre pour sa beauté. 7. Votre départ : M. Vancouver a l'habitude de renvoyer les prétendants d'Isménie. 8. Contrat : contrat de mariage. 9. Acariâtre : désagréable. 10. Almanach : calendrier accompagné d'observations astronomiques, de conseils pratiques et de mots d'esprit. 11. Eusèbe : prénom de Dardenbœuf. Il a auparavant affirmé que le fait qu'une femme l'appelle par son prénom l'enthousiasmait.

LE THÉÂTRE

DOCUMENT C

Monsieur A, quelconque. Ni vieux, ni jeune.

Madame B, même genre.

Monsieur A et Madame B, personnages quelconques, mais pleins d'élan (comme s'ils étaient toujours sur le point de dire quelque chose d'explicite) se rencontrent dans une rue quelconque, devant la terrasse d'un café.

[…]

MONSIEUR A, *sur le ton de l'intimité.* – Chère ! Si vous saviez comme, depuis longtemps !

MADAME B, *touchée.* – Vraiment ? Serait-ce depuis que ?

MONSIEUR A, *étonné.* – Oui ! Justement ! Depuis que ! Mais comment pouviez-vous ?

MADAME B, *tendrement.* – Oh ! Vous savez ! Je devine que. Surtout quand.

MONSIEUR A, *pressant.* – Quand quoi ?

MADAME B, *péremptoire.* – Quand quoi ? Eh bien, mais : quand quand.

MONSIEUR A, *jouant l'incrédule, mais satisfait.* – Est-ce possible ?

MADAME B. – Lorsque vous me mieux, vous saurez que je toujours là.

MONSIEUR A. – Je vous crois, chère !… *(Après une hésitation, dans un grand élan.)* Je vous crois, parce que je vous !

MADAME B, *jouant l'incrédule.* – Oh ! Vous allez me faire ? Vous êtes un grand !…

MONSIEUR A, *laissant libre cours à ses sentiments.* – Non ! Non ! C'est vrai ! Je ne puis plus me ! Il y a trop longtemps que ! Ah si

vous saviez ! C'est comme si je ! C'est comme si toujours je ! Enfin, aujourd'hui, voici que, que vous, que moi, que nous !
MADAME B, *émue.* – Ne pas si fort ! Grand, Grand ! On pourrait nous !
MONSIEUR A. – Tant pis pour ! je veux que chacun, je veux que tous ! Tout le monde, oui !
MADAME B, *engageante, avec un doux reproche.* – Mais non, pas tout le monde : seulement nous deux !
MONSIEUR A, *avec un petit rire heureux et apaisé.* – C'est vrai ? Nous deux ! Comme c'est ! Quel ! Quel !
MADAME B, *faisant chorus avec lui.* – Tel quel ! Tel quel !
MONSIEUR A. – Nous deux, oui, oui, mais vous seule, vous seule !
MADAME B. – Non, non : moi vous, vous moi !

Jean Tardieu, « Finissez vos phrases ! »,
in *Le Professeur Frœppel*, © Éditions Gallimard, 1978.

LES CLÉS DU SUJET

■ Question 1

• « **la situation qui réunit** » : analysez les **points communs** entre les scènes sous l'angle de la situation, des circonstances et des personnages en présence, de leurs rapports, et des enjeux de chaque scène.

• Observez le **paratexte** qui donne des renseignements précieux.

• **Structurez votre réponse** : encadrez-la d'une phrase d'**introduction**, qui situe les textes et reprend la question, et d'une brève **conclusion.**

■ Question 2

• La question est : *Quels sont les* ***procédés comiques*** *auxquels recourent les auteurs ?* Récapitulez les **différentes formes de comique** (de gestes, de situation, de caractère, de mots).

• N'oubliez pas qu'il s'agit de théâtre : il peut donc exister un comique qui n'apparaît pas à la lecture mais est **évident à la représentation.**

• N'étudiez pas les textes séparément. Construisez vos paragraphes autour des différents procédés comiques.

• Accompagnez chaque remarque d'**exemples précis.**

▶ **Pour réussir la question** : voir guide méthodologique.
▶ **Le théâtre** : voir mémento des notions.

CORRIGÉ 17

Les indications entre crochets ne doivent pas figurer sur la copie.

Question 1

[Amorce et présentation du corpus] L'intrigue des trois scènes du corpus, extraites du *Malade imaginaire*, de Molière, de *Mon Isménie !* de Labiche et de *La Comédie du langage*, de Jean Tardieu, met en scène des rapports amoureux. [Rappel de la question] La situation dans ces trois scènes, bien que leur écriture s'étende sur quatre siècles et qu'elles portent la marque de leur époque, présente des points communs.

• Les trois extraits mettent en scène une rencontre amoureuse, au cours de laquelle chacun des trois prétendants – Thomas Diafoirus, Dardenbœuf et Monsieur A – fait une déclaration d'amour explicite et officielle.

• À chaque fois, c'est l'homme qui prend l'initiative, mène le dialogue et fait part de ses sentiments, alors que les femmes restent au second plan.

• Le lexique amoureux dynamise les trois scènes, notamment le vocabulaire de la beauté (« vos beautés », « vos yeux adorables » chez Molière ; « belle » chez Labiche ; mots sous-entendus chez Tardieu) et des sentiments (« transport », « cœur » chez Molière ; « feu » chez Labiche). Les gestes, à travers les didascalies, traduisent les élans amoureux.

• Dans ces trois déclarations, la situation est loufoque : Thomas se trompe de destinataire (il prend Angélique pour sa future belle-mère) et propose un curieux divertissement (une « dissection ») ; Dardenbœuf n'a pas compris que le père d'Isménie cherche à l'éconduire ; Monsieur A et Madame B semblent se comprendre parfaitement alors qu'ils ne finissent jamais leurs phrases…

[Conclusion] Ainsi, à travers les siècles, les dramaturges, notamment les auteurs de comédies, exploitent avec efficacité l'événement fertile en rebondissements et en émotions qu'est la première rencontre amoureuse.

Question 2

[Amorce et rappel de la question] Les auteurs comiques disposent de nombreux procédés pour faire rire le public : Molière, Labiche et Tardieu recourent tous les trois à ces procédés, du comique le plus évident au comique le plus subtil.

• Le comique de gestes ou de mimiques. signalé par les didascalies, est perceptible surtout à la représentation : le costume de médecin ridicule des Diafoirus ; l'agitation de Dardenbœuf, ses coups d'œil inquisiteurs, ses apartés, sa ferveur à « embrasse[r] la main » d'Isménie ; l'agitation frénétique des deux personnages dont témoignent les didascalies chez Tardieu et les variations de leurs attitudes *(« tendrement », « dans un grand élan », « avec un doux reproche »)*.

Conseil
Pour trouver les idées de votre réponse, surlignez en couleur dans les textes du corpus les mots précis qui vous permettent de répondre et qui prouvent ce que vous avancez.

• Le comique de situation. L'attitude indifférente de Thomas Diafoirus contraste avec le ridicule de ses propos enflammés et sans lien avec une demande en mariage ; dans un quiproquo farcesque, il confond sa promise avec sa belle-mère. Dardenbœuf « laiss[e] tomber sa prise » au moment où il doit se déclarer et ne voit que du feu dans le manège du père qui veut l'éconduire. De façon absurde, le dialogue d'amour enflammé entre Monsieur A et Madame B ne contient aucun mot du champ lexical de l'amour.

• La caricature des caractères. Thomas *« grand benêt [...] qui fait toutes choses de mauvaise grâce et à contretemps »*, demande sans cesse l'approbation de son père. Dardenbœuf, amoureux transi, se prend pour le séducteur du siècle. Monsieur A et Madame B se comportent eux aussi avec une exubérance ridicule que traduisent leurs constantes exclamations.

• Le comique de mots. Les noms des personnages sont ridicules : Diafoirus, composé du préfixe grec *dia* et de la terminaison latine *-us* encadrant le mot *foire* (= « colique » en ancien français) renvoie au pédantisme des médecins ; Dardenbœuf évoque un « bœuf » ; Monsieur A et Madame B ravalent les personnages au rang de lettres de l'alphabet.

• La parodie du discours amoureux précieux passe par les multiples hyperboles et métaphores empruntées à la botanique (« héliotrope »...) ou à la cosmologie (« astre du jour », « rayons du soleil...).

• La satire des travers sociaux ou humains. Molière ridiculise les médecins et s'en prend aussi aux mariages arrangés. Labiche se moque des bourgeois et de leurs travers. Tardieu fait la satire du langage et des clichés qui apparentent les humains à des marionnettes.

[Conclusion] La comédie, à travers les âges, recourt aux mêmes procédés pour un même but : « En riant, elle châtie les mœurs » (Molière).

Antilles, Guyane • Septembre 2015
Le texte théâtral et sa représentation • 14 points

Être joué pour faire rire

Commentaire

▸ Vous ferez le commentaire du texte de Molière (texte A), des lignes 1 à 44, en vous aidant du parcours de lecture suivant.
- Vous pourrez notamment montrer que Molière a composé une scène de déclaration comique.
- Vous pourrez aussi vous demander quelles sont les cibles de la satire.

Se reporter au document A du sujet n° 17.

LES CLÉS DU SUJET

Trouver les idées directrices

- Les **mots essentiels** du parcours de lecture sont : *comique, cibles/satire.*
- La **satire** consiste à s'attaquer à quelqu'un, à un groupe social, aux mœurs, à un défaut humain en les ridiculisant. Elle comporte donc deux aspects : la moquerie (sous la forme du comique : 1re piste) et la personne ou le groupe auxquels on adresse des critiques (2e piste).
- **Surlignez** (une couleur pour chaque piste) les expressions du texte qui vous permettent d'explorer ces deux pistes.

Pistes de recherche

Première piste : une scène théâtrale et comique

- Montrez que la scène est **efficace à la représentation** (personnages en présence, décor, costumes, accessoires, gestes et mouvements).
- Analysez le **personnage de Thomas Diafoirus** : qu'en disent les autres personnages ? Que traduit de lui son comportement ?
- Analysez ses « **compliments** » : montrez qu'ils sont parodiques et déplacés.

Deuxième piste : une scène plus sérieuse qu'il n'y paraît : la satire
- Quelles sont les « **cibles** » de Molière ? Que leur reproche-t-il ?
- Tenez compte du contexte (XVIIe siècle).

▶ **Pour réussir le commentaire :** voir guide méthodologique.
▶ **Le théâtre :** voir mémento des notions.

CORRIGÉ 18

Les titres en couleur et les indications entre crochets servent à guider la lecture mais ne doivent pas figurer sur la copie.

Introduction

[Amorce] Pour les classiques, la comédie avait pour but de faire rire le public (« plaire »), mais aussi de le faire réfléchir (« instruire »). En 1676, dans *Le Malade imaginaire,* Molière met en scène Argan, qui fait vivre son entourage au rythme de ses maladies imaginaires et qui, par intérêt personnel, veut marier sa fille Angélique à un étudiant en médecine. [Présentation du texte] Dans la scène 5 de l'acte II, il reçoit M. Diafoirus, médecin célèbre, et son fils Thomas pour les présentations et la demande en mariage. [Annonce des axes] La scène, très efficace à la représentation, mêle le comique de situation, de caractère [I] et de parodie [II]. Mais elle est plus sérieuse qu'il n'y paraît : Molière y fait la satire des mœurs de son temps et de certains de ses contemporains [III].

I. Théâtralité et comique d'une rencontre « amoureuse »

1. Une scène animée et comique, efficace à la représentation

- Le plateau est bien rempli. Deux « camps » sont en présence et animent la scène avec des personnages très variés, vieux et jeunes, maîtres et serviteurs : d'un côté, les deux pères (Argan et M. Diafoirus) et le jeune prétendant Thomas ; de l'autre, Angélique, la fille d'Argan, et la servante Toinette.

- Décor, costumes et accessoires composent un spectacle pittoresque : la déclaration se déroule dans un intérieur bourgeois ; le père et le fils Diafoirus sont en habit de médecin (longue robe et haut chapeau noirs, fraise autour du cou) pour impressionner Argan et sa famille ; sans oublier la « *grande thèse roulée* » que Thomas sort de sa poche.

> **Observez**
> Les didascalies internes sont les informations sur la mise en scène données dans les répliques mêmes des personnages.

• Le comique de scène repose aussi sur les gestes : les didascalies externes et internes indiquent les gestes autoritaires et directifs de M. Diafoirus (« Allons, Thomas, avancez ») et d'Argan (« Allons, saluez monsieur ») mais aussi les hésitations de ce « *grand benêt* » de Thomas (« Où donc est-elle ? »). Il faut imaginer des courbettes et des saluts, ridicules et mal assurés de la part de Thomas, contraints et forcés de la part d'Angélique. Enfin, les répliques impertinentes de Toinette suggèrent son rire moqueur. La scène laisse une large liberté aux acteurs pour exagérer gestes et mimiques.

[Transition] Mais c'est surtout Thomas Diafoirus qui donne à la scène sa dimension comique.

2. Thomas, un prétendant rendu ridicule

Tous les autres personnages mettent en avant le ridicule de Thomas.

• Dès l'abord, les impératifs de Diafoirus père dans la première réplique (« avancez », « Faites »), ainsi que ses approbations (« oui », « oui, oui »), infantilisent ce fils qui n'est pas sorti de l'emprise paternelle.

• Les remarques impertinentes de Toinette qui commente les faits et gestes de Thomas par des antiphrases ironiques (« habile homme », « belles choses »), soulignent le décalage entre ses beaux discours et sa prétendue science et sa situation de prétendant.

• Enfin, le silence d'Angélique devant le « compliment » de Thomas montre l'inefficacité des efforts oratoires du « *grand benêt* ».

3. Un comportement caricatural

• Dès l'abord, le nom Diafoirus, qui combine des éléments savants (le préfixe grec *dia* et le suffixe latin *-us*) et le mot français très réaliste *foire* (« diarrhée »), est un étrange combiné qui souligne le ridicule du personnage qui « fait toutes choses […] à contretemps ».

• Il a un comportement infantile : alors que M. Diafoirus a dû lui préciser à maintes reprises qu'il « conv[enai]t [de] commencer […] par le père », il a besoin de se le faire répéter. Il demande l'approbation de son père par des questions avant (« Baiserai-je ? ») et après (« Cela a-t-il bien été, mon père ? ») chaque geste à accomplir.

• Lorsqu'il se met à agir par lui-même, il multiplie les bévues : un quiproquo comique lui fait confondre sa promise et sa future belle-mère – qui n'est pas présente –, impair peu pardonnable que le compliment hyperbolique adressé à Angélique ne saurait faire oublier.

• La question qu'il pose après cette méprise souligne encore plus son imbécillité : « Attendrai-je, mon père, qu'elle [sa future belle-mère] soit venue ? » montre qu'il serait prêt à faire son compliment en l'absence même de celle à qui il est destiné !

• Dans la suite de la scène, les deux propositions qu'il fait à Angélique (la « *grande thèse roulée* » contre les « calculateurs » et le spectacle d'une « dissection ») sont inadéquates pour séduire une jeune fille : Thomas mélange les domaines et ne fait pas la partition entre la science et le cœur.

II. Une scène de déclaration : le comique de parodie

Le comique naît aussi de la parodie du langage précieux à la mode à la cour.

1. L'imitation du langage précieux...

> **Observez**
> Lorsque les pistes de la consigne conduisent à un plan en deux parties disproportionnées, vous pouvez en scinder une en deux pour rééquilibrer le commentaire (ici : deux parties pour répondre à la première piste).

• Les deux « compliments » de Thomas, l'un à Argan, l'autre à Angélique, rigoureusement structurés, reposent sur la syntaxe oratoire des envolées lyriques aux longues phrases et se terminent par de véritables périodes à la latine. Ils fourmillent de parallélismes s'appuyant sur des antithèses à répétition, notamment lorsqu'il oppose son père à son beau-père pour montrer la supériorité du second sur le premier : « par nécessité/par grâce », « ouvrage de son corps/ouvrage de votre volonté », « spirituelles/corporelles ». Ailleurs, ce sont des groupes ternaires (« très humble, très obéissant et très fidèle ») ou des accumulations en gradation ascendante (« saluer, reconnaître, chérir et révérer »).

• Il multiplie les figures de style : périphrases (« second père » pour « beau-père », « astre du jour » pour « soleil ») et métaphores clichés – parfois filées – qui assimilent la femme à un « soleil » et ses « yeux » à des « astres », ou font de l'aimée une déesse (« autels de vos charmes » et « offrande »). Il recourt à la métonymie : « vos beautés » désigne Angélique, « mon cœur » désigne Thomas lui-même.

• Son discours est marqué par des hyperboles, sous forme de superlatifs (« très ») ou d'adjectifs emphatiques (« resplendissants », « adorables ») et par le vocabulaire précieux : Thomas parle des « charmes », d'un « doux transport », utilise « souffrez » pour « acceptez ».

2. ... mais une imitation parodique et caricaturale

• Ainsi, on s'aperçoit que les deux compliments se ressemblent fort alors qu'ils s'adressent à deux personnes différentes et que cela tourne au procédé. Ils suivent en effet la même structure et se terminent d'une manière identique : à « très humbles et très respectueux hommages » répond « votre très humble, très obéissant et très fidèle serviteur ».

• Thomas, par manque d'à-propos, fait des références incongrues à l'Antiquité (« la statue de Memnon ») ou à la science (« les naturalistes », « l'héliotrope » nom savant du tournesol), que ses interlocuteurs ne peuvent comprendre et qui sont en décalage total avec la situation.

• Il commet des maladresses de style (il répète deux fois « Mademoiselle » dans la même phrase) ou, dans ses comparaisons, tombe dans le grotesque : comble du ridicule, le voilà lui-même transformé en « héliotrope » !

• À la représentation, pour renforcer le comique, on peut imaginer que le personnage débite ses compliments sur le ton monocorde de la récitation par cœur, bute ou se trompe, bégaie. Bref, rien de sincère dans ces discours plaqués… Il s'agit bien d'un précieux, mais d'un précieux ridicule.

[Transition] Dans cette mascarade, Toinette, bien qu'elle parle peu, joue un rôle important : ses courtes remarques ironiques sur Thomas font d'elle le porte-parole discret de l'auteur et indiquent implicitement au spectateur que cette scène est plus sérieuse qu'il n'y paraît.

Conseil
Vous n'êtes pas tenu de lier les axes par une transition, mais il est préférable de donner de la cohérence à votre commentaire par des transitions entre ses parties.

III. Une scène plus sérieuse qu'il n'y paraît : la satire

Derrière ce comique, se profile une satire mordante aux cibles multiples.

1. La satire sociale

• La principale cible de la scène est la pratique du mariage arrangé. Ici, ce sont les deux pères qui ont mené « l'affaire », sans consulter ni l'un ni l'autre des futurs mariés, dont Argan et Diafoirus père disposent comme d'enfants qui ne leur doivent qu'obéissance (en témoignent les impératifs de leurs répliques). Une didascalie précise bien que Thomas « *fait toutes choses de mauvaise grâce* » (y compris sa déclaration d'amour) ; le silence d'Angélique marque clairement son dégoût devant celui qu'on lui destine.

• Derrière cet arrangement apparaît d'une part l'égoïsme des bourgeois qui font leur bonheur avant celui de leur enfant : Argan ne choisit Thomas que pour avoir un médecin dans la famille – et éviter des frais. Molière montre là comment la manie d'un père peut mettre à mal toute une famille.

• D'autre part, pour les Diafoirus, ce mariage est une bonne affaire car, Argan étant très riche, la « dot sera importante » : Molière s'en prend donc ici à l'appât du gain qui anime M. Diafoirus ; c'est dans ce but qu'il a soigneusement conditionné son fils pour séduire toute la famille, d'abord ses beau-père et belle-mère et ensuite, éventuellement, sa fiancée.

• Enfin, comme le montre le registre parodique des « compliments » de Thomas, Molière ne peut s'empêcher de s'en prendre une fois encore, quatorze ans après *Les Précieuses ridicules*, au maniérisme du discours amoureux précieux.

2. Une cible privilégiée : les médecins et la médecine

• Le premier reproche que Molière adresse aux médecins semble anodin : représentés ici par Diafoirus père et fils, ils font preuve d'une grande prétention destinée à impressionner leurs interlocuteurs. Le père s'adresse à son fils en latin (« *Optime* »), le fils recourt à des références ou à des mots savants (« la statue de Memnon », l'« héliotrope », les « naturalistes »).

• Mais la rhétorique à laquelle recourt mécaniquement Thomas va au-delà : elle révèle que le savoir de ces prétendus savants ne recouvre aucune science réelle. Constitué de clichés, d'idées toutes faites, de vernis, de formalisme vide, ce savoir n'a rien à voir avec la science médicale, qui se nourrit de progrès.

• La suite de la scène aggrave le trait : Thomas, lorsqu'il mentionne avec orgueil sa « thèse [...] contre les circulateurs », montre l'attachement borné des médecins aux pratiques anciennes, leur immobilisme, leur attitude rétrograde, leur refus des découvertes modernes, donc leur dangereuse incompétence.

• L'admiration d'Argan pour Thomas et le fait qu'il lui « sacrifie » sa fille dénoncent l'ascendant de ces charlatans sur des esprits fragiles et crédules. Seuls les gens raisonnables, même issus du peuple comme Toinette, perçoivent leur manège.

Conclusion

Cette scène de déclaration ridicule ne donne toute la mesure de son efficacité dramatique qu'à la représentation, dont les multiples ressources peuvent en accentuer à loisir le grotesque. Mais, fidèle à ses principes, Molière incite le public, au sortir du spectacle, à réfléchir aux implications de cette mascarade et à en tirer les leçons.

SUJET

19

Antilles, Guyane • Septembre 2015

Le texte théâtral et sa représentation • 14 points

Être joué pour faire rire

Dissertation

▸ Dans quelle mesure une pièce comique nécessite-t-elle d'être jouée pour faire rire ? Vous appuierez votre développement sur les textes du corpus, les textes étudiés pendant l'année, ainsi que sur vos lectures et connaissances personnelles.

Les textes du corpus sont reproduits dans le sujet n° 17.

LES CLÉS DU SUJET

Comprendre le sujet

- « **être jouée** » renvoie à la « représentation » (le spectacle).
- « **pour faire rire** » indique la perspective à adopter : *créer le comique*. Il faut donc étudier le rapport entre le comique et la représentation.
- **Problématique** : *En quoi la représentation crée-t-elle le comique ?*
- « Dans quelle mesure » invite à **mesurer** l'efficacité de la représentation pour créer le comique et implique qu'il y a une limite à ce présupposé.
- Pour répondre, n'oubliez pas la **dualité du théâtre, texte** et **représentation**. Vous devez donc aussi étudier les ressources comiques du texte.

Chercher des idées

- **Scindez la problématique en sous-questions** : *En quoi/comment/par quels moyens/pourquoi la représentation fait-elle rire ?* ou, à l'inverse : *Que perd en comique une pièce à être seulement lue ?*
- On peut aussi **élargir la réflexion** en se demandant : *Le texte théâtral à lui seul peut-il faire rire ? Comment/par quels moyens ?* et par conséquent : *Que rajoute le spectacle au texte théâtral du point de vue du comique ?*
- Répertoriez les éléments de la représentation théâtrale : décor, costumes, lumières, gestes/mimiques, rythme, rôle du public.

▶ **Pour réussir la dissertation :** voir guide méthodologique.

▶ **Le théâtre :** voir mémento des notions.

CORRIGÉ 19

Le corrigé se présente sous forme de plan. Vous devez en développer les idées et inclure vos propres exemples, que vous expliquerez. Les titres en couleur et les indications entre crochets ne doivent pas figurer sur la copie.

Introduction [rédigée]

[Amorce] La boutade de Ionesco : « Je ne fais pas de la littérature. Je fais une chose tout à fait différente ; je fais du théâtre » souligne la spécificité du théâtre, qui est double (texte à lire, texte à jouer), et en perpétuelle création. [Problématique] Dans quelle mesure la représentation est-elle nécessaire pour créer le comique ? [Annonce du plan] Certes, le texte théâtral est premier et la lecture d'une pièce peut faire rire [I], mais voir une comédie représentée en intensifie le comique [II].

I. Les ressources comiques du texte théâtral

1. Le comique de situation

• Situation de personnage trompé (ex. : le mari trompé] et sa complication : le trompeur trompé ou inversion de situation (ex. : Molière, *Les Fourberies de Scapin*, II, 3-4 : Léandre frappe Scapin qui avoue ses fourberies, puis c'est Léandre qui supplie Scapin de l'aider).

• Coups de théâtre, comme l'intervention inattendue d'un personnage (ex. : Beaumarchais, *Le Barbier de Séville* : l'arrivée inopinée de Bazile).

• Rebondissements (ex. : Beaumarchais, *Le Barbier de Séville* : Bartholo a enlevé l'échelle ; *Le Mariage de Figaro* : scène de Chérubin) ou coïncidences (ex. : Molière, *Dom Juan* : scène des deux paysannes).

• Situations loufoques ou absurdes (ex. : Jarry, *Ubu Roi* ; Ionesco, *La Leçon* : un professeur assassine ses élèves ; scène de Tardieu dans le corpus).

• Quiproquos (ex. : Molière, *L'Avare*, V, 3 : Harpagon parle de sa cassette pleine d'or, Valère parle de la fille d'Harpagon).

2. Le comique de caractère et le comique de mœurs, la satire

• Les personnages de comédie ont souvent des obsessions qui suscitent le rire, notamment par la caricature (ex. : Molière, *L'Avare*, *Le Bourgeois gentilhomme* ; dans le corpus : scène du *Malade imaginaire*, scène de Labiche).

• Les personnages évoluent dans un milieu dont le dramaturge fait la satire : il se moque des mœurs de son temps, d'un groupe social ou d'un vice (ex. : dans le corpus, scène du *Malade imaginaire* : satire des médecins et des précieux ; satire de la préciosité dans *Les Précieuses ridicules*, *Les Femmes savantes*).

3. Le comique de mots

• Langue déformée (ex. : Molière, *Le Médecin malgré lui* : jargon paysan ; Molière, *Dom Juan* : le personnage de Pierrot).

• Jeux de mots (ex. : Molière, *Les Femmes savantes* : la servante Martine qui confond « grammaire » et « grand-mère »).

• Parodie caricaturale et outrance dans le discours, qui tournent au ridicule (ex. : scène du *Malade imaginaire* dans le corpus).

• Communication étrange (ex. : Molière, *L'Avare*, *Le Bourgeois gentilhomme*, scènes du *Malade imaginaire* et de Tardieu dans le corpus) qui fonctionne mal ou pas du tout (théâtre de l'absurde).

[Transition] Tout cela contribue au comique d'une pièce, mais exige du lecteur un réel effort d'imagination. Le théâtre est fait pour être joué : on peut sourire à la lecture d'une comédie ; à sa représentation, on se surprend à rire.

II. La représentation multiplie l'efficacité comique

1. Un spectacle vécu collectivement : la position privilégiée du spectateur

• Le rire est un acte social collectif. Le spectateur rit parce qu'il fait partie d'un groupe qui réagit à l'unisson. Ionesco compare le spectacle de théâtre à un match, dans lequel les réactions sont amplifiées par la présence du public.

• Le rire intensifié par le direct. Décors, costumes, scénographie créent une atmosphère propice au rire [*exemple personnel*]. Les acteurs qui incarnent « en chair et en os » des personnages et leur donnent une voix, des gestes, une présence créent l'illusion théâtrale, qui fait ressentir en direct des émotions fortes : on rit plus intensément à la représentation, parce que dans la salle le théâtre se vit avant de se penser, le spectateur ressent avant de comprendre, il n'est plus sous le contrôle de sa raison (ex. : dans la vie réelle, on n'accepterait pas le dialogue de Monsieur A et Madame B ; au théâtre, il fait rire).

• La représentation permet la complicité et l'interaction du spectateur avec les personnages : apartés (ex. : apartés de Dardenbœuf chez Labiche) et monologues (ex. : monologue d'Harpagon après le vol de sa cassette) ne produisent vraiment leur effet comique qu'à la représentation. Le spectateur est pris à parti, presque comme un personnage.

• Le spectateur a une position privilégiée qu'il n'a ni dans la vie ni à la lecture : il sait tout, il voit tout (plus que les personnages eux-mêmes) et cela l'amuse (ex. : scène de *Mon Isménie !*).

2. Les ressources du spectacle pour faire rire

• Certaines pièces/scènes ne valent que par leur représentation : la commedia dell'arte dont le texte ne fournit qu'un canevas et la farce, essentiellement constituées de lazzi et qui laissent libre cours à l'improvisation ; les scènes où tout réside dans le jeu de l'acteur (ex. : Philippe Torreton dans la scène du sac des *Fourberies de Scapin*).

• Efficacité du décor, des costumes, des accessoires, des bruitages qui n'apparaissent pas sous la forme « abstraite » de didascalies mais deviennent des réalités appréhendées directement par les sens (vue et ouïe) [*exemples personnels de mises en scène*] et peuvent souligner la caricature du personnage et intensifier le rire (ex. : logis d'Argan rempli d'accessoires de médecine, logis d'Harpagon bardé de serrures et totalement nu).

• Efficacité du jeu des acteurs et de la liberté d'interprétation, notamment le grossissement (ex. : le Sganarelle de *Dom Juan* dans la mise en scène de Daniel Mesguich, véritable clown mime, déguisé en infirmière en III, 1). L'acteur peut « ajouter » des jeux de scène, des mimiques à sa guise.

3. C'est l'association texte-interprétation qui donne son efficacité comique à une pièce

• Le metteur en scène interprète la pièce, il adapte le comique aux goûts du public et l'actualise. On ne riait pas au XVIIe siècle aux mêmes jeux de scène que de nos jours [*exemples personnels*].

• Les choix du metteur en scène peuvent donner lieu à des adaptations inattendues et à des effets comiques insoupçonnés (anachronismes volontaires, modernisation amusante). Par exemple, en transposant l'action à une autre époque : les naufragés de *L'Île des esclaves*, de Marivaux, transformés en aviateurs du début du XXe siècle dont l'avion s'est écrasé sur l'île ; le Figaro de Beaumarchais qui chante du rap ou du slam…

• Enfin, si le texte est unique, les représentations sont multiples : chaque interprétation apporte sa dose plus ou moins forte de comique. Le *Dom Juan* de Marcel Bluwal fait sourire, celui de Daniel Mesguich fait rire. Le spectateur peut ainsi passer par une large palette d'émotions [*exemples personnels*].

Conclusion rédigée

[Synthèse] La représentation ne crée pas le comique, elle l'intensifie ; c'est la conjonction du texte et de sa représentation qui construit la pièce et lui donne toute son efficacité comique. [Ouverture] On mesure la force émotive et transfiguratrice du spectacle au fait que certaines interprétations parviennent à transformer une pièce, clairement désignée comme une comédie par son créateur, en une tragédie. Mais n'est-ce pas alors trahir l'auteur ?

SUJET **20**

Antilles, Guyane • Septembre 2015
Le texte théâtral et sa représentation • 14 points

Être joué pour faire rire

Écriture d'invention

▸ **Monsieur Vancouver, le père d'Isménie, revient au moment où Dardenbœuf embrasse la main de sa fille. Écrivez cette scène à la suite du texte de Labiche (texte B) en respectant sa tonalité. Elle comportera un dialogue et des indications scéniques (didascalies).**

Se reporter au document B du sujet nº 17.

LES CLÉS DU SUJET

Comprendre le sujet

« **Définition** » du texte à produire.

Scène de comédie (*genre*), dans laquelle le père d'Isménie tente d'évincer le prétendant Dardenbœuf (*thème*), soutenu et aussi familier (*niveau de langue*), comique (*registre*), pour introduire de l'action et faire rire le spectateur (*buts de l'auteur*), pour évincer Dardenbœuf (*but de Vancouver*), pour rester dans la place et épouser Isménie (*but de Dardenbœuf*).

Chercher des idées

Les contraintes à respecter

Respectez les caractéristiques de la scène de Labiche : **caractère et style des personnages** ; **accessoires** : la tabatière, le courrier…

Les choix à faire

- **Vancouver** n'est pas sur scène chez Labiche : vous avez donc toute liberté pour composer le personnage. Mais tenez compte de ce qui en est dit dans le paratexte (« *possessif* », « *dépité* »).
- **L'action** : quelle va être la réaction de Vancouver ? Que va-t-il advenir du courrier qu'il a écrit ? Quelle stratégie Dardenbœuf trouvera-t-il pour rester ? Quelle sera la réaction d'Isménie ? Quelle issue à cette scène ?

• Imaginez des gestes, des mimiques, des mouvements.
▶ **Pour réussir l'écriture d'invention :** voir guide méthodologique.
▶ **Le théâtre :** voir mémento des notions.

CORRIGÉ 20

VANCOUVER, *jubilant, un courrier à la main, sans voir tout de suite sa fille et Dardenbœuf.* – Sur ma foi, avec une missive pareille, si ce dévoué Trognembiche n'accourt pas illico se jeter aux pieds de ma fille, je veux bien être pendu sur l'heure. Je me prétendrai engagé, Dardenbœuf sera forcé de céder la place, et comme toujours, le strabisme et le parfum à la pomme de ce cher Trognembiche dégoûteront mon Isménie qui le refusera une nouvelle fois ! Au trou, le Dardenbœuf, au trou ! (*Il finit par apercevoir les deux autres personnages, et s'exclame à haute et intelligible voix :*) Crévindieu, ma fille !

ISMÉNIE, *se séparant immédiatement de Dardenbœuf*. – Juste Ciel, mon père !

DARDENBŒUF, *à part.* – Cristi, le papa ! Voilà qui risque de me faire mal voir... Hé bien oui, voilà ce que c'est quand une jolie fille vous appelle par votre prénom ! (*Haut.*) Ah, cher M. Vancouver, je vois que vous avez là un courrier à votre notaire pour le contrat de mariage ! J'en meurs de joie !

ISMÉNIE, *confondue.* – Père, est-ce vrai ?

VANCOUVER, *pris de court.* – Assurément, Monsieur et moi avons discuté...

DARDENBŒUF. – Nous nous sommes entendus...

ISMÉNIE, *toujours incrédule.* – Et vous envoyez chercher le notaire ?...

DARDENBŒUF. – Assurément ! (*À part.*) Et maintenant, rattrapons la bévue, et plaisons au papa... (*Haut.*) Cher M. Vancouver, laissez-moi donc porter pour vous ce courrier.

VANCOUVER, *embarrassé, et reculant pour éviter de donner le courrier à Dardenbœuf ; à part*. – Diable ! Qu'il ne voie pas l'adresse sur l'enveloppe ! (*Pendant l'échange qui suit, Vancouver fait le tour de la scène à reculons, la lettre dans le dos, poursuivi par Dardenbœuf.*) Votre empressement... me semble... tout à fait louable... Je m'en réjouis pour... mon Isménie chérie. Je ne saurais pourtant... vous charger d'une tâche... aussi ingrate... Je ne saurais prendre... un homme de votre qualité pour un vulgaire domestique !

DARDENBŒUF. – Prenez, prenez, je vous en prie !

VANCOUVER, *à part.* – Il n'y aura donc pas moyen de s'en défaire ! Et Trognembiche qui n'est jamais là quand on a besoin de lui !

DARDENBŒUF, *s'arrête en soupirant.* – Je vois que vous me trouvez trop indiscret… Croyez bien, cependant, que ce n'était que par zèle que…

VANCOUVER, *encore méfiant, tournant le dos à sa fille.* – Je le crois bien, je le crois bien, mon cher…

ISMÉNIE *arrache prestement la lettre à son père.* – Laissez-moi donc porter cette lettre, mon père ! Cela me concerne au premier chef, après tout…

VANCOUVER, *se retournant vivement.* – Certes non, ma fille, je peux m'occuper de cette affaire moi-même…

ISMÉNIE, *feignant de se raviser.* – Je crois que nous offensons monsieur en lui refusant de vous rendre service… Permettez-le-lui, je vous en prie ; il vous en sera plus reconnaissant… (*pour détourner l'attention de la lettre et tentant de la donner discrètement à Dardenbœuf*). Au fait, père, quelle méchante fantaisie vous a pris de lui dresser de moi un portrait… si dissuasif ? Il m'a trouvé toutes les qualités… (*rougissant*), il m'a même comparée… à une rose !

VANCOUVER, *embarrassé, réfléchissant, à part.* – Me voilà enferré ! Lâchons un peu de lest pour éviter que mon stratagème d'éviction ne soit percé à jour… Pourquoi ne pas lui confier la lettre ? Ce serait bien le diable s'il le connaissait, ce Trognembiche… Et voilà un beau moyen d'endormir la méfiance de ce gêneur ! Il va être l'artisan de sa propre éviction ! (*Haut.*) Soit, mon cher, gardez la lettre et portez-la. Recevez même tous mes remerciements !

ISMÉNIE, *heureuse, embrasse son père.* – Mon papa chéri, je vous adore ! (*Elle donne la lettre à Dardenbœuf, sous l'œil inquiet de Vancouver.*)

DARDENBŒUF. – Ah, monsieur… Ah, mademoiselle, me voilà comblé ! (*À part, après avoir aperçu la lettre.*) Mais c'est pour Trognembiche ! Je le connais, ce n'est pas un notaire ! Oh oh, beau-papa me prépare là quelque coup bas… Il va falloir jouer serré, mon petit Eusèbe et ruser. (*Haut.*) Je suis trop heureux de vous donner la preuve de mon empressement et de ma gratitude !

VANCOUVER, *avec un sourire béat contrefait.* – Quel dévouement !

DARDENBŒUF, *avec le même sourire.* – Quelle confiance !

VANCOUVER, *même jeu.* – Quel meilleur commissionnaire que vous ?

DARDENBŒUF, *même jeu.* – Y a-t-il beau-père plus bienveillant que vous ?

VANCOUVER, *vivement.* – Beau-père… futur !

DARDENBŒUF, *mielleux.* – Bien évidemment…

ISMÉNIE, *à Dardenbœuf, avec ardeur.* – Faites vite… Je brûle de vous revoir…

DARDENBŒUF, *à Vancouver.* – Monsieur, je serai bientôt de retour et vous verrez que vous ne serez pas déçu !

VANCOUVER. – Mille grâces, mon cher, mille grâces…

DARDENBŒUF, *saluant.* – Mademoiselle, monsieur… À tantôt ! (*À part.*) Et maintenant, allons voir ce que nous pouvons faire de cette lettre !

SUJET 21

Polynésie française • Juin 2016
Écriture poétique et quête du sens • 6 points

Sujets douloureux

Questions

Documents

A – Théophile Gautier, « Absence », *La Comédie de la mort,* 1838.
B – Paul Verlaine, *La Bonne Chanson*, X, 1870.
C – Guillaume Apollinaire, « Faction », lettre du 25 mars 1915, *Lettres à Lou* (publ. 1955).
D – Paul Éluard, « Notre vie », *Le temps déborde*, 1947.

▸ 1. À quelles formes d'absence les poètes sont-ils confrontés ? (*3 points*)

▸ 2. Comment l'absence de l'être aimé est-elle évoquée dans les différents poèmes ? (*3 points*)

Après avoir répondu à ces questions, les candidats devront traiter au choix un des trois sujets n°s 22, 23 ou 24.

DOCUMENT A **Absence**

Reviens, reviens, ma bien-aimée !
Comme une fleur loin du soleil,
La fleur de ma vie est fermée
Loin de ton sourire vermeil.

Entre nos cœurs tant de distance !
Tant d'espace entre nos baisers !
Ô sort amer ! Ô dure absence !
Ô grands désirs inapaisés !

D'ici là-bas, que de campagnes,
Que de villes et de hameaux,
Que de vallons et de montagnes,
À lasser le pied des chevaux !

Au pays qui me prend ma belle,

Hélas ! Si je pouvais aller ;
Et si mon corps avait une aile
Comme mon âme pour voler !

Par-dessus les vertes collines,
Les montagnes au front d'azur,
Les champs rayés et les ravines,
J'irais d'un vol rapide et sûr.

Le corps ne suit pas la pensée ;
Pour moi, mon âme va tout droit,
Comme une colombe blessée,
S'abattre au rebord de son toit.

Descends dans sa gorge divine,
Blonde et fauve comme de l'or,
Douce comme un duvet d'hermine,
Sa gorge, mon royal trésor ;

Et dis, mon âme, à cette belle :
« Tu sais bien qu'il compte les jours,
Ô ma colombe ! À tire d'aile
Retourne au nid de nos amours. »

Théophile Gautier, « Absence », *La Comédie de la mort*, 1838.

DOCUMENT B **La Bonne Chanson**

Les poèmes du recueil La Bonne chanson *évoquent la liaison de Verlaine avec Mathilde Mauté de Fleurville, qu'il épousera. Il s'agit ici du poème X du recueil.*

X

Quinze longs jours encore et plus de six semaines
Déjà ! Certes, parmi les angoisses humaines
La plus dolente[1] angoisse est celle d'être loin.

On s'écrit, on se dit comme on s'aime ; on a soin
D'évoquer chaque jour la voix, les yeux, le geste
De l'être en qui l'on mit son bonheur, et l'on reste
Des heures à causer tout seul avec l'absent.
Mais tout ce que l'on pense et tout ce que l'on sent
Et tout ce dont on parle avec l'absent, persiste
À demeurer blafard et fidèlement triste.

Oh ! l'absence ! le moins clément[2] de tous les maux !
Se consoler avec des phrases et des mots,
Puiser dans l'infini morose des pensées
De quoi vous rafraîchir, espérances lassées,
Et n'en rien remonter que de fade et d'amer !
Puis voici, pénétrant et froid comme le fer,
Plus rapide que les oiseaux et que les balles
Et que le vent du sud en mer et ses rafales
Et portant sur sa pointe aiguë un fin poison,
Voici venir, pareil aux flèches, le soupçon
Décoché par le Doute impur et lamentable.

Est-ce bien vrai ? tandis qu'accoudé sur ma table
Je lis sa lettre avec des larmes dans les yeux,
Sa lettre, où s'étale un aveu délicieux,
N'est-elle pas alors distraite en d'autres choses ?
Qui sait ? Pendant qu'ici pour moi lents et moroses
Coulent les jours, ainsi qu'un fleuve au bord flétri,
Peut-être que sa lèvre innocente a souri ?
Peut-être qu'elle est très joyeuse et qu'elle oublie ?

Et je relis sa lettre avec mélancolie.

Paul Verlaine, *La Bonne Chanson*, X, 1870.

1. Dolente : douloureuse. 2. Clément : indulgent.

DOCUMENT C **Faction**

Guillaume Apollinaire s'engage comme soldat en août 1914. La même année, il a rencontré Louise de Coligny-Châtillon, qu'il surnomme Lou. Il entretient avec elle une correspondance jusqu'en 1915. L'œuvre est publiée en 1955.

[Nîmes, le] 25 mars 1915.
Pris garde hier, c'est pourquoi ai écrit peu.
En reviens ce soir huit heures.
Si moi, je n'avais pas ma permission, télégraphierais au Terminus de Marseille au nom *Coligny*.

Le Terminus est à la gare même.

Faction

Je pense à toi, ma Lou, pendant la faction[1]
J'ai ton regard là-haut en clignements d'étoiles

Tout le ciel, c'est ton corps, chère conception
De mon désir majeur qu'attisent les rafales
Autour de ce soldat en méditation

Amour, vous ne savez ce que c'est que l'absence
Et vous ne savez pas que l'on s'en sent mourir.
Chaque heure infiniment augmente la souffrance.
Et quand le jour finit on commence à souffrir
Et quand la nuit revient la peine recommence

J'espère dans le Souvenir, ô mon Amour
Il rajeunit, il embellit, lorsqu'il s'efface.
Vous vieillirez, Amour, vous vieillirez un jour.
Le Souvenir au loin sonne du cor de chasse
Ô lente, lente nuit, ô mon fusil si lourd

Gui.

Guillaume Apollinaire, « Faction », lettre du 25 mars 1915, in *Lettres à Lou* © Éditions Gallimard, www.gallimard.fr

1. Pendant la faction : pendant que je monte la garde.

DOCUMENT D **Notre vie**

Paul Éluard compose ce poème alors que son épouse, Nusch, vient de mourir brutalement.

Notre vie tu l'as faite elle est ensevelie
Aurore d'une ville un beau matin de mai
Sur laquelle la terre a refermé son poing
Aurore en moi dix-sept années toujours plus claires
Et la mort entre en moi comme dans un moulin
Notre vie disais-tu si contente de vivre
Et de donner la vie à ce que nous aimions
Mais la mort a rompu l'équilibre du temps
La mort qui vient la mort qui va la mort vécue
La mort visible boit et mange à mes dépens
Morte visible Nusch invisible et plus dure
Que la faim et la soif à mon corps épuisé
Masque de neige sur la terre et sous la terre
Source des larmes dans la nuit masque d'aveugle
Mon passé se dissout je fais place au silence.

Paul Éluard, « Notre vie », *Le temps déborde*, 1947.

LA POÉSIE

LES CLÉS DU SUJET

■ Question 1

• « **forme d'absence** » signifie qu'il faut identifier **qui** est l'absent(e), **où** il (elle) se trouve, **quels liens** l'unissent au poète.
• Vous devez appuyer votre réponse sur les **expressions des textes** qui vous permettent de répondre.
• **Ne juxtaposez pas l'analyse des poèmes**, mais essayez de trouver des **points communs** entre les textes, puis de grouper ceux qui se ressemblent, c'est-à-dire où la forme d'absence est presque identique.
• Faites une brève **phrase de conclusion** qui confronte synthétiquement les textes.

■ Question 2

• « **Comment** » est vague. Il faut préciser le sens de cet adverbe interrogatif. Il signifie :
– d'une part **quels sentiments** du poète se dégagent du poème et sur quel ton (registre) il les exprime ;
– d'autre part à **quels moyens littéraires** (procédés de style) il recourt pour évoquer l'absence. Les poèmes étant en vers, quelques remarques de **versification** sont nécessaires.
• Appuyez toutes vos remarques par des **références précises** aux textes.
▶ **Pour réussir les questions** : voir guide méthodologique.
▶ **La poésie :** voir mémento des notions.

CORRIGÉ 21

Les titres en couleur et les indications entre crochets servent à guider la lecture mais ne doivent pas figurer sur la copie.

Question 1

[Présentation du corpus] La poésie est un genre propice à l'expression des sentiments personnels, notamment l'amour, heureux ou malheureux. L'écriture sert d'exutoire à la douleur causée par l'absence de l'être aimé. Au XIXe siècle, le romantique Gautier intitule « Absence » l'un de ses poèmes du recueil *La Comédie de la mort* et le symboliste Verlaine dit son « angoisse » de « l'absence » de sa future femme dans le poème X de *La Bonne chanson*. Au XXe siècle, Apollinaire, en garnison, envoie une lettre-poème (« Faction ») à

Lou, sa maîtresse, et Éluard adresse le poème « Notre vie » à sa femme Nusch. [Problématique] La forme d'absence à laquelle les poètes sont confrontés, malgré des ressemblances, diffère sur certains points.

1. L'absence d'une femme aimée, physiquement séparée du poète

• Les quatre poètes évoquent tous une femme aimée, physiquement éloignée d'eux : Gautier est « loin de » sa « bien-aimée » ; « l'angoisse » de Verlaine est « d'être loin » de Mathilde ; Apollinaire voit le regard de « sa » Lou « là-haut » dans « le ciel » ; « Nusch » est « invisible » pour Éluard.

• Chez Gautier, Verlaine et Apollinaire, c'est l'éloignement géographique qui sépare les amants. Cependant, les raisons et les modalités de cette séparation sont différentes : la « belle » de Gautier est partie en voyage dans un « pays » qui la lui « prend » ; de même, Verlaine reste « ici » tandis que Mathilde est partie « loin ». À l'inverse, Apollinaire, soldat en « faction », a dû s'éloigner de Lou venue lui rendre visite puis repartie à Paris.

2. Absence temporaire, absence définitive…

• Pour Gautier, Verlaine et Apollinaire, il s'agit de l'absence temporaire d'une femme vivante et ils espèrent que la douleur qu'ils ressentent aura une fin. Leurs poèmes maintiennent le lien entre eux et la femme aimée.

• Éluard, au contraire, est confronté à l'absence définitive causée par la « mort » (dont le champ lexical domine le poème). Nusch est « ensevelie », « invisible », « sous la terre ». Le poète ne peut alors que faire « place au silence ».

[Conclusion/Transition] La différence entre les formes d'absence auxquelles se trouvent confrontés les poètes explique la variété des tons et des registres auxquels ils recourent.

Question 2

1. Les différentes nuances du lyrisme

• Le ton et les moyens littéraires pour évoquer l'absence de l'aimée relèvent tous du lyrisme : exclamations et interjections (« Ô », « Hélas ! », Gautier), questions rhétoriques (« est-ce bien vrai ? », Verlaine), répétitions de structures syntaxiques ou de mots, vocabulaire affectif. Cependant le lyrisme est teinté de nuances différentes.

> **Remarque**
> Il est inutile de présenter à nouveau le corpus mais essayez de ménager une **transition** entre les deux questions.

• Gautier donne à son poème un lyrisme enthousiaste, exempt de douleur, servi par la brièveté des octosyllabes. Verlaine et Apollinaire adoptent le ton de l'élégie dont l'alexandrin, plus lent, et les enjambements rendent la douleur sourde : Verlaine est inquiet (« angoisse », deux fois) et mélancolique, Apollinaire exhale sa « souffrance » sur un ton doux et nostalgique.

• Le poème d'Éluard tourne au tragique existentiel : l'alexandrin, les enjambements, l'absence de ponctuation reproduisent la marche inexorable du destin ; du combat entre la « vie » et la « mort », celle-ci sort victorieuse et le « silence » clôt le poème.

2. Une absence relative

• Gautier évoque physiquement le « corps » de la femme aimée : il mentionne son « sourire », sa « gorge divine, Blonde et fauve/ Douce comme un duvet d'hermine ». Apollinaire aussi redonne présence à Lou mais de façon plus allusive : son évocation est comme embrumée par la pensée de l'avenir ; il la rejoint par les mots et non par un vrai déplacement comme Gautier.

• Chez Verlaine, Mathilde n'est présente que par sa lettre plusieurs fois relue : son « sourire » ou sa « lèvre » sont en effet tournés vers un autre que le poète.

• Enfin, Éluard évoque bien le « corps » de Nush mais comme mort (« masque de neige / masque d'aveugle »).

3. Le recours au dialogue pour pallier l'absence

• Gautier encadre son poème par une adresse directe à la femme aimée (« Reviens… ») et, à la fin, sa propre « âme » devenue « colombe » messagère (« Et dis […] à cette belle »). Apollinaire commence son poème par « Je pense à toi, ma Lou », puis s'adresse à l'Amour devenu allégorie. Éluard, par les indices personnels de la 1re personne du pluriel (« Notre… ») s'associe à Nusch qu'il apostrophe dans la 3e strophe (« Morte visible Nusch »).

• Seul Verlaine ne parvient pas à instaurer de dialogue : pas de « nous », mais un « on » impersonnel (v. 4) et le recours à la 3e personne, personne de l'absence (v. 29).

4. La position du poète face à l'absence

• Gautier se présente comme plein de dynamisme et d'allant, prêt à tout pour rejoindre sa « belle ». Apollinaire, lui, rejoint Lou de façon humoristique en faisant précéder son poème d'un télégramme. Éluard rejoint Nusch en pensée et se sent déjà mort comme elle (« mon corps épuisé » et l'oxymore « la mort vécue »).

• Verlaine, lui, centre son poème sur lui-même (v. 26), s'apitoyant sur sa « mélancolie » et ses « maux ».

[Conclusion] Malgré les différences dans l'évocation de l'absence, pour ces quatre poètes l'écriture est un moyen d'alléger le vide qu'elle crée et de faire partager leurs sentiments.

SUJET

22

Polynésie française • Juin 2016

Écriture poétique et quête du sens • 14 points

Sujets douloureux

Commentaire

▸ **Vous ferez le commentaire du texte de Paul Verlaine (texte B). Vous pourrez vous inspirer du parcours de lecture suivant.**
– En quoi ce poème propose-t-il une analyse précise des effets de l'absence ?
– Comment le poète suggère-t-il sa douleur ?

Se reporter au document B du sujet n° 21.

LA POÉSIE

LES CLÉS DU SUJET

Trouver les idées directrices

• Identifiez les *caractéristiques* du texte.

Poème régulier (*genre*), qui décrit les « maux » causés par l'absence (*thème*), lyrique, élégiaque, pathétique (*registres*), mélancolique, pessimiste, distant (*adjectifs*), pour analyser les effets de l'absence et rendre compte de la douleur qu'elle provoque (*buts*).

Pistes de recherche

Première piste : l'analyse des effets de l'absence

• Identifiez les **sentiments** qu'exprime Verlaine (ennui, douleur, soupçon et jalousie).

• Analysez comment ces **sentiments se succèdent**.

• Analysez comment l'**écriture poétique rend compte** de cette succession de sentiments.

Deuxième piste : l'expression de la douleur

• Analysez le **lyrisme** du poème (servez-vous de la réponse à la question 2).

• Repérez les **indices personnels**, les **images** et les figures de style (comparaisons, allégories, personnifications…).

• Quelle **image** Verlaine donne-t-il de lui-même ? de la jeune fille absente ? Sur quels aspects de celle-ci met-il l'accent ?
• Appréciez la **sincérité** de Verlaine et l'effet produit sur le lecteur.
▶ **Pour réussir le commentaire** : voir guide méthodologique.
▶ **La poésie** : voir mémento des notions.

CORRIGÉ 22

Les titres en couleur et les indications entre crochets servent à guider la lecture mais ne doivent pas figurer sur la copie.

Introduction

[Amorce et présentation du texte] Verlaine pensait que lui était destinée « une bonne part de malheur ». Il crut cependant avoir trouvé le bonheur en se fiançant à la jeune Mathilde, qu'il célèbre dans *La Bonne chanson*. Dans la pièce X du recueil, il évoque son ennui et son angoisse pendant l'absence de quelques semaines de la jeune fille. [Annonce du plan] Ces variations sur le thème « Un seul être vous manque, et tout est dépeuplé », vers du poète romantique Lamartine, ne sont pas très convaincantes et donnent un peu l'impression d'un exercice de style où Verlaine analyse les effets de l'absence [I] de l'être aimé et s'efforce d'exprimer la douleur qu'elle lui inspire [II].

I. Une analyse précise des effets de l'absence

Dans ces trois strophes de longueur inégale, avec un dernier vers détaché, Verlaine analyse les effets qu'a sur lui cette absence.

1. Lutter contre l'ennui, la solitude et les heures trop lentes

• L'usage de l'alexandrin, la longueur assez massive des strophes (de 8 à 11 vers), émaillées de notations temporelles, traduisent l'ennui que ressent le poète : les « heures » s'étirent et il compte les jours déjà écoulés, « plus de six semaines, déjà », et les « quinze longs jours » qui lui restent à attendre avec, comme deux soupirs après ce décompte, les adverbes « encore » et « déjà ».

• Il y a « certes » (c'est Verlaine qui le reconnaît) des stratégies anti-absence : échange de lettres d'amour, à lire, à relire et à écrire, causeries imaginaires avec l'aimée pour rendre supportable la solitude, évocation (au sens étymologique : faire apparaître par la parole une personne, disparue ou lointaine) de la jeune femme pour donner une présence virtuelle à sa « voix », ses « yeux », son « geste ».

2. La persistance de la douleur

• Mais ces tentatives sont dérisoires et ne réussissent pas à « consoler » le poète, à dissiper sa « dolente [= douloureuse] angoisse ». Privé de la présence de celle qu'il attend, il n'a plus goût au monde qui l'entoure.

• Pour évoquer ce monde décoloré, il multiplie les termes négatifs, ou affectifs (« morose », « triste ») ou descriptifs, empruntés au vocabulaire des sens, de la vue (« blafard ») ou du goût (« fade », « amer »).

3. Jalousie et soupçon

• Mais l'absence lui réserve une épreuve encore plus pénible... Alors qu'il se morfond, « fidèlement triste », il se met à soupçonner Mathilde de profiter de son absence pour lui être infidèle.

• Ses soupçons se marquent dans des interrogations multiples qui jalonnent la troisième strophe et dans les oppositions (parfois mises en évidence en fin de vers : « flétri »/« souri »), entre les termes négatifs qui s'appliquent à lui (« larmes, lents, flétri, mélancolie ») et ceux qui connotent le bonheur et la joie qui se rapportent à Mathilde (« délicieux, distraite, souri, joyeuse »).

• Et l'imagination du poète nourrit sa jalousie et fait le reste pour la voir « joyeuse » et souriante auprès de quelque soupirant.

II. Comment le poète suggère-t-il sa douleur ?

1. Un lyrisme impersonnel

• On s'attendrait à ce que Verlaine exprime sa douleur sur le mode personnel propre au lyrisme. Or, dans les deux premières strophes de cette *Bonne chanson*, Verlaine s'exprime d'une façon générale : dans la première strophe, au lieu du *je* attendu, tous les verbes d'action ou de parole ont pour sujet le pronom personnel indéfini « on ». Les verbes de la deuxième strophe, eux, sont à l'infinitif, mode impersonnel.

• La périphrase « l'être en qui l'on mit son bonheur » pour désigner l'absente est également bien vague, désincarnée, voire abstraite. Gautier, dans un autre poème du corpus, donne de sa maîtresse une image féminine autrement sensuelle quand il évoque sa « gorge blonde ». Tout cela donne à ces vers le tour général d'une réflexion assez distanciée sur les malheurs de l'éloignement entre deux amoureux.

2. Un soupçon lourdement évoqué

• Une bonne part de la deuxième strophe est consacrée à la naissance du soupçon d'infidélité. Verlaine y enchaîne un bric-à-brac de métaphores, de personnifications allégoriques assez peu convaincant. Les « pensées moroses » deviennent un puits sans fond dont les « espérances » personnifiées – elles sont « lassées » – ne tirent qu'un breuvage « fade et amer ».

• Verlaine, en donnant vie par l'allégorie à des sentiments comme le Doute (personnifié par la majuscule) ou le soupçon, imite un procédé cher à Baudelaire, mais sans la même réussite. Version dégradée du Cupidon mythologique, le Doute du poète symboliste, bizarrement qualifié d'« impur et lamentable », tire la flèche empoisonnée du « soupçon ».

Définition
Une **allégorie** est une figure de style qui consiste à représenter sous une forme concrète une idée abstraite (la paix sous la forme d'une colombe, la mort sous la forme d'un squelette avec une faux).

• Le lecteur contemporain a d'autant plus de mal à trouver de la sincérité dans ce tableau allégorique qu'il est précédé de trois comparaisons hétéroclites du soupçon avec des « oiseaux », des « balles » (de fusil ?), les « rafales » du « vent du sud » et de surcroît « en mer » !

3. Une vraie confidence ?

• La troisième strophe est enfin à la première personne : Verlaine se peint dans une attitude familière et cohérente avec la situation : « accoudé sur [sa] table » « des larmes dans les yeux » ; c'est une scène d'intérieur, intime, d'un amant qui « li[t] » et « reli[t] » une lettre, une scène avec des détails discrets mais évocateurs, quant au contenu même de la lettre (« un aveu délicieux »).

• Mais cette impression se dissipe parce qu'au lieu de s'adresser à l'aimée directement par un tutoiement qui la rapprocherait, il l'éloigne encore par le pronom « elle ». On s'étonne aussi du verbe choisi pour cet « aveu » qui « s'étale » : le terme implique un manque de réserve, un certain sentimentalisme vulgaire de la façon dont la jeune fille parle de son amour au lieu de trouver des mots capables de toucher le cœur délicat d'un poète.

• Mais lui, a-t-il su nous donner des détails précis sur cette jeune femme, autres que des mots bien vagues tels que la « voix », les « yeux », le « geste » qui esquissent à peine une silhouette pour cet « être » en qui il prétend avoir mis « son bonheur » ? Certes, il multiplie et répète des mots forts comme « angoisses », « morose » ; « absent » et « absence » reviennent comme un leitmotiv et il joue de la modalité expressive des phrases, souvent exclamatives, parfois interrogatives, mais cela suffit-il pour rendre sensible, crédible l'intensité de ces grands « maux » qu'il déplore ?

Conclusion

Ce poème n'est peut-être pas le plus réussi de *La Bonne Chanson*. Dans d'autres pièces du recueil, Verlaine peint quelques-uns des paysages les plus évocateurs de toute sa poésie. Finalement, le poète prend ici le pas sur l'amant : il met sa peine – sûrement sincère mais supportable – en vers, comme dans un exercice poétique, sans atteindre la concision, la densité si émouvante qui nous touchent dans certains poèmes de *Sagesse* (« Le ciel est par-dessus le toit »). [Ouverture] Mais n'y a-t-il pas dans « Le Pont Mirabeau » d'Apollinaire comme un écho des derniers vers verlainiens : « Pendant qu'ici coulent pour moi lents et moroses/Coulent les jours, ainsi qu'un fleuve au bord flétri » ? Apollinaire aurait-il donné une forme définitive à cette esquisse où Verlaine mêle déjà le temps, l'amour et l'eau ?

« L'amour s'en va comme cette eau courante
L'amour s'en va
Comme la vie est lente
Et comme l'Espérance est violente

[…]

Passent les jours et passent les semaines
Ni temps passé
Ni les amours reviennent
Sous le pont Mirabeau coule la Seine »

SUJET

23

Polynésie française • Juin 2016

Écriture poétique et quête du sens • 14 points

Sujets douloureux

Dissertation

▸ La poésie vous semble-t-elle destinée à traiter de sujets douloureux ?

Vous répondrez à cette question dans un développement argumenté qui s'appuiera sur les textes du corpus, les œuvres étudiées en classe et vos lectures personnelles.

Les textes du corpus sont reproduits dans le sujet n° 21.

LES CLÉS DU SUJET

Comprendre le sujet

- « destinée à » renvoie aux **fonctions** de la poésie ; « sujets » aux thèmes qu'elle doit aborder.
- La **problématique** est : La fonction de la poésie est-elle de rendre compte d'expériences douloureuses ?
- **Présupposé** du sujet : Le poète doit traiter de sujets douloureux.
- L'interrogation « vous semble-t-elle » invite à **discuter** ce présupposé.

Chercher des idées

- **Identifiez les sujets « douloureux »** : expériences personnelles pénibles (déboires amoureux…) ; mal de vivre ; difficulté de la création poétique (manque d'inspiration…) ; souffrance devant les injustices…
- Scindez la problématique en **sous-questions**, en variant les mots interrogatifs : ***Pourquoi** le poète est-il amené à traiter de sujets douloureux ? **Dans quels buts et par quels moyens** la poésie est-elle apte à traiter de tels sujets ? **Quelles** sont les diverses **fonctions** de la poésie ?…*
- Puis demandez-vous : *La poésie ne peut-elle pas traiter **d'autres sujets** que la douleur ?* et, au-delà : *La poésie n'a-t-elle pas **d'autres fonctions** ?*

▶ **Pour réussir la dissertation** : voir guide méthodologique.
▶ **La poésie** : voir mémento des notions.
▶ **Choix et exploitation des exemples** : voir guide méthodologique.

CORRIGÉ 23

Ce corrigé comporte certains passages non rédigés que vous devez alimenter de vos exemples personnels. Les titres en couleur et les indications entre crochets servent à guider la lecture mais ne doivent pas figurer sur la copie.

Introduction

[Amorce] Dans les anthologies poétiques, les textes aux sujets douloureux occupent une place prédominante : peines de l'amour, tristesse de la séparation ou de la mort, mélancolie devant la fuite du temps. « Les plus désespérés sont les chants les plus beaux et j'en sais d'immortels qui sont de purs sanglots », dit Musset. [Problématique] L'expression des sentiments et de la douleur serait-elle le seul but de la poésie ? En dehors de cette constatation purement statistique, on peut se demander [Annonce du plan] si la vocation de la poésie est seulement d'exprimer la douleur [I] ou si elle ne peut pas aussi exalter la vie [II], ou encore si elle n'a pas d'autres fonctions [III].

Remarque
L'introduction comporte trois parties : 1) une amorce qui énonce une idée générale en lien avec le sujet ; 2) la problématique ; 3) l'annonce du plan.

I. Pourquoi le poète est-il destiné à traiter de sujets douloureux ?

1. Parce que le poète est un être sensible

• Être plus sensible que les autres, ressentant plus intensément les choses, le poète est le plus à même d'exprimer les sentiments. Le lyrisme prend sa source dans le cœur de l'homme ; or, les sentiments profonds, par leur intensité, impliquent la douleur ; ils laissent des « traces » et meurtrissent.

• Aragon le chante : « Il n'y a pas d'amour heureux » (1944). Toute profondeur humaine est douloureuse, et c'est cette profondeur inexplorée qui constitue la recherche du poète.

2. Parce que la douleur amène le poète à se dépasser

• Sous le choc de la souffrance, le poète atteint à des limites que le vulgaire ignore et explore malgré lui des expériences hors du commun. C'est la souffrance encore qui fait voir « autrement » la réalité la plus quotidienne qui nous entoure. Ainsi, c'est la mort de Léopoldine qui inspire à Hugo les vers de « Demain dès l'aube » et de « À Villequier » (*Les Contemplations*).

• Musset lui-même doit ses plus beaux vers à sa rupture avec George Sand, qui lui a inspiré les *Nuits*. René-Guy Cadou doit certains de ses plus beaux vers à la mort de son père. Pour Théophile Gautier, « Il faut qu'il [le poète] ait au cœur une entaille profonde/Pour épancher ses vers » (*Le Pin des Landes*).

2. Parce que le poète dispose d'un langage apte à traiter les sujets douloureux [*partie à rédiger*]

• Le poète sait manier les ressources du langage poétique pour communiquer au lecteur l'émotion ressentie et rendre la douleur concrète (hyperboles, images…) : vocabulaire affectif [*exemples*] ; possibilité de dislocation des phrases en bouleversant la syntaxe (impossible dans le roman) ; jeu sur les rythmes [*exemples*].

• La poésie réussit ainsi à traduire l'indicible [*exemples*].

• La poésie, genre proche de la musique, tire profit aussi des sons et des rythmes : douceur musicale (Verlaine) et jeu sur les rythmes du cœur agité par la passion [*exemples*].

II. Dans quels buts la poésie est-elle destinée à traiter de sujets douloureux ?

1. Pour se libérer des sentiments douloureux

• Par l'écriture, le poète se libère des expériences douloureuses de sa vie. Exemples : Hugo dans « Je fus comme fou… », Jaccottet et ses diverses expériences de la mort (*Leçons*, *Chants d'en bas*, *À la lumière d'hiver*).

• Partager sa douleur constitue un remède : le poète se libère dans les mots et les sons, il rend par les rythmes et la musique, par les images, la douleur indicible. Parfois même il fait revivre un être absent ou disparu (textes du corpus : Gautier, Apollinaire, Éluard).

2. Pour prendre la défense de ceux qui sont dans la douleur

• Au-delà de son propre soulagement, le poète peut donner la parole à ceux qui ne l'ont pas, il peut se servir de ses vers comme d'une arme au service de grandes causes et se faire le porte-parole privilégié du malheur des hommes : il dénonce la guerre, l'injustice ou les tyrans (« Et c'est assez pour le poète d'être la mauvaise conscience de son temps », Saint-John Perse).

• Hugo, dans « Ultima verba » *(Les Châtiments)*, revendique vigoureusement ce rôle dénonciateur du poète : « Je serai [...]/La voix qui dit : malheur ! la bouche qui dit : non ! » ; Desnos crie « Révolte contre Hitler et mort à ses partisans ! » (« Ce cœur qui haïssait la guerre »).

3. Pour exprimer des sentiments universels

• Plus généralement, selon la célèbre formule de Montaigne, « *chaque homme* porte la forme entière de l'humaine condition ». Hugo, dans la préface des *Contemplations*, répond à ceux qui se plaignent des écrivains qui disent « moi » : « Ah ! Quand je vous parle de moi, je vous parle de vous. [...] Ah ! Insensé qui crois que je ne suis pas toi ! » Baudelaire lui fait écho (*Les Fleurs du mal*) : « – Hypocrite lecteur, – mon semblable, – mon frère ! »

• En parlant de son vécu et de ses sentiments, le poète cherche à dévoiler la nature humaine. Il part de ce qu'il connaît le mieux – soi – pour donner une image de l'âme humaine et de ses tourments : « C'est l'existence humaine sortant de l'énigme du berceau et aboutissant à l'énigme du cercueil » (Hugo, *Les Contemplations*).

• Les poètes, qui connaissent les mots pour rendre compte de ce que le commun des mortels éprouve mais ne sait pas exprimer, évoquent des sentiments universels. Ainsi, quand Hugo se remémore la mort de sa fille, il traduit la douleur qu'éprouve tout parent : « Pères, mères, dont l'âme a souffert ma souffrance,/Tout ce que j'éprouvais, l'avez-vous éprouvé ? »

4. Pour tirer la beauté de la douleur

• Le poète trouve dans la douleur une source de beauté. Mieux, il transforme le monde et ses malheurs en objet d'art : « Tu m'as donné ta boue et j'en ai fait de l'or », dit Baudelaire s'adressant à la ville. Pour Heredia, le poète est le « rossignol de la boue ».

III. La poésie a-t-elle d'autres fonctions ?

1. La poésie, célébration du bonheur, de la passion et de la vie

Mais la poésie se nourrit aussi de thèmes positifs.

• La poésie lyrique a toujours privilégié l'exaltation de l'amour sous toutes ses formes : amour précieux, passion inquiète, amour heureux... Elle exalte aussi l'amour dans un sens plus large : du Bellay chante son amour pour sa terre natale, Hugo celui de la liberté et de la République... Le poète célèbre aussi les exploits des hommes, leur héroïsme ou leur générosité, souvent dans un registre épique (*La Chanson de Roland* ; Hugo, *La Légende des siècles*).

• La poésie se nourrit aussi de la Nature et de ses mystères (admiration devant les éléments chez les poètes romantiques). La poésie de Saint-John

Perse exprime un élan passionné pour la vie, les êtres et les merveilles du monde : « Il neigeait, et voici, nous en dirons merveilles : l'aube muette dans sa plume, comme une grande chouette fabuleuse en proie aux souffles de l'esprit, enflait son corps de dahlia blanc » (« Chanson »). Chez Baudelaire, « La Nature est un temple où de vivants piliers/Laissent parfois sortir de confuses paroles » (*Les Fleurs du mal*).

• La poésie célèbre aussi la vie quotidienne dans sa banalité, et donne un statut aux objets les plus simples. *Exemples* : Hugo, dans « Fenêtres ouvertes », évoque les bruits du matin ; Ponge, dans *Le Parti pris des choses*, fait un éloge humoristique du « Cageot » ou du « Pain » et déclare son amour à la boue : « Boue si méprisée, je t'*aime*. Je t'*aime* à raison du mépris où l'on te tient » (« Ode inachevée à la boue »).

• Enfin, le poème peut aussi être un « Hymne à la beauté » pure (Baudelaire). Pour les Parnassiens, la poésie est vouée à la création d'une œuvre esthétique (Leconte de Lisle, dans « Vénus de Milo »). Chez Baudelaire, c'est la Beauté qui indique au poète sa mission : « Je suis belle, ô mortels ! comme un rêve de pierre/Et mon sein, où chacun s'est meurtri tour à tour,/Est fait pour inspirer au poète un amour/Éternel et muet ainsi que la matière. »

2. D'autres fonctions pour la poésie ?

[partie à rédiger avec des exemples personnels]

• La poésie comme jeu verbal, invention, travail et recherche sur le langage : le poète est l'artisan des mots qui doit « rompre avec l'accoutumance » (Saint-John Perse), « déraciner les mots ». *Exemples* : Rimbaud, « Voyelles ».

• La poésie comme moyen de connaissance pour « dévoiler » le monde, décrypter le quotidien en rendant leur pouvoir aux sensations (Baudelaire, « Parfum exotique », *Les Fleurs du mal* ; Hugo, « Fenêtres ouvertes » dans *L'Art d'être grand-père*). Le poète est un « voyant » qui doit « percer » le mystère des choses et du monde par la création de liens (Baudelaire, « Correspondances ») inattendues.

Conclusion

[Synthèse] S'il est vrai que la poésie privilégie souvent les sujets douloureux, parce qu'elle est particulièrement apte à en rendre la profondeur, aucun thème ne lui est interdit et elle ne saurait se cantonner à une seule fonction. [Ouverture] C'est un art au même titre que la peinture (dont se rapprochent les calligrammes), la sculpture ou la musique, qui n'aurait pour but que de créer un bel « objet », le poème, quel que soit son sujet.

Polynésie française • Juin 2016
Écriture poétique et quête du sens • 14 points

Sujets douloureux

Écriture d'invention

▸ Imaginez que la lettre de Guillaume Apollinaire a été remise par erreur à une autre personne que Lou. Elle est renvoyée au poète par celui ou celle qui l'a reçue. Écrivez la lettre qui accompagne la réexpédition du poème à son auteur. Dans votre lettre, vous exprimerez l'émotion qu'ont suscitée la lecture du poème et la situation des amants séparés.

Le candidat peut s'appuyer sur les textes reproduits dans le sujet n° 21.

LES CLÉS DU SUJET

Comprendre le sujet

Analysez la consigne pour en cerner les contraintes.

• **Genre du texte à produire** : « lettre ». Respectez les caractéristiques formelles de la lettre : formule d'adresse, de congé à la fin, implication de l'auteur et du destinataire (1re et 2e personnes).

• **Thème** : « la lettre de Guillaume Apollinaire », le « poème ». Il faut donc bien analyser le poème et se référer à son contenu et à son écriture.

• **Type de texte** : il s'agit d'un éloge, donc d'une argumentation. L'idée à soutenir est : *Ce poème et la situation qu'il décrit sont émouvants.* Il faut donc expliquer pourquoi, analyser ce qui est émouvant, dans le sujet et dans la façon d'écrire.

• **Niveau de langue** : correct, voire soutenu.

• **Registre** : non précisé ; lyrisme, pathétique.

• **Caractéristiques du texte à produire** (à définir à partir de la consigne) :

Lettre (*genre*), éloge (*type de texte* : argumentatif) du poème-lettre d'Apollinaire (*thème*), ? (*registres*), enthousiaste (*adjectif*) pour faire part de son émotion et montrer les qualités d'écriture du poème (*buts*).

Chercher des idées

Le fond

- Vous devez choisir l'**identité** de la personne qui écrit à Apollinaire. Il faut qu'à travers la lettre apparaisse une vraie personnalité.
- Faites des **allusions au poème** et à son écriture (images, rythmes, situation d'énonciation...).

La forme

- Rendez sensible l'**implication** de celui/celle qui écrit (indices personnels de la 1re personne, vocabulaire affectif) et du destinataire (Apollinaire).
- Utilisez les **procédés d'écriture de l'éloge et du lyrisme** : exclamations, questions rhétoriques, effets de gradation, jeu sur les rythmes ; mots mélioratifs...

▶ **L'écriture d'invention** : voir guide méthodologique.
▶ **Identifier les caractéristiques d'un texte** : voir guide méthodologique.
▶ **La poésie** : voir mémento des notions.

CORRIGÉ 24

Nous vous proposons le travail composé par une élève en un temps limité.

Paris, le 27 mars 1915

Cher Monsieur,

Je sais que je n'ai aucun droit de vous écrire cette lettre – pas plus que je n'avais le droit de lire celle que vous avez adressée à Lou le 25 mars dernier, et que je vous renvoie ici. Je pense que vous pardonnerez mon audace : il *fallait* que je sache qui avait écrit la missive qui s'était égarée jusque dans ma boîte aux lettres, pour pouvoir la renvoyer à l'expéditeur...

Conseil
Respectez toujours les contraintes formelles du genre du texte à produire (ici : mention du lieu, de la date, formule d'adresse et formule finale, signature).

J'ai été profondément émue par votre poème « Faction », bouleversée par sa cruelle beauté : être ainsi séparé de celle que l'on aime, en souffrir intensément à chaque seconde, qui en devient une éternité... Avec, tout au fond de soi, plus terrible encore, tapie dans les replis obscurs de son âme, la conscience que la vie se finira peut-être sur cette déchirante absence de l'être aimé. Je pense que vous avez su exprimer ce que vivent beaucoup d'entre nous, en ces sombres jours où nous nous débattons aussi bien contre l'ennemi que contre le désespoir : aussi ai-je été heureuse que vous ayez mis des mots sur ce que tant de personnes éprouvent, sans savoir l'exprimer.

Vous n'avez pas parlé de combats, de morts, d'assauts, de cadavres. Non, vous avez parlé d'amour, de beauté, de souvenir. Vous avez fait sentir ce que le désir a de sublime, en rendant stellaire le regard de votre Lou ; vous avez inclus en elle les femmes du monde entier, en lui donnant le ciel pour mesure. Vous avez su me faire ressentir la longueur de l'absence, alors que je pensais que seul Racine avait le pouvoir de le faire – « *Que le jour recommence, et que le jour finisse,/Sans que jamais Titus puisse voir Bérénice* »... Vous avez saisi ce mélange doux-amer, si délicat, d'angoisse profonde devant le temps qui passe et de désir de vieillir avec la personne aimée. Et vous avez fait résonner en moi l'écho du Souvenir, d'autant plus obsédant qu'il est immatériel. Vous avez pris le soldat que vous êtes et vous l'avez fait redevenir un homme, alors que cette impitoyable guerre a pris des hommes et les a forcés à ne plus être que des soldats.

C'était la respiration d'un homme que j'entendais en vous lisant : chaque vers était un souffle, ample, douloureux, mais apaisé à la fois – grâce à la beauté majestueuse de l'alexandrin... Chacun est un battement de cœur, un moment de souffrance, oui, mais aussi de vie volée à la guerre, que les rythmes et les répétitions scandent, à la fois lancinantes et salutaires. J'entendais votre voix quand vous vous adressez en amant éperdu à Lou (quelle heureuse femme que la destinataire d'un tel joyau, dont vos images font une constellation tutélaire ou, mieux, tout un « ciel » !), mais aussi quand vous interrogez fiévreusement l'Amour, devenu votre compagnon de toujours. Mon souffle s'est mêlé au vôtre, mon cœur a battu comme le vôtre et mon âme a espéré avec la vôtre qu'un jour cette « lente nuit » de séparation devienne le « Souvenir » de ma vieillesse...

Ne pensez pas que je vais vous harceler : cette lettre sera la seule que je vous adresserai jamais. Je ne suis sortie de l'inexistence dans laquelle j'étais pour vous que pour mieux y replonger maintenant que j'ai écrit tout ce que j'avais à vous confier.

J'ai simplement pensé qu'il était important de dire que vous aviez tout ce qu'il faut pour être un grand poète : du cœur, et du talent.

Poétiquement bien à vous,

(Une autre) Louise

SUJET

25

France métropolitaine • Juin 2013

Écriture poétique et quête du sens • 6 points

La chambre

Questions

Documents

A – **Théophile Gautier**, « La Bonne Soirée », *Émaux et Camées*, 1872.
B – **Max Jacob**, « Petit Poème », *Le Cornet à dés*, deuxième partie, 1917.
C – **Joë Bousquet**, « À cette ronde d'enfants… », *La Connaissance du soir*, « Pensefables et Dansemuses », 1947.
D – **Vincent Van Gogh**, *Lettres à son frère Théo*, 1873-1890.

▸ 1. Quel lieu intime est évoqué dans les documents A, B et C ? En quoi cette évocation est-elle poétique ? ***(3 points)***

▸ 2. À quelles impressions, agréables ou désagréables, ce lieu est-il, selon vous, associé dans chacun des quatre documents ? ***(3 points)***

Après avoir répondu à ces questions, les candidats devront traiter au choix un des trois sujets n° 26, 27 ou 28.

DOCUMENT A **La Bonne Soirée**

Quel temps de chien ! — il pleut, il neige ;
Les cochers, transis[1] sur leur siège,
  Ont le nez bleu.
Par ce vilain soir de décembre,
Qu'il ferait bon garder la chambre,
  Devant son feu !

À l'angle de la cheminée
La chauffeuse capitonnée[2]
  Vous tend les bras
Et semble avec une caresse

Vous dire comme une maîtresse,
« Tu resteras ! »

Un papier rose à découpures,
Comme un sein blanc sous des guipures[3],
Voile à demi
Le globe laiteux[4] de la lampe
Dont le reflet au plafond rampe,
Tout endormi.

On n'entend rien dans le silence
Que le pendule qui balance
Son disque d'or,
Et que le vent qui pleure et rôde,
Parcourant, pour entrer en fraude,
Le corridor.

C'est bal à l'ambassade anglaise ;
Mon habit noir est sur la chaise,
Les bras ballants ;
Mon gilet bâille et ma chemise
Semble dresser, pour être mise,
Ses poignets blancs.

Les brodequins[5] à pointe étroite
Montrent leur vernis qui miroite,
Au feu placés[6] ;
À côté des minces cravates
S'allongent comme des mains plates
Les gants glacés.

Il faut sortir ! – quelle corvée !
Prendre la file à l'arrivée
Et suivre au pas
Les coupés[7] des beautés altières[8]
Portant blasons[9] sur leurs portières
Et leurs appas[10].

Théophile Gautier, « La Bonne Soirée », *Émaux et Camées*[11], 1872.

1. Glacés par le froid. 2. Chaise rembourrée et piquée, qui offre un confort douillet près du feu. 3. Dentelles fines et ajourées. 4. De forme ronde, et qui a la couleur du lait. 5. Chaussures couvrant le pied et une partie de la jambe. 6. Placés près du feu. 7. Véhicules fermés généralement élégants, tirés par un ou deux chevaux. 8. Femmes belles et fières. 9. Armoiries d'une famille de la noblesse. 10. Attraits, charmes. 11. Titre du recueil qui évoque des objets d'orfèvrerie recouverts d'émail et des pierres fines sculptées.

DOCUMENT B

Petit Poème

Je me souviens de ma chambre d'enfant. La mousseline des rideaux sur la vitre était griffonnée de passementeries[1] blanches, je m'efforçais d'y retrouver l'alphabet et quand je tenais les lettres, je les transformais en dessins que j'imaginais. H, un homme assis ; B, l'arche d'un pont sur un fleuve. Il y avait dans la chambre plusieurs coffres et des fleurs ouvertes sculptées légèrement sur le bois. Mais ce que je préférais, c'était deux boules de pilastres[2] qu'on apercevait derrière les rideaux et que je considérais comme des têtes de pantins avec lesquels il était défendu de jouer.

Max Jacob, « Petit Poème », in *Le Cornet à dés*, © Éditions Gallimard,1917.

1. Festons ou galons tissés et brodés.
2. Piliers ou montants utilisés dans une décoration intérieure.

DOCUMENT C

À cette ronde d'enfants...

À cette ronde d'enfants[1]
Que tant de peine a suivie
Vous n'étiez vous qu'en passant
Chansons qui fûtes ma vie

Vous dont je fus la clarté
Beaux jours courbés sous leur ombre
J'ai vécu de vous compter
Je mourrai de votre nombre

Possédant ce que je suis
Je saurai sur toutes choses
Que la chambre où je grandis
Dans mon cœur était enclose[2]

Joë Bousquet, « À cette ronde d'enfants... », in *La Connaissance du soir*, © Éditions Gallimard, 1947.

1. Le texte du poème est imprimé en italique dans l'édition du recueil.
2. Enfermée.

DOCUMENT D

Le peintre Vincent Van Gogh après s'être rendu en Angleterre, en Belgique, dans plusieurs provinces des Pays-Bas ainsi qu'à Paris, s'installe dans la ville d'Arles dont il apprécie la lumière qu'il cherche à capter sur ses toiles. Dans la correspondance qu'il entretient avec son frère Théo tout au long de ses voyages, il rend compte de sa vie quotidienne comme de ses recherches artistiques et de ses motifs d'inspiration, qu'il illustre et transcrit au moyen de nombreux croquis.

Mon cher Théo,

Enfin je t'envoie un petit croquis pour te donner au moins une idée de la tournure que prend le travail. Car aujourd'hui je m'y suis remis.

J'ai encore les yeux fatigués, mais enfin j'avais une nouvelle idée en tête et en voici le croquis. Toujours toile de 30.

C'est cette fois-ci ma chambre à coucher tout simplement, seulement la couleur doit ici faire la chose et en donnant par sa simplification un style plus grand aux choses, être suggestive ici du *repos* ou du *sommeil*[1] en général. Enfin la vue du tableau doit reposer la tête ou plutôt l'imagination.

Les murs sont d'un violet pâle. Le sol est à carreaux rouges.

Le bois du lit et les chaises sont jaune beurre frais, le drap et les oreillers citron vert très clair.

La couverture rouge écarlate.

La fenêtre verte.

La table à toilette orangée, la cuvette bleue.

Les portes lilas.

Et c'est tout – rien dans cette chambre à volets clos.

La carrure des meubles doit maintenant encore exprimer le repos inébranlable.

Des portraits sur le mur et un miroir et un essuie-mains et quelques vêtements.

Le cadre – comme il n'y a pas de blanc dans le tableau – sera blanc.

Cela pour prendre ma revanche du repos forcé[2] que j'ai été obligé de prendre.

J'y travaillerai encore toute la journée demain, mais tu vois comme la conception est simple. Les ombres et ombres portées sont supprimées, c'est coloré à teintes plates et franches comme les crépons[3].

LA POÉSIE

Cela va contraster avec par exemple *La Diligence de Tarascon* et *Le Café de nuit*[4].

Je ne t'écris pas longtemps, car je vais commencer demain fort de bonne heure avec la lumière fraîche du matin, pour finir ma toile.

Comment vont les douleurs ? N'oublie pas de m'en donner des nouvelles.

J'espère que tu écriras de ces jours-ci.

Je te ferai un jour des croquis des autres pièces aussi.

Je te serre bien la main,

t. à t.[5]
Vincent
Arles, 16 octobre 1888.

Vincent Van Gogh, *Lettres à son frère Théo*, 1873-1890.

Croquis inséré par Vincent Van Gogh dans sa lettre pour donner à son frère Théo « au moins une idée de la tournure que prend le travail ».

Coll. Rijksmuseum, Amsterdam

1. Expressions soulignées par l'auteur.
2. La référence au « repos forcé » s'explique par le fait que la semaine précédente, Vincent Van Gogh s'est épuisé à peindre cinq grandes toiles, et qu'il lui a été par ailleurs impossible de sortir pour travailler en raison du mistral.
3. Papiers fins gaufrés utilisés en décoration.
4. Titres de deux toiles célèbres du peintre.
5. Tout à toi.

LES CLÉS DU SUJET

■ Question 1

• C'est le **dessin de Van Gogh** qui donne d'emblée la réponse à la question. Surlignez dans les trois poèmes les mots qui désignent ce lieu.

• Relevez aussi les **éléments caractéristiques de ce lieu** (meubles, objets…) et classez-les par ressemblance.

• Puis montrez ce qui fait de ces textes des **poèmes** : regard nouveau porté sur ce lieu, métamorphose du réel, mais aussi façon de l'exprimer (forme, figures de style, musicalité et jeux sur les rythmes…).

■ Question 2

• Le terme « impressions » est large : impressions **sensorielles, affectives ou intellectuelles / existentielles.**

• Précisez, pour chaque impression, si elle est agréable ou désagréable ; indiquez par quels procédés le poète rend cela sensible.

• Le mot « chacun » laisse entendre que vous pouvez traiter les documents séparément. Cependant, cherchez d'abord leurs **points communs,** groupez-les par ressemblance, ou observez une **progression** entre ces poèmes.

• Accompagnez chaque remarque d'**exemples** tirés des différents textes.

▶ **Réussir les questions :** voir guide méthodologique.
▶ **La poésie :** voir mémento des notions.

CORRIGÉ 25

Les titres en couleurs et les indications entre crochets servent à guider la lecture mais ne doivent pas figurer sur la copie.

▶ Question 1

[Introduction] Les poètes puisent souvent leur inspiration dans une réalité intime. Au XIXe siècle, le parnassien Théophile Gautier dans « La Bonne Soirée », puis au XXe siècle, le surréaliste Max Jacob dans « Petit Poème » et le poète de la douleur, Joë Bousquet, dans « À cette ronde d'enfants » font de leur chambre le sujet de leurs poèmes.

1. Un lieu intime : la chambre

• Le nom « chambre » figure dans les trois textes. Les deux premiers poèmes en mentionnent des éléments caractéristiques : des meubles (« la chauffeuse », « le pendule », « la chaise », « la lampe » chez Gautier ; les « coffres » chez Max Jacob) ou des éléments de décoration (la « cheminée », les « rideaux », « les boules de pilastres »). Le poème de Bousquet y renvoie de façon moins concrète.

• Lieu intime, la chambre est un espace protégé par opposition à l'« extérieur » où il « vent[e] » (Gautier) et dont elle est séparée par la « vitre » (Jacob).

2. Un regard et une évocation poétiques

• Les poètes « transfigurent » la chambre par les images et les animent par les personnifications : la « chauffeuse [...] / Vous tend les bras », le gilet « bâille », le « reflet de la lampe » est « tout endormi » (Gautier) ; Jacob transforme les lettres en « homme assis », les « boules de pilastres » en « têtes de pantins ». C'est tout un monde devenu fantaisiste qui prend vie.

• Le lien étroit que tissent les poètes entre le lieu familier banal et leur paysage intérieur donne à ces textes leur richesse poétique : c'est l'envie de rester dans la chambre et la peur de sortir de Gautier, c'est la remontée des souvenirs qui s'opère à partir du lieu et des objets chez Max Jacob et Bousquet.

3. Une écriture poétique

• La mise en page signale d'emblée l'écriture poétique : Gautier et Bousquet ont choisi les vers, Max Jacob la prose, mais son poème a la brièveté qu'on attend d'un « Petit Poème », compact et ramassé comme la chambre.

• Les trois poètes donnent à leur texte de la musicalité par le choix des sons et des rythmes : les enjambements allongent les vers de Gautier pour leur donner un air de paresse ; le « Petit Poème » de Jacob, avec ses coupes et son accumulation de phrases juxtaposées, prend le rythme sautillant de l'enfance ; l'absence de ponctuation chez Bousquet rend compte de la langueur de sa méditation, mais le parallélisme régulier de la structure des vers 7-8 traduit l'écoulement inexorable du temps...

[Conclusion] La chambre est un tremplin pour la création. Les poètes répondent ainsi à une des fonctions de la poésie : transformer la banalité du monde.

▶ Question 2

La réponse se présente sous la forme d'un plan que vous pouvez rédiger.

[Introduction] Signaler pour les documents un attachement fort de l'artiste à ce lieu intime riche en impressions sensorielles, affectives et existentielles.

1. Pour Gautier et Van Gogh, un nid de sensations agréable

• Pour Gautier, des impressions sensorielles : l'ouïe (« silence ») ; la vue (couleurs symboliques : « rose », « blanc », « laiteux », « or ») ; le toucher (chaleur du « feu »). Impression d'un monde douillet qui incite à la somnolence (« bâille », « s'allongent »).

• Puis des impressions plus existentielles : l'une positive (univers protecteur contre les agressions du dehors), d'autres plus douloureuses : le « pendule qui balance » suscite la conscience du temps.

• La chambre est un univers agréable de bien-être, protecteur, rendu plus agréable par la mention du froid et du dehors qui servent de repoussoir.

• Pour Van Gogh, des impressions sensorielles revigorantes essentiellement visuelles (comme le prouve le « croquis » qui l'accompagne) : mention des « couleurs » vives (« violet », « rouges », « beurre frais », « citron vert très clair »).

• Ces sensations ont un effet sur le corps mais aussi sur la « tête ». Impression de joie de vivre (« *repos* », « reposer », « *sommeil* », « *repos inébranlable* ») et de simplicité (« simple »). Cette impression est rendue par la juxtaposition des groupes nominaux comme des touches de pinceau, par la simplicité des lignes et les objets représentés dans le croquis.

2. Pour Max Jacob et Bousquet, des impressions mitigées

• Pour Max Jacob, les impressions sensorielles (surtout la vue : « dessins », « fleurs sculptées ») sont un tremplin au souvenir, alimentant l'imagination.

• Impressions affectives : une nostalgie agréable, le plaisir suscité par le monde de l'enfance resurgi par bribes, impression de rêve et de voyage dans le temps.

• Seules impressions un peu négatives : efforts nécessaires (« je m'efforçais d'y retrouver ») et surtout rappel de l'interdit des adultes (« défendu de jouer » avec ce qu'il « préférai[t] »).

• Pour Bousquet, nostalgie d'abord, puis réflexion presque philosophique : la chambre permet la connaissance de soi (« je saurai toutes choses »), mais rappelle que le temps passe inexorablement. Beaucoup de mots sont chargés négativement (« peine », « ombre », « mourrai ») ; jeu des temps : le passé simple renvoie les souvenirs dans le passé, le futur donne l'impression de dominer toute une existence déjà « jouée ».

• Impression de douleur existentielle (enfermé dans la vie comme dans la chambre).

[Conclusion] La variété de la sensibilité des artistes « colore » le monde.

LA POÉSIE

SUJET

26

France métropolitaine • Juin 2013

Écriture poétique et quête du sens • 14 points

La chambre

Commentaire

▸ Vous ferez le commentaire du texte de Théophile Gautier en vous aidant du parcours de lecture suivant.

1. L'opposition des lieux décrits (éléments et personnages du décor, sensations et scènes évoquées).

2. Le recours à l'humour et à l'imagination poétique pour suggérer « La Bonne Soirée ».

Se reporter au document A du sujet n° 25.

LES CLÉS DU SUJET

Trouver les idées directrices

- Faites la « **définition** » du texte pour trouver les axes (idées directrices).

Poème en vers *(genre)* qui décrit *(type de texte)* une chambre et une scène extérieure *(sujet)*, humoristique, satirique, ironique *(registres)*, fantaisiste, contrasté, pictural *(adjectifs)*, pour faire part de son état d'âme, pour jeter un regard critique sur le monde, pour faire sourire son lecteur *(buts)*.

Pistes de recherche

Nous avons scindé en deux la réponse à la première piste de la consigne, car elle aurait été trop longue par rapport à la deuxième ; cela rééquilibre le commentaire.

Première piste : deux tableaux en contraste

- **Visualisez** les tableaux « peints » et soulignez-en les contrastes (lieux, atmosphère…).
- Analysez par **quels moyens** (structure du poème, images, vocabulaire…) Gautier souligne cette opposition.
- Cherchez si ces deux lieux n'ont pas quelques **points communs**.

Deuxième piste : croquis et saynètes en contraste

• Analysez les **portraits des différents personnages** qui peuplent ces tableaux ; comment sont-ils désignés ? présentés ?

• Le poète en donne-t-il une image **positive** ou **négative** ?

• Quelles relations entre ces deux types de personnages suggère le poème ?

Troisième piste : imagination poétique et humour

• Quels sont les **traits humoristiques** du poème ? D'où vient sa **fantaisie** ?

• Quel regard porte Gautier sur le monde aristocratique ? sur lui-même ? sur le lecteur ?

• Comment interpréter le **titre du poème** ?

▶ **Pour réussir le commentaire** : voir guide méthodologique.

▶ **La poésie** : voir mémento des notions.

CORRIGÉ 26

Les titres en couleurs servent à guider la lecture mais ne doivent pas figurer sur la copie.

Introduction

[Amorce] La poésie est affaire d'intimité. Peut-on s'étonner alors que la chambre à coucher, lieu intime par excellence, inspire les poètes pour traduire leur état d'âme ? [Problématique] Aux côtés de Hugo (« L'humble chambre a l'air de sourire »), de Rimbaud (« La chambre est pleine d'ombre »), le poète parnassien Théophile Gautier dans « La Bonne Soirée » se décrit dans sa chambre un soir de « décembre »… [Annonce des axes] À travers la peinture de deux lieux en contraste – le dehors et le dedans –, il oppose deux mondes et deux atmosphères [I], fait le portrait de deux types de personnages, ceux du « monde » et lui-même – poète solitaire [II]. Mais loin des accents élégiaques des romantiques, grâce à son imagination poétique, il adopte un ton humoristique et satirique qui fait de son poème une sorte d'art poétique [III].

I. Le décor : deux tableaux en contraste, dehors et dedans

Le poème se structure par « enchâssement » : le tableau intérieur (la chambre) occupe les cinq strophes centrales et est encadré par deux strophes (1 et 7) qui peignent un décor extérieur. La « chambre » est comme protégée à l'intérieur du poème.

1. « Sortir ! » : un monde extérieur inhospitalier

• Dans le premier tableau, les conditions atmosphériques sont hostiles : on est un « vilain soir » (v. 4) de « décembre », il fait un « temps de chien » (v. 1) (connotation familière). Le poète insiste sur les conséquences de ce temps et les sensations désagréables : « transis » (v. 2), et fait un gros plan sur « le nez bleu » (v. 3).

• Ce tableau est peuplé d'un monde officiel, guindé, froid et artificiel : le lieu (« l'ambassade anglaise »), la mention des « blasons », la fierté des femmes aristocratiques « altières » et inaccessibles suggèrent l'officialité et l'insensibilité.

• Toutes ces conditions ne donnent pas envie de « sortir » : le mot « corvée » (v. 37) prend une nuance péjorative forte.

• La versification et la syntaxe concourent à cette impression d'hostilité : les phrases exclamatives, les fortes coupes (v. 1, 37), les rejets (v. 3, 42) marquent l'émotion que suscite cette évocation du dehors.

2. « La chambre » : un « nid » intérieur confortable et rassurant

• Ce lieu intime et clos (« plafond ») est empli d'objets familiers du quotidien précisément nommés : des meubles et des objets de décoration (« cheminée », « chauffeuse », « le pendule », « la lampe »), des vêtements personnels (« habit », « gilet », « chemise », « brodequins », « cravates », « gants »).

• Cet espace clos procure des sensations agréables ; tous les sens sont agréablement sollicités : la vue avec la lampe et la mention de couleurs douces – rose, blanc –, l'ouïe avec le « silence » et le bruit régulier du « pendule », le toucher avec la double mention du « feu » et celle de la cheminée, la « chauffeuse capitonnée » et la « caresse » ; l'odorat avec le « feu »…

• Le vocabulaire mélioratif (« bon », « caresse », « maîtresse ») campe un milieu idyllique, rassurant et envoûtant.

• La versification des strophes 2 à 6 rend compte de cette impression de confort et de sécurité : les multiples enjambements, les nombreuses rimes féminines donnent à cette évocation un rythme lent, alangui.

3. Une sorte de lutte entre ces deux lieux opposés

Mais la séparation n'est pas étanche entre ces deux univers opposés. Il y a quelques traces d'interaction qui provoquent le déchirement du poète.

• Les tentatives d'irruption du « vent » dans le « corridor » qui « rôde » « en fraude » introduisent une menace d'intrusion sonore (« pleure »), et mouvementée (« parcourant »), désagréable et perturbatrice dans ce monde de langueur et de « silence ».

• Certains éléments du décor, par leur aspect guindé ou officiel, rappellent de façon impitoyable l'obligation de « sortir » : « l'habit noir » (austère), les « brodequins à pointe étroite » et « leur vernis qui miroite », les « cravates » et les « gants glacés » forment la panoplie du parfait « dandy ».

II. Croquis et saynètes en contraste : la haute société et le poète solitaire

Le poème est constitué d'une succession de petits croquis en contraste.

1. La réalité et la froideur des personnages mondains

• Les personnages du « dehors » sont bien réels, représentatifs de tous les rangs sociaux, des « cochers » (domestiques) aux aristocrates (« beautés altières »). Ils semblent figés dans leur rôle.

• Les objets et les usages contraignants sont symboliques de cette rigidité officielle : importance des « coupés » (marque de richesse) et gros plans sur « blasons » et « portières » ; usage de « prendre la file » et « suivre au pas » (decorum figé et règles strictes). C'est une sorte de théâtre social qui nécessite un « costume » (v. 26-36).

• Mentionnés au pluriel, ils n'ont aucune identité ni personnalité précise, restent dans le flou et ressemblent à des pantins sans âme.

2. La solitude paresseuse d'un poète un peu dandy

• Le poète est un personnage riche, solitaire et sensuel : en ce sens, il s'oppose aux « cochers » (domestiques), au groupe des mondains, sortes de masques de cire insensibles.

• Il a une identité bien marquée, un caractère individualisé qui s'affirme par les indices de la première personne (« je », « mon ») et le « vous » officiel par lequel il se désigne de façon amusée (v. 9, 11).

• Sa sensualité et son goût du confort, de la paresse (presque « endormi » comme le globe de la lampe), à l'image du laisser-aller de son intérieur, contrastent avec les autres personnages.

3. La métamorphose annoncée : de la liberté du poète au devoir du dandy

• Mais le contraste est éphémère : le poème contient en germe la chronique d'une métamorphose annoncée. Tout est réuni pour que le poète sensuel et solitaire se transforme en aristocrate mondain.

• Le conditionnel « qu'il serait bon… » (irréel du présent), la mention du « bal » au milieu du tableau intime idyllique, la tournure impersonnelle « il faut » qui marque l'obligation sont autant de prémices à cette transformation obligée.

LA POÉSIE

• La disposition de la tenue de soirée – prête à être enfilée – (« l'habit noir », les « brodequins à pointe étroite » et « leur vernis qui miroite », les « cravates » et les « gants glacés ») rappelle au poète qu'il ne pourra pas indéfiniment repousser le moment de s'habiller !

III. Imagination poétique et humour

1. La fantaisie et l'humour d'un monde imaginaire animé

• Le poète solitaire s'amuse, par de plaisantes personnifications des objets qui s'animent, à peupler sa chambre d'une galerie de personnages fictifs qui rappellent, ironiquement, les personnages du monde.

• Ainsi, la « chauffeuse », qui a des « bras » (Gautier joue sur le double sens du mot, propre et figuré), est une « maîtresse » qui le séduit, le tente par son tutoiement et ses mots enjôleurs (v. 12) ; le « vent », comme un rival éconduit, « pleure » et « rôde » ; l'« habit noir » a les « bras ballants » et le « gilet bâille » comme des dandys désœuvrés et fatigués de leur vie mondaine mais semblent attendre le bon vouloir du poète pour sortir ; les « brodequins » montrent leurs attraits comme un élégant en représentation. Tout un monde est reconstitué et annexé à la chambre !

• L'univers de la chambre prend une allure fantastique, avec ces « gants-mains plates » qui semblent autonomes, « s'allongent », ou cette « chemise » animée du désir d'« être mise ».

2. Un érotisme d'un nouveau genre...

• Certains éléments rappellent la tradition artistique et poétique liée au thème de la chambre : la mention du « sein », le « globe », le « disque » du pendule suggèrent les formes féminines d'une Nana (personnage de Zola). La lumière tamisée (v. 16) convient à une scène de séduction. Les dentelles de « guipures » et le verbe « voile à demi » pourraient renvoyer aux vêtements d'une femme qui se dévêt. La « caresse » évoque les jeux amoureux. Les sonorités fluides (« <u>s</u>emble, car<u>esse</u>, maîtr<u>esse</u>, r<u>es</u>teras »...) portent en elles des douceurs amoureuses.

• Mais l'érotisme prend une curieuse tournure : le « papier rose » dévoile un « globe laiteux », évoque une mère allaitante et fait du poète non plus un amant, mais un enfant. Le poème est alors à réinterpréter : la chambre n'est pas le lieu des amours mais un cocon maternel.

3. Autodérision et pointes de satire

D'autres traits traduisent l'esprit frondeur et plaisantin du poète.

• Gautier semble se moquer des conventions poétiques et vouloir créer la surprise : l'intrusion d'un petit tétramètre (vers de quatre syllabes) au milieu des plus solennels octosyllabes, le recours à une langue familière (« Quel temps de chien ! », « quelle corvée ! ») donnent au poème un rythme et un ton alertes. L'humour naît des effets de décalage.

• Le titre enfin est ambigu et peut prendre une nuance ironique : le mot « soirée » laisse attendre l'évocation d'un « bal » brillant réussi, mais l'adjectif « bonne » suggère que ce titre désigne en fait le farniente dans la chambre. Et au total, la soirée n'est pas vraiment bonne : il pleut, il fait froid et le poète se trouve contraint à une sortie qui l'ennuie ! Après avoir lu le poème, le lecteur est invité à une réinterprétation de son titre.

• La bonhomie du poète n'exclut pas la malice ou la férocité du trait : caricature des « cochers » avec un gros plan sur leur « nez bleu », satire plus ironique des femmes mondaines à travers l'association moqueuse des deux compléments du verbe « porter », l'un de sens concret (« blasons », signe d'ostentation) et l'autre de sens abstrait (« appas »), comme pour montrer que ces femmes « exposent » sans pudeur tout ce qui peut les mettre en valeur. La chambre devient une sorte d'observatoire d'où le poète contemple à distance le manège théâtral du monde, ses conventions et sa mascarade hiérarchisée (« prendre la file », « suivre au pas »).

> **Notez bien**
> Le procédé qui consiste à « atteler » deux compléments différents – l'un concret, l'autre abstrait – d'un même verbe s'appelle un « zeugma ». Exemple : « Vêtu de probité (*abstrait : qualité*) candide et de lin blanc (*concret : tissu*) » (Hugo). Il crée la surprise.

• Le poète néanmoins ne s'épargne pas et l'humour prend parfois la forme de l'autodérision. Gautier ne se prend pas au sérieux : paresseux, alangui, rêveur, mais en même temps hyper réactif. L'autoportrait n'est pas très indulgent et l'image pas très flatteuse… Mais malicieusement, le poète associe le lecteur à cette scène et en fait un complice, un « frère », auquel il semble s'adresser à travers la deuxième personne du plurlel ou le pronom indéfini « on ». Gautier renvoie au lecteur son propre portrait et l'invite à observer de sa chambre le théâtre du monde.

Conclusion

Poème apparemment léger et anodin qui prend pour sujet un lieu banal, « La Bonne Soirée » dépasse la simple anecdote. Il montre comment l'inspiration et l'imagination du poète se nourrissent du quotidien et le transfigurent, comment les lieux sont en résonance avec l'univers intime du poète, et comment la poésie exprime le monde. C'est enfin un véritable art poétique qui révèle aux apprentis poètes comment faire de la poésie sur presque rien !

SUJET

27

France métropolitaine • Juin 2013

Écriture poétique et quête du sens • 14 points

La chambre

Dissertation

▶ La création poétique doit-elle s'inspirer du quotidien ou bien puiser sa source dans un univers totalement déconnecté du réel ? Vous appuierez votre réflexion sur les poèmes du corpus mais aussi sur ceux que vous avez étudiés en classe ou rencontrés dans vos lectures personnelles.

Les textes du corpus sont reproduits dans le sujet n° 25.

LES CLÉS DU SUJET

Comprendre le sujet

• Les mots « s'inspirer de » et « puiser sa source dans » renvoient aux thèmes que doit choisir le poète.

• Le sujet propose une **alternative** : la poésie doit prendre sa source dans le quotidien ou bien elle doit se couper du réel.

• Les mots « le quotidien » et « le réel » renvoient au monde qui nous entoure : objets, lieux, phénomènes de la nature, obligations, habitudes imposées par la société, activités de la vie…

• « Déconnecté du réel » suggère l'**idée d'évasion** ou d'imagination et renvoie au rêve, à l'invention, à l'imaginaire.

• La formulation « doit-elle… » laisse entendre une discussion possible, un **plan dialectique.**

• La **problématique** peut être reformulée ainsi : « La poésie doit-elle parler du réel quotidien ou nous en éloigner et nous emmener vers des mondes nés de l'imagination ? »

■ Chercher des idées

Les pistes de recherche

Scindez cette problématique en plusieurs sous-questions, en variant les mots interrogatifs : « Le poète *doit-il* faire rêver le lecteur ? » ; « *En quoi* la poésie permet-elle de rêver ? » ; « *Quel type* de rêve ? » ; « *Comment* la poésie permet-elle de fuir la réalité, de s'en éloigner ? » ; « La poésie *est-elle* évasion ? rêve ? fiction ou imagination ? » ; « *En quoi* la poésie crée-t-elle des visions ? l'illusion ? » ; « *Quelle* doit être la part d'imagination dans la poésie ? »

Les exemples

• **Des poèmes qui prennent leur sujet dans le quotidien** : les choses, les objets (Ponge, *Le Parti pris des choses*) ; des animaux (Claudel, « Le Porc ») ; des lieux réels (*cf.* corpus) ; les situations réelles (Ronsard, « Quand vous serez bien vieille » ; Hugo, « Demain, dès l'aube ») ; les activités de tous les jours (Prévert, « Page d'écriture » ou « Le Cancre »), des éléments très réalistes (Villon, « Ballade des pendus » ; Baudelaire, « Une charogne ») ; les maux du monde (Hugo, « Depuis six mille ans la guerre… » ; Rimbaud, « Le Mal »).

• **Des poèmes qui « déconnectent du réel »** : par le voyage (Baudelaire, « Invitation au voyage », « Parfum exotique ») ; par l'imaginaire (Rimbaud, « Aube ») ; par le rêve (Verlaine, « Mon rêve familier ») ; par l'irrationnel (Rimbaud, *Illuminations,* « Le Bateau ivre » ; les poèmes surréalistes).

• Comme vous aurez affaire souvent référence à la notion de « déconnexion du réel », constituez une **liste de mots** pour éviter les répétitions : *se libérer de*, *libération* ; *s'éloigner* ; *s'évader*, *évasion* ; *imaginaire*, *imagination* ; *ne pas être en contact* ; *se séparer de* ; *rêve*, *rêver* ; *se détacher de* ; *s'enfuir*, *fuite* ; *rompre avec*, *rupture* ; *s'échapper*, *échappatoire*…

▶ **Pour réussir la dissertation** : voir guide méthodologique.
▶ **La poésie** : voir mémento des notions.

LA POÉSIE

CORRIGÉ 27

Nous vous proposons un plan très détaillé dans lequel vous devez rajouter des exemples en fonction de votre expérience personnelle et à partir duquel vous pouvez vous exercer à rédiger quelques parties du devoir.

Introduction

[Amorce] Il est difficile de définir la poésie, son rôle et ses fonctions. Pour certains, la poésie doit s'inspirer du quotidien ; pour d'autres, elle doit plutôt nous « déconnecter » du réel, grâce au pouvoir de l'imagination. Ces attitudes apparemment inconciliables sont pourtant complémentaires. [Problématique] Quelles doivent être les sources d'inspiration de la poésie ? [Annonce du plan] La poésie permet d'échapper à la réalité par l'intermédiaire d'étonnantes prouesses du langage et de l'imagination [I] mais elle ne s'en écarte pas forcément ; au contraire, elle la dévoile et en perce les mystères [II].

I. Intérêt de la poésie qui s'inspire du quotidien et du réel

Un poète latin, Horace, disait que la poésie est une « peinture ». Elle doit nous aider à nous rapprocher du monde réel, à le redécouvrir, à l'aimer.

1. Intérêt de la poésie attentive à la vie quotidienne

La poésie se nourrit du réel.

• La vie dans toute sa crudité : c'est la poésie réaliste et celle des sentiments.

[*Exemples*] Villon, « Ballade des pendus » (« plus becquetés d'oiseaux que dés à coudre) ; Baudelaire, « Une charogne » ; Ronsard, « Quand vous serez bien vieille… ».

• Le quotidien familier, dans ses petits détails qui nous entourent.

[*Exemples*] Poèmes du corpus ; Hugo, « Fenêtres ouvertes ».

• Le poète s'efforce de rendre le quotidien dans toute sa plénitude : poésie des objets, des choses de la vie et, selon le conseil de Reverdy : « considérer toutes choses comme inconnues et […] se promener ou […] s'étendre sous bois ou sur l'herbe, et […] reprendre tout au début ».

[*Exemples*] Ponge, *Le Parti pris des choses* ; Cadou « La maison du poète… ».

2. Intérêt de la poésie attentive au quotidien social, politique…

• La poésie peint le réel pour dévoiler, dénoncer : le poète veut nous faire prendre conscience de la réalité sociopolitique.

• Cette poésie est engagée : elle cherche à agir sur le réel, à l'améliorer pour que les lendemains soient meilleurs, parce que la poésie est une « arme chargée de futur » (Gabriel Celaya).

[*Exemples*] Les difficultés de la vie chez Guillevic (« La vie augmente ») ; la poésie de la liberté de Hugo (« Melancholia » sur le travail des enfants au XIXe siècle ; *L'Année terrible* contre l'analphabétisme) ; les poètes résistants (Desnos, « L'Honneur des poètes » ; Éluard, « Liberté »).

3. Intérêt de la poésie qui fait voir le quotidien sous un jour nouveau

• Le poète fait voir comme pour la première fois une réalité habituelle. La poésie montre « nues, sous une lumière qui secoue la torpeur, les choses surprenantes qui nous environnent et que nos sens enregistraient machinalement » (*Le Secret professionnel*, Cocteau). Comment ? En les mettant dans un autre contexte.

• La poésie fait découvrir les liens secrets entre les éléments du réel : le poète ne crée pas à partir de rien, mais combine, transfigure, transforme les éléments du réel, rapproche des réalités quotidiennes pour créer un nouveau monde.

[*Exemples*] Apollinaire, « Bergère ô Tour Eiffel, le troupeau des ponts bêle » ; Francis Ponge dans *Le Parti pris des choses* tisse des liens étranges entre « le Pain », l'espace et la nature par l'intermédiaire des comparaisons et métaphores surprenantes.

• Le poète « voyant » montre la réalité profonde : la poésie, mode de connaissance, dévoile le monde insoupçonné qui se cache derrière le mur de la rationalité. Elle fait comprendre « Le langage des fleurs et des choses muettes ».

[*Exemple*] Poésie symboliste.

4. La poésie du quotidien en redonnant leur réalité aux mots se rapproche du réel

• Il redonne aux mots du quotidien leur réalité d'origine.

• Elle exploite la multiplicité des sens des mots du quotidien. En poésie, le mot ne recouvre pas une réalité, mais toutes ses réalités, ses possibles. Sartre affirme que la poésie « ne se sert pas des mots comme la prose ; et même elle ne s'en sert pas du tout ; je dirais plutôt qu'elle les sert. […] Et comme le poète n'*utilise* pas le mot, il ne choisit pas entre des acceptions diverses et chacune d'elles […] se fond sous ses yeux avec les autres acceptions […]. Florence est ville et fleur et femme, elle est ville-fleur et ville-femme et fille-fleur tout à la fois » (*Qu'est-ce que la littérature ?*).

[Transition] Mais le poète peut aussi s'éloigner du quotidien.

II. Intérêt de la poésie qui éloigne du réel, fait rêver et imaginer…

1. Le poète et la poésie, par nature, ont un lien avec le rêve

• Le poète est un rêveur : il n'a pas les pieds sur terre. Charles Cros dans « Sonnet » : « Moi, je vis la vie à côté ». Pour Hugo, le poète est un « rêveur sacré », « homme des utopies », entre rêve et réalité, « Les pieds ici, les yeux ailleurs » *(Les Rayons et les Ombres).*

• La poésie parle du monde du rêve, des émotions, de l'indicible : ses thèmes sont le rêve, l'idéal, loin du réel.

• La réalité semble étrangère aux thèmes traités par la poésie : grandeur, beauté, désir d'évasion vers des destinations exotiques ou vers un monde de beauté idéale.

2. Le pouvoir d'évasion de la poésie qui fait oublier le réel

• La poésie permet de s'éloigner d'un lieu bien réel qui n'apporte que tristesse : la poésie de l'exil, de la nostalgie.

[*Exemples*] « Invitation au voyage », « Élévation » de Baudelaire ; « Images à Crusoé » où Saint-John Perse prête à Robinson Crusoé, revenu en Angleterre, le regret que lui-même éprouve des rivages tropicaux.

• Elle permet de s'éloigner d'une situation personnelle douloureuse, en la sublimant. Amour malheureux : « Poèmes à Lou » (Apollinaire) ; perte d'un être cher : « Demain dès l'aube » (Hugo), « Notre vie » (Éluard) ; perte de l'inspiration, doute sur ses talents créateurs : « La Cloche fêlée » (Baudelaire).

• Elle permet de s'éloigner d'un monde hostile et de la dureté de la condition humaine. Baudelaire, déchiré entre le spleen et l'aspiration à l'idéal dans « Élévation », veut s'envoler « bien loin de ces miasmes morbides ». Face à la dureté de la réalité, la poésie introduit le rêve.

[*Exemples*] Baudelaire veut s'évader hors du monde sur le mode serein (« Invitation au voyage »), sur le mode sensuel (« Parfum exotique »), sur le mode philosophique, mystique (« Élévation »).

3. La puissance de la poésie qui fait voyager et crée des univers nouveaux

• L'évocation, la résurrection poétique d'autres mondes, d'autres époques fait oublier une réalité qui dégoûte ou déprime.

[*Exemples*] Civilisations antiques, civilisations barbares chez les poètes parnassiens : Leconte de Lisle, (« Le Cœur d'Hialmar », « Le rêve du jaguar », *Poèmes barbares*) ; Hérédia (« Les Conquérants », *Les Trophées*).

• La recréation du monde ou la création d'un monde nouveau permet de fuir la logique de la réalité quotidienne. Le poète a le pouvoir d'inventer un autre monde, parfois féérique, ou de créer un monde nouveau par un « dérèglement de tous les sens » (Rimbaud).

[*Exemples*] Auteurs baroques du XVIIe siècle (Viau « Un corbeau croasse… ») ; poètes symbolistes (Rimbaud, « Aube » : « J'ai marché, réveillant les haleines vives et tièdes », *Les Illuminations*) ; les surréalistes du XXe siècle substituent à notre vision logique une nouvelle optique par des images insolites, des ellipses qui disloquent le réel : « Ma femme au dos d'oiseau qui fuit vertical » (« L'Union libre », André Breton), « La terre est bleue comme une orange » (*L'Amour, La Poésie*, Paul Éluard).

• Par l'humour et la fantaisie, le poète invente un monde de tous les possibles.

[*Exemple*] Prévert, « Pour faire le portrait d'un oiseau » (l'oiseau dessiné prend vie).

Finalement, la seule réalité, c'est le poème.

4. Pour fuir la « réalité » des mots

• La poésie permet de se déconnecter du réel en inventant de nouveaux mots.

[*Exemple*] Un « petit poème » passe et voici Queneau qui, par des néologismes équivoques l'« enpapouète », l'« enrime », l'« enrythme », l'« enlyre », l'« enpégase » (« L'instant fatal », *Pour un art poétique*).

• Le poète utilise les mots hors de leur acception quotidienne ou des mots rares. « La création poétique est d'abord une violence faite au langage. Son premier acte est de déraciner les mots » (Octavio Paz).

[*Exemples*] « Lampadophore » et « ptyx » (Mallarmé).

• Le poète nous déconnecte du réel en refusant les règles ordinaires de l'expression quotidienne : il détourne les lois du langage ordinaire. « Poète est celui qui rompt avec l'accoutumance » (Saint-John Perse).

Conclusion

Ne peut-on pas dépasser cette alternative : poésie du quotidien ou poésie de l'imaginaire ? En effet, l'imaginaire et surtout le rêve relèvent du quotidien du lecteur et le plus souvent s'en inspirent. En même temps, l'imaginaire permet de dévoiler le quotidien. [Ouverture] « Tout est sujet, tout a droit de cité » en poésie, affirme Hugo. Apollinaire lui fait écho quand il déclare : « Un mouchoir qui tombe peut être pour le poète le levier avec lequel il soulèvera tout un univers. »

SUJET 28

France métropolitaine • Juin 2013
Écriture poétique et quête du sens • 14 points

La chambre

Écriture d'invention

▸ À votre tour, écrivez un poème en prose ou en vers, qui évoquera la chambre de Vincent Van Gogh (document D). Votre poème prendra notamment appui sur la lettre à Théo mais devra refléter les sensations et sentiments personnels que vous inspire ce lieu. Vous vous appliquerez à proposer des images poétiques qui permettront de dépasser la simple description réaliste. Votre texte comprendra au minimum une trentaine de lignes ou de vers.

Se reporter au document D du sujet n° 25.

LES CLÉS DU SUJET

Comprendre le sujet

- **Genre :** « poème en prose ou en vers ».
- **Sujet :** « la chambre de Van Gogh », les « sensations et sentiments personnels » liés à cette chambre.
- **Type de texte :** « évoquera », « refléter » indiquent que le texte est descriptif.
- **Situation d'énonciation :** *qui ?* vous qui devient « je ».
- **Niveau de langue :** courant ou soutenu.
- « **Définition** » du texte à produire, à partir de la consigne.

Poème en prose ou en vers (*genre*), qui décrit (*type de texte*) la chambre de Van Gogh (*thème*), et rend compte (*type de texte*) de vos sensations et sentiments (*thème*), symbolique, imagé (*adjectifs*), pour donner une vision poétique d'un lieu en accord avec un état d'âme et en révéler son caractère profond (*buts*).

Chercher des idées

Il vous reste des **choix à faire.**

Le type de poème

- En vers (réguliers, irréguliers ou libres) ou en prose ? Si vous choisissez les vers, soyez attentif à la **versification.** Soignez la **mise en page**, l'utilisation des blancs, de la ponctuation.
- Utilisez des faits d'écriture poétique (voir plus bas).

Les sensations et sentiments

- Le **personnage** qui décrit est **impliqué** dans sa description (usage des indices personnels de la première personne du singulier).
- Les sentiments doivent être **en résonance avec les éléments de la lettre et du croquis** (et du tableau si vous le connaissez) : formes, couleurs, objets représentés, technique picturale, couleurs mentionnées dans la lettre…

Le registre

Il dépendra des sensations et sentiments ressentis. Il peut être : lyrique, élégiaque, pourquoi pas épique, humoristique ou satirique.

Les faits d'écriture

« Dépasser la simple description réaliste » suppose une métamorphose poétique du lieu. Vous devez recourir aux **faits d'écriture poétique** : typographie et mise en page originales, « images » (comparaisons, métaphores, personnifications, animalisations, métonymies), figures syntaxiques (anaphores, répétitions, modalité des phrases), hyperboles, jeu sur les mots et sur les sons.

▶ **Pour réussir l'écriture d'invention :** voir guide méthodologique.
▶ **La poésie :** voir mémento des notions.

CORRIGÉ 28

La chambre aux couleurs (in *Derrière les persiennes*, 2013)

De Hollande tu as oublié la grisaille
Pour capturer les vives couleurs de Provence
Et leur chaud miroitement dans les douces mailles
De tes pinceaux qui mènent leur joyeuse danse…

Ici, tout n'est qu'ordre et beauté,
Repos, calme et simplicité[1]

Les sages chaises jumelles d'un air benoît
Sont étonnées, Vincent, que tu ne sois pas là.
Quel ami attendent-elles silencieuses,
Comme de simples prie-Dieu sages et heureuses ?

Ici, tout n'est qu'ordre et beauté,
Repos, calme et sérénité

Cerise de ta bienveillante **C***ouverture…*
C*itron vif de tes doux oreillers qui rassurent…*
Portes de **L***ilas pur et* **L***avande des murs…*
Par les volets clos entre la douce **N***ature*

Ici, tout n'est qu'ordre et beauté,
Repos, calme et alacrité[2]

Le jour a les couleurs que lui donnent tes mains[3]
Tu expliques sans les mots la douceur très pure[4]
La fraîcheur, la lumière vive des matins
Habitent cette chambre où les tableaux murmurent

Ici, tout n'est qu'ordre et beauté,
Repos, calme et tranquillité

Presque nue, sans artifice, simple au repos
Elle m'invite, passant par un soleil trop chaud
Harassé. Mais quelle vive passion cache
Le bois sauvage, l'offrande d'eau dans ta cruche ?

Ici, tout n'est qu'ordre et beauté,
Repos, calme et complicité

Tout ce qu'enfle un soupir dans ta chambre est voilure[3] *:*
Meuble affable à la carrure de bûcheron,
Paysage sage, Miroir à réflexion…
Absent présent ton portrait au mur me rassure…
Reviendras-tu bientôt dans ton humble masure
Partager avec moi ton eau et ton azur ?

---

1. Le refrain est un pastiche (imitation) du refrain du poème de Baudelaire « Invitation au voyage ».
2. Vigueur, bonne humeur, entrain.
3. Vers emprunté au poème d'Aragon « Matisse parle ».
4. Vers pastiché du poème d'Aragon « Matisse parle ».

SUJET

29

France métropolitaine • Juin 2016
La question de l'homme • 6 points

Technologie, arts et littérature

Questions

Documents

A – **D'Alembert,** *Discours préliminaire*, in *Encyclopédie ou Dictionnaire raisonné des sciences, des arts et des métiers*, 1751.
B – **Jules Verne,** *Vingt mille lieues sous les mers*, première partie, chap. 12, « Tout par l'électricité », 1871.
C – **Albert Robida,** *Le Vingtième Siècle*, 1883.
D – **Michel Serres,** *Petite Poucette*, 2012.

▸ **1. Quelles sont les qualités reconnues aux inventions dans les documents du corpus ? (*3 points*)**
▸ **2. Comment le génie créatif associe-t-il rigueur scientifique et fantaisie dans les différents documents ? (*3 points*)**

Après avoir répondu à ces questions, les candidats devront traiter au choix l'un des trois sujets n°s 30, 31 ou 32.

DOCUMENT A

*Coordonnée et dirigée par Diderot et d'Alembert, l'*Encyclopédie *est un ouvrage emblématique du siècle des Lumières, qui cherche à établir la somme des connaissances scientifiques, des progrès techniques et des idées philosophiques du* XVIIIe *siècle. Le* Discours préliminaire *propose au lecteur un tableau synthétique des connaissances, qui réhabilite la place des arts mécaniques et des métiers.*

Le mépris qu'on a pour les arts mécaniques[1] semble avoir influé[2] jusqu'à un certain point sur leurs inventeurs mêmes. Les noms de ces bienfaiteurs du genre humain sont presque tous inconnus, tandis que l'histoire de ses destructeurs, c'est-à-dire des conquérants, n'est ignorée de personne. Cependant c'est peut-être chez les artisans qu'il faut aller chercher les preuves les plus admirables de la sagacité[3] de l'esprit, de sa patience et de ses ressources. J'avoue que la plupart des arts n'ont été inventés que peu à peu, et qu'il a fallu une assez longue suite de siècles pour porter les montres, par exemple, au point de perfection où nous les voyons. Mais n'en est-il pas de même des sciences ? Combien de découvertes qui ont immortalisé leurs auteurs, avaient été préparées par les travaux des siècles précédents, souvent même amenées à leur maturité, au point de ne demander plus qu'un pas à faire ? Et pour ne point sortir de l'horlogerie, pourquoi ceux à qui nous devons la fusée des montres[4], l'échappement[5] et la répétition, ne sont-ils pas aussi estimés que ceux qui ont travaillé successivement à perfectionner l'algèbre[6] ? D'ailleurs, si j'en crois quelques philosophes que le mépris de la multitude pour les arts n'a point empêchés de les étudier, il est certaines machines si compliquées, et dont toutes les parties dépendent tellement l'une de l'autre, qu'il est difficile que l'invention en soit due à plus d'un seul homme. Ce génie rare dont le nom est enseveli dans l'oubli, n'eût-il pas été bien digne d'être placé à côté du petit nombre d'esprits créateurs, qui nous ont ouvert dans les sciences des routes nouvelles ?

D'Alembert, *Discours préliminaire*, in *Encyclopédie ou Dictionnaire raisonné des sciences, des arts et des métiers*, 1751.

1. Arts mécaniques : sciences de la construction et du fonctionnement des machines.
2. Avoir influé : avoir eu un impact.
3. Sagacité : finesse et vivacité d'esprit.
4. Fusée des montres : pièce mécanique en forme de petite toupie allongée.
5. Échappement : mécanisme d'horlogerie qui règle le mouvement.
6. Algèbre : partie des mathématiques.

DOCUMENT B

Dans son ouvrage de science-fiction, Jules Verne imagine un fabuleux sous-marin, le Nautilus, *conçu et commandé par un étrange personnage, le capitaine Nemo. Dans cet extrait, ce dernier fait visiter au narrateur, le scientifique Aronnax, les différents espaces de son sous-marin.*

Je suivis le capitaine Nemo à travers les coursives[1] situées en abord, et j'arrivai au centre du navire. Là, se trouvait une sorte de puits qui s'ouvrait entre deux cloisons étanches. Une échelle de fer, cramponnée à la paroi, conduisait à son extrémité supérieure. Je demandai au capitaine à quel usage servait cette échelle.

« Elle aboutit au canot, répondit-il.

– Quoi ! vous avez un canot ? répliquai-je, assez étonné.

– Sans doute. Une excellente embarcation, légère et insubmersible, qui sert à la promenade et à la pêche.

– Mais alors, quand vous voulez vous embarquer, vous êtes forcé de revenir à la surface de la mer ?

– Aucunement. Ce canot adhère à la partie supérieure de la coque du *Nautilus*, et occupe une cavité disposée pour le recevoir. Il est entièrement ponté[2], absolument étanche, et retenu par de solides boulons. Cette échelle conduit à un trou d'homme percé dans la coque du *Nautilus*, qui correspond à un trou pareil percé dans le flanc du canot. C'est par cette double ouverture que je m'introduis dans l'embarcation. On referme l'une, celle du *Nautilus* ; je referme l'autre, celle du canot, au moyen de vis de pression ; je largue les boulons, et l'embarcation remonte avec une prodigieuse rapidité à la surface de la mer. J'ouvre alors le panneau du pont, soigneusement clos jusque-là, je mâte[3], je hisse ma voile ou je prends mes avirons, et je me promène.

– Mais comment revenez-vous à bord ?

– Je ne reviens pas, monsieur Aronnax, c'est le *Nautilus* qui revient.

– À vos ordres !

– À mes ordres. Un fil électrique me rattache à lui. Je lance un télégramme[4], et cela suffit.

– En effet, dis-je, grisé par ces merveilles, rien n'est plus simple ! »

Après avoir dépassé la cage de l'escalier qui aboutissait à la plate-forme, je vis une cabine longue de deux mètres, dans laquelle Conseil et Ned Land[5], enchantés de leur repas, s'occupaient à le dévorer à belles dents. Puis, une porte s'ouvrit sur la cuisine longue de trois mètres, située entre les vastes cambuses[6] du bord.

Là, l'électricité, plus énergique et plus obéissante que le gaz lui-même, faisait tous les frais de la cuisson. Les fils, arrivant sous les fourneaux, communiquaient à des éponges de platine une chaleur qui se distribuait et se maintenait régulièrement. Elle chauffait également des appareils distillatoires[7] qui, par la vaporisation, fournissaient une excellente eau potable. Auprès de cette cuisine s'ouvrait une salle de bains, confortablement disposée, et dont les robinets fournissaient l'eau froide ou l'eau chaude, à volonté.

À la cuisine succédait le poste de l'équipage, long de cinq mètres. Mais la porte en était fermée, et je ne pus voir son aménagement, qui m'eût peut-être fixé sur le nombre d'hommes nécessité par la manœuvre du *Nautilus*.

Jules Verne, *Vingt mille lieues sous les mers*, 1871.

1. Coursive : couloir étroit à l'intérieur d'un navire.
2. Ponté : qui est muni d'un pont.
3. Mâter : installer le mât d'un bateau.
4. Télégramme : message envoyé à distance par télégraphe ou téléphone.
5. Conseil et Ned Land sont deux compagnons d'expédition d'Aronnax.
6. Cambuse : pièce de stockage des réserves de nourriture sur un bateau.
7. Appareil distillatoire : appareil permettant de purifier l'eau.

DOCUMENT C

Cette gravure intitulée « Station centrale des aéronefs[1] à Notre-Dame[2] » est extraite de l'œuvre de science-fiction Le Vingtième Siècle, *réalisée par Albert Robida, dessinateur, journaliste et écrivain du XIXe siècle. Il imagine dans cet ouvrage le Paris du futur, transformé par les évolutions techniques.*

Collection KHARBINE – TAPABOR

Albert Robida, *Le Vingtième Siècle*, 1883.

1. Aéronef : appareil capable de se diriger dans les airs.
2. Notre-Dame : la cathédrale de Paris est un des monuments les plus célèbres de la capitale.

DOCUMENT D

Michel Serres désigne, sous l'expression « Petite Poucette », la nouvelle génération, dont il admire la capacité à écrire et à envoyer rapidement des messages avec les deux pouces. À la fin de son livre, il imagine une structure originale, symbole d'un nouveau rapport au savoir et de cette génération connectée et mobile.

Michel Authier[1], concepteur génial, avec moi, son assistant, projetons d'allumer un feu ou de planter un arbre face à la tour Eiffel sur la rive droite de la Seine. Dans des ordinateurs, dispersés ailleurs ou ici, chacun introduira son passeport, son Ka[2], image anonyme et individuée, son identité codée, de sorte qu'une lumière laser, jaillissante et colorée, sortant du sol et reproduisant la somme innombrable de ces cartes, montrera l'image foisonnante de la collectivité, ainsi virtuellement formée. De soi-même, chacun entrera en cette équipe virtuelle et authentique qui unira, en une image unique et multiple, tous les individus appartenant au collectif disséminé, avec leurs qualités concrètes et codées. En cette icône[3] haute, aussi haute que la tour, les caractéristiques communes s'assembleront en une sorte de tronc, les plus rares en des branches et les exceptionnelles en feuillages ou bourgeons. Mais comme cette somme ne cesserait de changer, que chacun avec chacun et que chacun après chacun se transformerait de jour en jour, l'arbre ainsi levé vibrerait follement, comme embrasé de flammes dansantes.

Face à la Tour[4] immobile, ferreuse, portant, orgueilleuse, le nom de l'auteur et oublieuse des milliers qui ferraillèrent l'ouvrage, dont certains moururent là, face à la Tour porteuse, en haut, de l'un des émetteurs de la voix de son maître, dansera, nouvelle, variable, mobile, fluctuante, bariolée, tigrée, nuée, marquetée[5], mosaïque, musicale, kaléidoscopique, une tour volubile en flammèches[6] de lumière chromatique, représentant le collectif connecté, d'autant plus réelle, pour les données de chacun, qu'elle se présentera virtuelle, participative – décidante quand on le voudra. Volatile, vive et douce, la société d'aujourd'hui tire mille langues de feu au monstre d'hier et d'antan, dur, pyramidal et gelé. Mort.

Michel Serres, *Petite Poucette*, 2012.

1. Michel Authier : mathématicien, philosophe et sociologue contemporain.
2. Ka : force vitale d'un être et passeport vers l'au-delà, dans la mythologie égyptienne.
3. Icône : image sacrée ; personne ou chose qui est un symbole.
4. La Tour désigne ici la tour Eiffel.
5. Marquetée : marquée de couleurs, de dessins variés.
6. Flammèches : petites flammes, étincelles.

LES CLÉS DU SUJET

Question 1

- Relevez les expressions qui mettent en valeur les **points positifs** des inventions mentionnées.
- Classez-les selon le **type de qualités** qu'elles soulignent.
- **Construisez** votre réponse : un paragraphe par qualité mentionnée, illustrée par des **exemples empruntés à tous les textes**.

Question 2

- La question distingue **deux façons de penser** : la « rigueur » scientifique (logique, précision, rationalité) qui est intellectuelle et relève de la **science**, et la « fantaisie » (imaginaire, originale) qui relève de l'**imaginaire**.
- Relevez les expressions correspondant à ces deux façons de penser.
- Repérez celles qui dominent dans chaque document, et expliquez **pourquoi**.
- N'oubliez pas d'analyser aussi la **gravure**.
- Accompagnez chaque remarque d'**exemples précis** tirés des différents textes.

▶ **Pour réussir les questions** : voir guide méthodologique.
▶ **La question de l'homme** : voir mémento des notions.

CORRIGÉ 29

Les titres en couleur servent à guider la lecture mais ne doivent pas figurer sur la copie.

Question 1

[Amorce] La littérature s'est toujours fait l'écho des prouesses du génie humain, soit pour s'en étonner soit pour en évoquer les dangers. [Présentation du corpus] Ainsi, au XVIIIe siècle, d'Alembert, dans l'*Encyclopédie*, mentionne avec émerveillement les « montres ». Au XIXe siècle, Jules Verne, dans *Vingt Mille Lieues sous les mers*, invente un sous-marin fabuleux et Albert Robida dessine une « Station centrale des aéronefs à Notre-Dame ». À notre époque, Michel Serres, dans *Petite Poucette*, imagine un « arbre » « virtuel » qui collectera toutes les données de la génération connectée. [Problématique] Tous mettent en valeur les qualités de ces « inventions », réelles ou imaginaires.

• Ces « inventions » stimulent l'intelligence et les potentialités du « génie » humain et, comme le souligne le lexique mélioratif (« perfection », « prodigieuse », « génial »), sont la confirmation de son ingéniosité.

• Une fois réalisées, elles répondent aux aspirations des hommes : aller plus vite, « se promener » en toute sécurité et dans le confort pour le *Nautilus* ; se libérer des lois physiques (gravitation, pression de l'eau...), se déplacer avec les aéronefs, ou encore se restaurer en jouissant d'une belle vue pour Robida ; s'informer pour Michel Serres.

• Elles joignent l'utile à l'agréable : génératrices de progrès techniques, elles sont aussi utiles à l'homme dont elles facilitent la vie, notamment par leur rapidité, soit dans les déplacements (*Nautilus*, aéronefs), soit dans la transmission de l'information (la tour virtuelle est « vive »). Complexes et bien agencées, elles ont des qualités esthétiques (éléments architecturaux dans la gravure ; formes, effets de couleurs et de lumière chez Serres).

• Elles permettent à l'homme de dominer peu à peu le monde dans des domaines qu'il ne maîtrisait pas auparavant (le temps, la mer, les airs, la collection de l'information).

• Elles ont aussi une vertu sociale et humaine : elles créent du lien, une solidarité entre les hommes du passé, du présent et du futur. D'abord dans leur conception : d'Alembert souligne que l'invention est le résultat des travaux de plusieurs « artisans » au cours des « siècles précédents » ; Michel Serres travaille en collaboration avec « Michel Authier », dont il est l'« assistant ». Puis, une fois réalisées, elles établissent des liens entre leurs utilisateurs qui bénéficient de la contribution du « collectif connecté » (Serres). Dans la gravure de Robida, une multitude de personnes profitent en groupe de la station centrale et de l'aéronef et la gravure établit le lien entre le passé (Notre-Dame) et l'avenir (montgolfière en haut à gauche).

• Pour mettre en valeur ces qualités qui confinent au merveilleux, les auteurs recourent à des faits d'écriture ou de graphisme qui traduisent leur admiration : énumération de termes élogieux (Serres), abondance de détails dans la gravure de Robida, hyperboles (Verne : « les plus admirables »...), rythme ample des phrases, exclamations (Verne), adverbes intensifs (« combien », « si », « plus/plus »...), images mélioratives (« des routes nouvelles », d'Alembert).

Attention !
Lorsque la consigne parle de « documents », n'oubliez pas d'analyser aussi les documents iconographiques.

[Conclusion] Cependant, chez Verne et chez Serres, l'admiration se teinte d'une certaine appréhension devant cette technique qui, personnifiée, risque de devenir plus puissante que l'homme et de le dépasser.

Question 2

Cette question est traitée sous forme de plan. Vous devez la rédiger à la manière de la question 1 en choisissant les idées qui vous semblent les plus appropriées.

[Introduction] Les documents, pour évoquer les inventions, allient la rigueur scientifique et logique à la fantaisie imaginative, chacun dans une proportion différente.

1. La rigueur scientifique

- Termes techniques et description précise des inventions, avec leurs différentes « parties » : d'Alembert : « montres/fusée » ; Verne : « échelle de fer, coque, cavité, double ouverture, boulons, voile, avirons, cambuses, fourneaux, poste d'équipage », parties évoquées avec des détails minutieux (précision de la gravure, avec son horloge, ses escaliers).
- Précision des étapes de leur conception avec des références à la chronologie (d'Alembert : « préparées/siècles précédents/suite de siècles »).
- Langage des mathématiques : d'Alembert : « algèbre » ; Verne : chiffres (« deux mètres/trois mètres/cinq mètres ») ; Serres : « somme innombrable », ou de la physique : Verne : « électricité/fil électrique/gaz électrique/télégramme/appareils distillatoires/platine/chaleur/vaporisation » ; Serres : « lumière laser ».
- Explication du fonctionnement, avec des verbes de mouvement qui renvoient à la manipulation mécanique : Verne : « usage/servait/aboutit à/pour le recevoir/conduit à/j'ouvre » ; Serres : « chacun introduira/entrera ».
- Mention des potentialités et des progrès générés par les inventions (voir question 1).
- Vocabulaire de la logique : d'Alembert : « preuves » ; connecteurs logiques : « tandis que/cependant/de même/au point de/d'ailleurs ».
- Cette rigueur est la dominante du texte de d'Alembert qui recourt à l'argumentation directe, date du siècle des Lumières, celui de la raison, et figure dans l'*Encyclopédie*, ouvrage didactique et dont le raisonnement procède explicitement par comparaison des « arts mécaniques » avec les « sciences ».

2. La fantaisie imaginative

• Télescopage du temps : passé, présent, futur se mêlent. Dans la gravure, association d'éléments anciens (Notre-Dame) et modernes (restaurant suspendu dans les airs) ; le *Nautilus* est fait d'éléments du passé réels, qui, assemblés, construisent une embarcation du futur fictive.

• Situations fantasques : vie sous la mer (Verne) et dans les airs (Robida) aussi normale et confortable que sur terre.

• Assemblage d'éléments hétéroclites : éléments végétaux, animaux, architecturaux et techniques dans la gravure où ciel et mer se confondent (poissons dans le ciel) ; Serres : métal, feu, végétaux, humains.

• Métamorphoses à travers les métaphores : Robida : Notre-Dame transformée en base de décollage, montgolfière en forme de poisson ; Serres : la Tour (Eiffel) devenue « monstre », la Tour porteuse devenue une « sorte de tronc », un arbre de feu (métaphore filée de l'arbre), « tigrée, mosaïque, kaléidoscopique ».

• Animation par les personnifications : Verne : l'électricité « obéissante » ; Serres : la Tour (Eiffel) « orgueilleuse/oublieuse », l'autre tour « participative, décidante ».

• Tous les sens sollicités, jeu sur les couleurs et les lumières (Serres : « chromatique/flammèches ») et les sons (Serres : « voix/volubile »).

• Amplification créée par les hyperboles : termes laudatifs et superlatifs dans les trois textes ; élévation et superposition dans la gravure.

• Ton épique créé par le rythme ample des phrases dans les trois textes.

• Poétisation du texte de Serres par des accumulations et énumérations étourdissantes.

• Un certain humour dans la gravure (éléments surréalistes) et le texte de Serres.

[Conclusion] Par l'association de la rigueur scientifique et de la fantaisie imaginative, les auteurs rendent compte du mélange de deux univers, tout en convainquant et persuadant leurs lecteurs.

SUJET 30

France métropolitaine • Juin 2016
La question de l'homme • 14 points

Technologie, arts et littérature

Commentaire

▶ Vous ferez le commentaire du document B (texte de Jules Verne) en vous aidant du parcours de lecture suivant.

1. Vous montrerez comment le texte valorise Nemo, l'inventeur du *Nautilus*.
2. Vous analyserez les éléments qui contribuent à donner du *Nautilus* une image extraordinaire.

Se reporter au document B du sujet n° 29.

LES CLÉS DU SUJET

Trouver les idées directrices

- Faites la « **définition** » du texte pour trouver les axes (idées directrices).

> Extrait de roman de science-fiction comportant du dialogue (*genre*) qui décrit (*type de texte*) le capitaine Nemo [indirectement] et son sous-marin [directement] (*thème*), didactique (*registre*), précis, visuel, scientifique, technique, élogieux (*adjectifs*), pour informer sur la technologie moderne, pour compléter le portrait du protagoniste (*buts*).

Pistes de recherche

Première piste : les qualités du capitaine Nemo

- Le portrait du capitaine est dessiné indirectement. Étudiez le comportement de Nemo avec Aronnax.
- Comment Nemo s'exprime-t-il ? Étudiez son langage.
- Qu'est-ce qui montre ses compétences techniques ?

Deuxième piste : le *Nautilus*, une création extraordinaire

- Quelle impression se dégage du *Nautilus* lorsque l'on se trouve dedans ?
- Qu'a-t-il d'impressionnant ?
- Qu'est-ce qui montre : son mystère ? sa modernité ?

▶ **Pour réussir le commentaire** : voir guide méthodologique.
▶ **La question de l'homme** : voir mémento des notions.

CORRIGÉ 30

Les titres en couleur et les indications entre crochets servent à guider la lecture mais ne doivent pas figurer sur la copie.

Introduction

[Amorce] À la fin du XIXe siècle, Jules Verne invente le « roman de la science », une encyclopédie romanesque du savoir moderne avec des héros aventuriers lancés dans des voyages imaginaires, dans des mondes connus ou ignorés, dans les profondeurs de la terre ou des mers... [Présentation du texte] L'épopée mythique du capitaine Nemo et de son sous-marin le *Nautilus* est une nouvelle *Odyssée* – Ulysse crie au cyclope Polyphème qu'il vient d'aveugler et qui lui demande son nom : « Je m'appelle *Personne* » et Nemo, le nom latin que s'est donné ce mystérieux capitaine, signifie justement « personne » ! Nemo a recueilli à bord du *Nautilus* trois naufragés, dont un scientifique, le professeur Aronnax, auquel il fait visiter son extraordinaire sous-marin. [Annonce des axes] Nemo, fugitif et vengeur, est un être exceptionnel par ses qualités personnelles et ses connaissances techniques [I] qui lui ont permis de faire de sa créature, le *Nautilus*, une merveilleuse réalisation, qui se transforme en une vision épique et tragique à la fois [II].

I. Un passage qui met en valeur l'étendue des qualités du capitaine Nemo

Ce passage établit clairement les qualités exceptionnelles de ce héros, qualités humaines et qualités intellectuelles, scientifiques et techniques.

1. Un certain ascendant et les certitudes d'un capitaine expérimenté

• Il se dégage de cet homme une autorité naturelle qui en impose à ceux qui l'approchent. Le narrateur – le professeur Aronnax – est impressionné par l'ascendant que Nemo exerce sur lui. Le capitaine lui fait l'honneur d'une visite

QUESTION DE L'HOMME

guidée et commentée du sous-marin, dans lequel il se déplace sans hésiter, avec aisance. Aronnax l'interroge, l'accompagne (« je suivis ») et l'écoute sans familiarité, avec respect et attention, tel un élève écoutant son maître.

• Nemo a une connaissance parfaite du *Nautilus* et il en explique avec précision le fonctionnement, comme celui du canot qui sert d'annexe au sous-marin. Son exposé, relativement long, est d'une très grande clarté. Il se met en scène à la première personne, sans forfanterie ni fausse modestie : il est le sujet d'une longue série de verbes d'action au présent d'énonciation, décrivant les opérations successives qui permettent l'accès, le largage et le retour du canot-annexe (« je m'introduis, je referme, je largue, j'ouvre, je mâte… »). On a l'impression d'assister très exactement à cette routine qui se déroule sans la moindre anicroche parce que tout a été pensé, prévu, calculé.

• Nemo n'a pas le moindre doute sur les capacités de son engin et de nombreux termes superlatifs soulignent le soin apporté à tous les détails : le canot est une « excellente » embarcation, il est maintenu par de « solides boulons », « entièrement ponté », « absolument étanche », « soigneusement clos »…

2. Une autorité sereine, accompagnée de froideur et de courtoisie

• L'autorité du capitaine est indiscutable : tout lui obéit. Le *Nautilus*, personnifié, est à ses « ordres » et revient le chercher quand il a fini sa pêche ou sa promenade à la surface de l'océan. Même l'électricité qui fait vivre et fonctionner le sous-marin a été choisie comme source d'énergie parce qu'elle est « plus obéissante ». Sa volonté seule « suffit » pour que ses ordres soient exécutés et, dès lors, « rien n'est plus simple » que la vie à bord.

• Nemo peut paraître un peu froid, mais il s'adresse avec courtoisie au professeur et lui donne du « Monsieur Aronnax ». Psychologue, il a reconnu chez le scientifique un homme de valeur, un pair capable de comprendre et d'apprécier les qualités du *Nautilus*. On pourrait même déceler un peu d'amusement chez Nemo devant la stupéfaction d'Aronnax quand il décrit, avec un léger humour, l'énorme sous-marin qui « revient » le chercher lors de ses sorties en mer, comme un chien obéissant.

3. Un inventeur génial

• Ce capitaine est aussi un ingénieur, un inventeur génial. Esprit novateur, il a su tirer parti des découvertes les plus récentes, comme l'électricité, et des propriétés d'un matériau rare, la « mousse de platine ». Il a trouvé des solutions aux défis posés par les lois physiques, notamment les énormes pressions que le sous-marin subit quand il est en plongée, et il a inventé des « appareils distillatoires » pour assurer l'autonomie en eau du *Nautilus*.

• Il se sert de termes techniques précis qui donnent l'impression de lire des schémas d'une extrême clarté : là où Aronnax décrit d'une façon approximative « une sorte de puits qui s'ouvr[e] entre deux cloisons étanches », Nemo donne des éclaircissements avec les mots justes : « trou d'homme », « vis de pression ».

• Il partage son savoir en utilisant un discours pédagogique très clair, didactique mais sans excès, aux phrases déclaratives. L'écoute admirative du professeur Aronnax donne la mesure de l'étendue des compétences techniques de Nemo : il s'avoue « grisé par ces merveilles » que lui expose le capitaine-ingénieur et son étonnement se marque dans la forme exclamative de ses phrases et quelques interjections.

II. Le *Nautilus*, une création extraordinaire

Il faut bien reconnaître que le *Nautilus* est une création extraordinaire. L'admiration des visiteurs témoigne des « merveilles » qu'ils découvrent et Aronnax – un savant au fait des plus récentes découvertes – n'a pas de mots assez forts pour exprimer sa stupéfaction : il est « grisé » alors que ses camarades, plus terre à terre, sont « enchantés » par leur repas.

1. Un microcosme autonome, protecteur et mystérieux

• Le *Nautilus* est un véritable univers flottant, un microcosme autonome et protecteur tout entier au service exclusif de Nemo et de son équipage. Tout y est parfaitement fonctionnel et répond aux besoins physiologiques et hygiéniques de ses occupants ainsi qu'à leurs loisirs.

• Il est adapté à la taille de l'homme, à son confort, à ses déplacements à l'intérieur (par exemple pour accéder au canot, grâce à une échelle, à des « trous d'homme ») et à l'extérieur (pour avoir la possibilité de quitter le sous-marin et d'y revenir). Il tire de la mer toutes ses ressources (boisson, nourriture, hygiène) et fonctionne à l'électricité, une énergie « obéissante » et propre au service de Nemo et de l'équipage.

• Le bâtiment conserve cependant une dimension mystérieuse : on pourrait se perdre dans le labyrinthe de ses « vastes » coursives et seul le capitaine y retrouve son chemin. Des portes restent fermées et gardent le secret sur les pièces auxquelles elles donnent accès, sur « le nombre d'hommes nécessité par la manœuvre du *Nautilus* ».

2. Une taille impressionnante : une réalisation technique extraordinaire

• Quelques indications permettent à Aronnax d'évaluer les dimensions impressionnantes du sous-marin : « vastes cambuses », « cabine longue de deux mètres », « trois mètres » pour la cuisine, « cinq mètres » pour le poste d'équipage.

• Le *Nautilus* est pourvu des équipements les plus modernes. Le bois – matériau traditionnel des bateaux – est ici remplacé par le « fer », dont l'utilisation se généralise au XIXe siècle (locomotive, tour Eiffel). Le « canot » qui lui sert d'annexe s'intègre parfaitement à son architecture. Le gaz, dont l'utilisation est pourtant récente, est supplanté par l'électricité, combinée à des matériaux rares et aux propriétés récemment découvertes comme la « mousse de platine ». On trouve à bord des appareils sophistiqués de désalinisation, à l'image de ceux qui équipent actuellement les sous-marins nucléaires pour assurer leur autonomie. Enfin, même si ce n'est pas encore l'intranet, on communique à bord par « télégramme » !

Conclusion

Cette page – comme l'ensemble du roman – est un hymne au progrès. [Ouverture] On peut cependant avoir quelques réserves quant à cette prodigieuse réussite. En effet, cette harmonie est autosuffisante : Nemo, paradoxalement, est un misanthrope, en lutte contre la société dont il veut se venger. Le *Nautilus* est son refuge, mais c'est aussi une arme dont il peut se servir avec une extrême violence, ce qui résume bien l'ambiguïté, la dualité de la science. Nemo ne partage ni l'esprit de coopération de d'Alembert ou de Serres, ni l'aimable fantaisie de Robida avec ses ballons poissons volants.

SUJET 31

France métropolitaine • Juin 2016

La question de l'homme • 14 points

Technologie, arts et littérature

Dissertation

▸ **Comment, selon vous, la littérature et les arts peuvent-ils prendre appui sur les objets technologiques pour enrichir leur création ?**
Vous appuierez votre développement sur les documents du corpus, les textes étudiés pendant l'année et vos connaissances personnelles, littéraires ou artistiques.

Les textes du corpus sont reproduits dans le sujet n° 29.

LES CLÉS DU SUJET

Comprendre le sujet

- **De quoi allez-vous parler ?** des « objets technologiques ».
- **Sous quel angle ?** leur intérêt pour « la littérature » et les « arts ».
- « Comment… peuvent-ils prendre appui ? » = de quelle manière les artistes peuvent-ils tirer parti des objets technologiques et dans quels buts ? Cela suggère d'analyser les **atouts de ces objets mais aussi la manière de** les utiliser.
- « **enrichir leur création** » = donner de l'efficacité (divertissante, argumentative) à l'œuvre.
- Le **présupposé du sujet** est : *Les artistes peuvent tirer parti des objets technologiques dans leur création.* La consigne n'autorise pas de partie de discussion (donc pas de plan dialectique).
- La **problématique** est donc : ***Pourquoi, comment** les objets technologiques peuvent-ils servir un projet artistique ?*

Chercher des idées

- **Réfléchir sur la notion d'« objets technologiques » :** ils s'opposent aux objets naturels, qui n'ont subi aucune transformation, et répondent à un besoin de l'homme.

QUESTION DE L'HOMME

• Scinder la problématique en **sous-questions :** *Pourquoi de tels sujets peuvent-ils* ***plaire*** *?* ***servir une argumentation*** *? Quel peut être leur efficacité : dans une trame narrative ? dans une argumentation ? De quelle manière les auteurs peuvent-ils s'en servir ?*
• Les exemples peuvent être empruntés à tous les genres et à tous les arts.

▶ **Pour réussir la dissertation** : voir guide méthodologique.
▶ **La question de l'homme :** voir mémento des notions.

CORRIGÉ 31

Ce corrigé se présente sous forme de plan ; vous devez y ajouter vos propres exemples. Les titres en couleur et les indications entre crochets servent à guider la lecture mais ne doivent pas figurer sur la copie.

Introduction

[Amorce] La technologie et l'art, l'une concrète, scientifique et utilitaire, l'autre lié à l'imaginaire et à la fantaisie, sont deux domaines apparemment peu conciliables. Pourtant, leurs liens se marquent dans le langage : on parle aussi bien de « créations » technologiques que de « créations » artistiques. L'œuvre d'art est réalisée, comme l'objet technique, avec des outils, des savoir-faire ; dans les musées, on admire aussi bien des œuvres d'art (peintures, sculptures…) que des objets techniques (vieux outils). À partir du XIXe siècle, les arts et la littérature annexent les objets du monde moderne. [Problématique] Comment résoudre le paradoxe entre l'utile le plus terre-à-terre et l'œuvre d'art qui s'adresse aux émotions et à la pensée ? Comment les artistes peuvent-ils tirer parti des objets technologiques pour enrichir leur création ? [Annonce du plan] Inclus dans l'œuvre, ils ont une fonction descriptive et narrative. [I] Transformés, ils ouvrent des horizons sur le monde et prennent une fonction argumentative dans la création. [II] Dévoilés et interprétés, ils peuvent prendre une valeur symbolique [III].

I. Inclure les objets technologiques dans l'œuvre : comment et dans quel but ?

1. La technologie pour décrire la société et « faire vrai »

• Les objets technologiques font partie de la réalité. Or, si l'art a pour but de restituer cette réalité, il faut les intégrer dans la création : grâce à eux, écrivains et artistes donnent une image plus authentique de la société moderne dans sa réalité scientifique et industrielle. Ex. : le poète Émile Verhaeren décrit les machines à vapeur, les métiers à tisser dans « Les Usines » ; en peinture : les tableaux *La Locomotive* ou *Le Train sous la neige*, de Claude Monet, les locomotives de Turner ; en musique : *Pacific 231*, de Honegger, accompagne le film *La Roue* d'Abel Gance, inspiré par la révolution technologique du début du XXe siècle.

• Mieux encore : dans une œuvre fictive, l'objet technologique crée l'illusion du vrai : Zola et la révolution industrielle (la Lison dans *La Bête humaine*, l'alambic dans *L'Assommoir*).

• Il peut aussi servir à mettre en valeur l'inventivité de son créateur : dans le poème « Avion », Apollinaire rend hommage à Adler.

2. Donner à l'objet un rôle dans l'économie de l'œuvre

• Sans qu'il en soit le sujet, l'objet technologique peut servir de fil conducteur à toute l'œuvre : dans le poème « La Prose du Transsibérien », le train est le fil d'Ariane du récit et de la méditation de Blaise Cendrars.

• Les artistes et les écrivains peuvent lui donner un rôle dans la trame narrative de leur œuvre, parfois comme personnage ou sujet principal (la Lison dans *La Bête humaine*, de Zola ; les robots, en littérature et au cinéma ; l'ordinateur Hall-9000 dans *2001, L'Odyssée de l'espace*, de Kubrick ; la sculpture « Consigne à vie » [1985], d'Arman, accumulation de valises en bronze), parfois comme adjuvants (le *Nautilus*), ou obstacles/opposants (l'alambic dans *L'Assommoir*, de Zola).

• Il peut aussi éclairer les autres personnages d'un roman : le *Nautilus* en dit long sur Nemo ; les engins qui peuplent les récits de la deuxième moitié du XIXe siècle s'humanisent par leur relation particulière avec l'un des personnages et sont ainsi dévoilés par les humains : les frontières de l'objet et de l'humain sont modifiées par le traitement métaphorique (la Lison, dans *La Bête humaine*, est à la fois objet et femme).

3. Montrer le potentiel artistique de ces objets

• L'artiste peut aussi présenter l'objet technologique comme un chef-d'œuvre mécanique (le bateau *La Durande* dans *Les Travailleurs de la mer*, chez Hugo).

• L'objet technologique peut également être présenté comme un prodige de fantaisie, qui concurrence les objets d'art : le *Nautilus* ; le gigantesque éléphant à vapeur amphibie de *La Maison à vapeur*, de Verne ; la Station centrale de Robida ; dans *Consigne à vie*, les valises empilées par Arman sont élevées, par la noblesse du bronze et par leur agencement, au rang de statue classique.

II. Transformer les objets technologiques : comment et dans quel but ?

1. Créer des mondes imaginaires pour faire rêver

• L'objet est alors un tremplin de création, qui stimule la fantaisie, crée la poésie, et parfois même l'humour : les *Montres molles*, de Dali.

• Ils sont parfois créés par des assemblages d'éléments hétéroclites : la gravure de Robida, le « pianocktail » de Vian dans le roman *L'Écume des jours*.

• Laissant le champ libre à une inventivité totale, ces créations à part entière font rêver et renvoient à des mondes imaginaires qui permettent l'évasion.

2. Transformer un objet pour créer un monde de science-fiction fascinant

• En devançant la science par le mélange du présent et du futur : le « monstre » de *Frankenstein ou le Prométhée moderne* (roman de Mary Shelley), être assemblé avec des parties de chairs mortes (passé) qui prend vie (futur) ; la XFLR6, fusée lunaire à moteur atomique dans la bande-dessinée *Objectif Lune* d'Hergé.

• En imaginant les applications futures d'une invention nouvelle pour tenter de résoudre la question du bonheur humain (machine qui abolit l'effort, monde idéal, Tour de Serres).

• En imaginant des mondes utopiques où sont repoussées les limites imposées à l'homme par la nature : conquête des mers (Verne) ou du cosmos (saga cinématographique de *Star Wars*, gravure de Robida).

3. Transformer un objet et s'interroger sur l'homme

L'objet technologique peut prendre une forte valeur argumentative :

– de dénonciation, dans le présent : « Melancholia », de Hugo, montre les enfants sous « les meules », « les dents d'une machine sombre » ; *Les Villes tentaculaires*, de Verhaeren ; *Germinal*, de Zola ; « Les machines » de Maurice Carême « Qui nous broient dans leurs rets » ;

– d'avertissement sur les dérives scientifiques et humaines, dans le futur, quant aux implications de nos inventions : clonage, manipulations génétiques : *Le Meilleur des mondes* d'Huxley ou *1984* d'Orwell ; *Bienvenue à Gattaca* de Niccol, avec sa société technologique qui pratique l'eugénisme ; l'engin de mort nucléaire dans *Docteur Folamour* de Kubrick ; les hubots, envahisseurs mi-humains mi-robots, de la série *Real Humans*, qui ont un port USB sur la nuque.

III. Détourner un objet et lui donner un nouveau sens

1. Dévoiler l'objet en « prenant son parti », le faire découvrir

• En en montrant les aspects cachés : « Le poêle », « La radio », de Ponge ; les *Tour Eiffel* de Delaunay ; *Les Mariés de la tour Eiffel* de Chagall ; le calligramme « Tour Eiffel » d'Apollinaire, transformé en « bergère » dans « Zone ».

• En le détournant de sa fonction première pour surprendre : compressions de voitures de César ; selle de vélo devenant une tête de taureau chez Picasso.

2. Donner à l'objet un nouveau sens, souvent symbolique

• En y « voyant » autre chose : le peintre plasticien Duchamp crée *Roue de bicyclette* (une roue pouvant tourner fixée sur un tabouret) et explique : « J'aimais la regarder comme j'aime regarder le mouvement d'un feu de cheminée. »

• En lui donnant une valeur symbolique : les *Montres molles*, de Dali, symbolisent le temps qui (s'é)coule ; « L'Horloge » de Baudelaire est une allégorie qui renvoie au combat de l'homme contre le temps qui passe ; *L'Heure de tous*, la sculpture d'Arman, peut prêter à interprétation : si l'heure est différente pour tous, le temps est le même pour tous, ou représenter la tyrannie du temps. L'alambic de *L'Assommoir* (Zola) symbolise les dangers que fait courir l'alcool à toute la société.

Conseil
Faites-vous un « stock » de références artistiques variées, pas seulement littéraires, pour enrichir aussi bien une dissertation qu'une écriture d'invention.

3. Le paradoxe résolu : l'interaction entre la technologie et l'art

• Ces utilisations et ces « traitements » montrent que les objets technologiques peuvent inspirer et enrichir la création littéraire et artistique. Par un va-et-vient constant, ces deux domaines interagissent et s'enrichissent l'un l'autre.

• L'art, la littérature peuvent aussi être source d'inspiration pour la technologie et la science qui y puisent des idées : Jules Verne avait prédit (et inspiré ?) la société qui allait naître ; Asimov, dans *Le Cycle des robots*, invente le mot *robotique* et préfigure nos robots actuels.

Conclusion

[Synthèse] Malgré l'apparent hiatus entre technique et art, l'artiste ne doit pas négliger les ressources de l'objet technologique pour créer et rendre son œuvre plus convaincante ou plus profonde. [Ouverture] Dans son roman d'anticipation *Travail*, Zola peint la fondation d'une société idéale par l'alliance de la science, de l'industrie et des arts. Mais, en en faisant une utopie, il rappelle la situation contradictoire de l'écrivain face à la réalité du monde moderne et la difficulté du « travail » pour le transmuer en objet… d'art.

SUJET

32

France métropolitaine • Juin 2016
La question de l'homme • 14 points

Technologie, arts et littérature

Écriture d'invention

▸ Vous découvrez au concours Lépine une invention dont la nouveauté, l'utilité et l'ingéniosité vous séduisent. Désireux de partager votre découverte et de communiquer votre enthousiasme, vous écrivez un article dans le journal de votre commune.
Votre texte comprendra au minimum une quarantaine de lignes.

Les textes du corpus sont reproduits dans le sujet n° 29.

N.B. : concours Lépine : concours institué en 1902 et qui récompense chaque année les inventeurs et fabricants français.

LES CLÉS DU SUJET

Comprendre le sujet

- **Genre** : respectez les caractéristiques d'un article de journal (titre, structure organisée).
- **Type de texte** : descriptif, explicatif et argumentatif (thèse : *Cette invention est extraordinaire*).
- **Situation d'énonciation** : *Qui ?* « Vous » (utilisez les indices personnels de la 1re personne).
- **Niveau de langue** : correct ou soutenu.
- « **Définition** » du texte à produire, à partir de la consigne.

Article de presse locale (*genre*), qui décrit et argumente (*types de texte*) sur une invention (*thème*), ? (*registre*), enthousiaste (*adjectif*), pour décrire, vanter l'invention, pour faire partager son engouement (*buts*).

■ Chercher des idées

Le fond

- **Les circonstances** : mentionnez le contexte du concours Lépine.
- **Une invention** : ce concours récompense de vraies inventions ; l'invention ne doit donc pas participer de la science-fiction, à moins que vous vous ne placiez dans un futur lointain.
- **La description** : précise, elle doit expliquer le fonctionnement, les résultats de l'invention.
- **L'argumentation** : la consigne donne trois pistes : la nouveauté, l'utilité, l'ingéniosité.

La forme

- **Les registre(s)** : le texte peut être lyrique, mais aussi didactique.
- **Les faits d'écriture pour convaincre** : structure rigoureuse, termes techniques/scientifiques, connecteurs logiques…
- **Les faits d'écriture pour persuader** : marques de la subjectivité (mots mélioratifs, lexique du jugement, exclamations, questions rhétoriques, adverbes intensifs…), images qui parlent à l'imagination…

▶ **Pour réussir l'écriture d'invention** : voir lexique méthodologique.
▶ **La question de l'homme** : voir mémento des notions.

CORRIGÉ 32

Le corrigé ci-dessous concerne un objet qui existe vraiment.

Les Échos de l'Île

CONCOURS LÉPINE : LE DODOW, UN MORPHÉE DOMESTIQUE !

Chaque année, au moment de la Foire de Paris, le concours Lépine présente des objets dans les domaines des énergies alternatives, des technologies médicales et des biotechnologies. Cette année, c'est une merveille de la vie quotidienne qui a été couronnée. Jugez plutôt !

Métro, boulot, dodo ?

Vous revenez du travail harassé(e), stressé(e), angoissé(e), et vous n'avez qu'une envie, c'est de mener à bien la fameuse séquence : « métro, boulot, DODO ». Mais voilà ! Malgré la fatigue, vous vous tournez et retournez dans votre lit… sans fermer l'œil ! Vous avez tout essayé : le bandeau noir sur les yeux, les huiles essentielles, la musique d'ambiance… en vain ! Résultat : les réveils sont difficiles, vous marchez dans une léthargie pesante et vous avez une allure de zombie pour… reprendre le métro !

Dodow peut vous sauver… Ce petit boîtier, percé de trois diodes, ne paie pas de mine. Pourtant, son procédé est naturel et sans danger : il agit sans dommages sur les rythmes circadiens ; un vrai régulateur biologique !

Remarque
Observez les procédés de la persuasion : implication du locuteur (1re pers sing. et plur.) et du lecteur (2e pers, apostrophe, questions rhétoriques…), marques de subjectivité (vocabulaire affectif, appréciatif) ; images et mots forts ; exclamations, hyperboles et amplification (accumulation, gradation, anaphores) ; phrases amples.

Pratique, ludique, scientifique !

Magique ? Non ! Pratique, ludique, mais surtout scientifique !

Le principe de fonctionnement de l'appareil est simple et naturel : il diffuse une lumière bleutée dont l'intensité varie et adopte un rythme de plus en plus lent. Pour l'utiliser, il suffit de le poser à côté de votre lit et de caler votre respiration sur les variations de la lumière : inspirez quand elle s'intensifie et expirez quand elle diminue. L'appareil vous aide à ralentir votre rythme de respiration et à retrouver celui que nous adoptons tous naturellement lorsque nous dormons. Au bout d'un certain temps, l'appareil s'éteint tout seul…

S'allonger simplement dans son lit, respirer au rythme de la lumière… quoi de plus simple pour trouver le sommeil ? La méthode est naturelle, l'appareil se gère tout seul (contrairement à votre MP3 qui, après avoir joué sa berceuse passe à la playlist suivante, celle avec les morceaux de métal), il vous aide à ne plus réfléchir ; il suffit de fixer la lumière et de s'endormir…

Nous l'avons testé : dodow réveille le sommeil !

Encore un attrape-nigaud, me direz-vous ! Une veilleuse en somme ! Nous aussi nous étions sceptiques… Alors, nous l'avons testé et… nous n'en avons pas cru nos yeux, si j'ose dire !

Deux sévères insomniaques de notre équipe, qui se plaignaient sans cesse de rester éveillés durant des heures, écoutant la respiration profonde de leur compagne, bien que défiants, se sont portés volontaires pour essayer dodow dans une cabine sur le stand : allongés sur le dos, les mains sur le ventre, ils trouvaient étrange de regarder le plafond les yeux grands ouverts alors que le sommeil leur vient d'ordinaire les paupières closes… Au bout de quelques minutes, ils étaient bel et bien profondément *endodo(w)rmis* ! Nous avons eu toutes les peines du monde à les réveiller pour continuer notre reportage ! Et ils disent ne se souvenir de rien !

Un dernier point, non négligeable : il ne coûte que… 49 euros ! Un Morphée domestique à ce prix-là, ça ne se refuse pas !

SUJET

33

Polynésie française • Septembre 2015

La question de l'homme • 6 points

Prendre conscience des situations tragiques

Questions

Documents

A – **Jean de La Bruyère**, « Du Souverain ou de la République », *Les Caractères*, X, 1re édition 1688.
B – **Montesquieu**, *Lettres persanes*, lettre 13, 1721.
C – **Voltaire**, *Micromégas*, chapitre 7, 1752.
D – **Henri Barbusse**, « L'aube », *Le Feu*, 1915.

▸ **1. Quels aspects de la guerre les textes mettent-ils en évidence ?** (*3 points*)

▸ **2. Les textes proposent-ils tous le même jugement sur la guerre ?** (*3 points*)

Après avoir répondu à ces questions, les candidats devront traiter au choix un des trois sujets nos 34, 35 ou 36.

DOCUMENT A

La guerre a pour elle l'antiquité ; elle a été dans tous les siècles : on l'a toujours vue remplir le monde de veuves et d'orphelins, épuiser les familles d'héritiers, et faire périr les frères à une même bataille. Jeune Soyecour[1] ! je regrette ta vertu, ta pudeur, ton esprit déjà mûr, pénétrant, élevé, sociable ; je plains cette mort prématurée qui te joint à ton intrépide frère, et t'enlève à une cour où tu n'as fait que te montrer : malheur déplorable, mais ordinaire ! De tout temps les hommes, pour quelque morceau de terre de plus ou de moins, sont convenus entre eux de se dépouiller, se brûler, se tuer, s'égorger les uns les autres ; et pour le faire plus ingénieusement et avec plus de sûreté, ils ont inventé de belles règles qu'on appelle l'art militaire ; ils ont attaché à la pratique de ces règles la gloire ou la plus solide réputation ; et ils ont depuis renchéri[2] de siècle en siècle sur la manière de se détruire réciproquement. De l'injustice des premiers hommes, comme de son unique source, est venue la guerre, ainsi que la nécessité où ils se sont trouvés de se donner des maîtres qui fixassent leurs droits et leurs prétentions. Si, content du sien, on eût pu s'abstenir du bien de ses voisins, on avait pour toujours la paix et la liberté.

Jean de La Bruyère, « Du Souverain ou de la République »,
Les Caractères, X, 1688.

---

1. Soyecour : fils du marquis de Soyecour, dont La Bruyère était le précepteur, et qui est mort à la guerre.
2. Renchérir : aller encore plus loin.

DOCUMENT B

Uzbek, un Persan qui voyage d'Ispahan à Paris, écrit à son ami Mirza qui est resté sur place. Dans l'une de ses lettres, il lui parle d'un peuple, les Troglodytes, et lui décrit ses mœurs et ses coutumes. Il lui raconte qu'alors que les Troglodytes vivaient en paix, leur prospérité a commencé à rendre leurs voisins envieux.

Lettre 13

Usbek à Mirza

À Ispahan

[…] Tant de prospérités ne furent pas regardées sans envie : les peuples voisins s'assemblèrent ; et, sous un vain prétexte, ils résolurent d'enlever leurs troupeaux. Dès que cette résolution fut connue, les Troglodytes envoyèrent au-devant d'eux des ambassadeurs, qui leur parlèrent ainsi :

« Que vous ont fait les Troglodytes ? Ont-ils enlevé vos femmes, dérobé vos bestiaux, ravagé vos campagnes ? Non : nous sommes justes et nous craignons les dieux. Que demandez-vous donc de nous ? Voulez-vous de la laine pour vous faire des habits ? voulez-vous du lait de nos troupeaux ? ou des fruits de nos terres ? Mettez bas les armes, venez au milieu de nous et nous vous donnerons de tout cela. Mais nous jurons, par ce qu'il y a de plus sacré, que, si vous entrez dans nos terres comme ennemis, nous vous regarderons comme un peuple injuste et que nous vous traiterons comme des bêtes farouches. »

Ces paroles furent renvoyées avec mépris ; ces peuples sauvages entrèrent armés dans la terre des Troglodytes, qu'ils ne croyaient défendus que par leur innocence.

Mais ils étaient bien disposés à la défense. Ils avaient mis leurs femmes et leurs enfants au milieu d'eux. Ils furent étonnés de l'injustice de leurs ennemis et non pas de leur nombre. Une ardeur nouvelle s'était emparée de leur cœur : l'un voulait mourir pour son père, un autre pour sa femme et ses enfants, celui-ci pour ses frères, celui-là pour ses amis, tous pour le peuple troglodyte : la place de celui qui expirait était d'abord prise par un autre, qui, outre la cause commune, avait encore une mort particulière à venger.

Tel fut le combat de l'injustice et de la vertu. Ces peuples lâches, qui ne cherchaient que le butin, n'eurent pas honte de fuir ; et ils cédèrent à la vertu des Troglodytes, même sans en être touchés.

D'Erzeron, le 9 de la lune de Gemmadi 2, 1711.

Montesquieu, *Lettres persanes*, lettre 13, 1721.

DOCUMENT C

Deux géants, l'un venu de Sirius et l'autre de Saturne, découvrent la Terre et les hommes qui l'habitent. À un moment de leur voyage, ils voient une guerre se dérouler sous leurs yeux. Le philosophe qui les accompagne, un Terrien, leur donne quelques explications.

« Savez-vous bien, par exemple, qu'à l'heure que je vous parle, il y a cent mille fous de notre espèce, couverts de chapeaux, qui tuent cent mille autres animaux couverts d'un turban, ou qui sont massacrés par eux, et que, presque par toute la terre, c'est ainsi qu'on en use de temps immémorial ? » Le Sirien frémit, et demanda quel pouvait être le sujet de ces horribles querelles entre de si chétifs animaux. « Il s'agit, dit le philosophe, de quelque tas de boue grand comme votre talon. Ce n'est pas qu'aucun de ces millions d'hommes qui se font égorger prétende[1] un fétu[2] sur ce tas de boue. Il ne s'agit que de savoir s'il appartiendra à un certain homme qu'on nomme *Sultan*, ou à un autre qu'on nomme, je ne sais pourquoi, *César*. Ni l'un ni l'autre n'a jamais vu ni ne verra jamais le petit coin de terre dont il s'agit ; et presque aucun de ces animaux, qui s'égorgent mutuellement, n'a jamais vu l'animal pour lequel ils s'égorgent.

– Ah ! malheureux ! s'écria le Sirien avec indignation, peut-on concevoir cet excès de rage forcenée ! Il me prend envie de faire trois pas, et d'écraser de trois coups de pied toute cette fourmilière d'assassins ridicules. – Ne vous en donnez pas la peine, lui répondit-on ; ils travaillent assez à leur ruine. Sachez qu'au bout de dix ans, il ne reste jamais la centième partie de ces misérables ; sachez que, quand même ils n'auraient pas tiré l'épée, la faim, la fatigue ou l'intempérance, les emportent presque tous. D'ailleurs, ce n'est pas eux qu'il faut punir, ce sont ces barbares sédentaires qui du fond de leur cabinet ordonnent, dans le temps de leur digestion, le massacre d'un million d'hommes, et qui ensuite en font remercier Dieu solennellement. »

Le voyageur se sentait ému de pitié pour la petite race humaine, dans laquelle il découvrait de si étonnants contrastes.

Voltaire, *Micromégas*, chapitre 7, 1752.

1. Prétende : revendique.
2. Fétu : une toute petite partie.

DOCUMENT D

Durant la Première Guerre mondiale, après un combat particulièrement violent marqué par des bombardements meurtriers et une pluie diluvienne, les hommes de l'escouade du caporal Bertrand, découragés et meurtris par une succession de combats aussi inutiles que sanglants, n'ont même plus la force de quitter le champ de bataille, sur lequel il ne reste que quelques survivants.

Dans ce coin bourbeux où, faibles encore et impotents, nous étions assaillis par des souffles de vent qui nous empoignaient si brusquement et si fort que la surface du terrain semblait osciller comme une épave, le cri de l'homme qui avait l'air de vouloir s'envoler éveilla d'autres cris pareils :

– Il ne faut plus qu'il y ait de guerre après celle-là !

Les exclamations sombres, furieuses, de ces hommes enchaînés à la terre, incarnés de terre[1], montaient et passaient dans le vent comme des coups d'aile :

– Plus de guerre, plus de guerre !

– Oui, assez !

– C'est trop bête, aussi… C'est trop bête, mâchonnaient-ils. Qu'est-ce que ça signifie, au fond, tout ça – tout ça qu'on n'peut même pas dire !

Ils bafouillaient, ils grognaient comme des fauves sur leur espèce de banquise disputée par les éléments, avec leurs sombres masques en lambeaux. La protestation qui les soulevait était tellement vaste qu'elle les étouffait.

– On est fait pour vivre, pas pour crever comme ça !

– Les hommes sont faits pour être des maris, des pères – des hommes, quoi ! – pas des bêtes qui se traquent, s'égorgent et s'empestent.

– Et tout partout, partout, c'est des bêtes, des bêtes féroces ou des bêtes écrasées. Regarde, regarde !

[…] Je n'oublierai jamais l'aspect de ces campagnes sans limites sur la face desquelles l'eau sale avait rongé les couleurs, les traits, les reliefs, dont les formes attaquées par la pourriture liquide s'émiettaient et s'écoulaient de toutes parts, à travers les ossatures broyées des piquets, des fils de fer, des charpentes – et, là-dessus, parmi ces sombres immensités de Styx[2], la vision de ce frissonnement de raison, de logique et de simplicité, qui s'était mis soudain à secouer ces hommes comme de la folie.

On voyait que cette idée les tourmentait : qu'essayer de vivre sa vie sur la terre et d'être heureux, ce n'est pas seulement un droit, mais un devoir – et même un idéal et une vertu ; que la vie sociale n'est faite que pour donner plus de facilité à chaque vie intérieure.

– Vivre !…

– Nous !… Toi… Moi…

– Plus de guerre. Ah ! non… C'est trop bête !… Pire que ça, c'est trop…

Une parole vint en écho à leur vague pensée, à leur murmure morcelé et avorté[3] de foule… J'ai vu se soulever un front couronné de fange[4] et la bouche a proféré au niveau de la terre :

– Deux armées qui se battent, c'est comme une grande armée qui se suicide !

Henri Barbusse, « L'aube », *Le Feu*, 1915.

1. Incarnés de terre : complètement recouverts de terre.
2. Styx : dans la mythologie, fleuve des Enfers qui sépare le monde des vivants du monde des morts.
3. Avorté : interrompu.
4. Fange : boue sale.

QUESTION DE L'HOMME

LES CLÉS DU SUJET

Question 1

- Analysez les **aspects de la guerre** mentionnés dans les textes : réalités décrites, comportements, causes, conséquences…
- Ne juxtaposez pas l'analyse des textes, mais **construisez** votre réponse : un paragraphe par aspect mentionné, illustré par des **exemples empruntés à tous les textes**.

Question 2

- « jugement » = avis, opinion, regard. Distinguez le **point de vue** de chaque auteur face à la guerre (présentation objective ? affective et subjective ? réaliste ?…), le regard porté sur elle, le ton (ou registre) employé.
- Accompagnez chaque remarque d'**exemples précis** tirés des différents textes.

▶ **Pour réussir les questions :** voir guide méthodologique.
▶ **La question de l'homme :** voir mémento des notions.

CORRIGÉ 33

Les indications entre crochets ne doivent pas figurer sur la copie.

Question 1

[Amorce, présentation du corpus et problématique] Depuis le XVIe siècle, les écrivains dénoncent les fléaux humains. Au XVIIe siècle, le moraliste La Bruyère, puis, au siècle des Lumières, les philosophes Montesquieu et Voltaire, le premier dans son roman épistolaire les *Lettres persanes*, le second dans son conte philosophique *Micromégas* et enfin, pendant la Première Guerre mondiale, le romancier et soldat Henri Barbusse dans son roman autobiographique *Le Feu*, s'engagent contre la guerre.

- La Bruyère, Montesquieu et Voltaire insistent sur l'ancienneté et l'universalité de la guerre qui existe dès les « premiers hommes », « de tout temps » (La Bruyère), « de temps immémorial » (Voltaire) et se perpétue « de siècle en siècle » (La Bruyère). Le peuple des Troglodytes, dont Montesquieu relate l'histoire, renvoie à un passé indéfini et lointain ou à l'Antiquité.
- La guerre est le fruit de l'envie du bien de ses « voisins » (Montesquieu), généralement de sa « terre » (La Bruyère, Montesquieu) et de la cupidité.

• Elle se caractérise par une violence barbare (« rage forcenée », Voltaire ; « ardeur », Montesquieu), soulignée par des verbes forts en cascade (« dépouiller, brûler, tuer, égorger, détruire », La Bruyère ; « ravagé », Montesquieu ; « massacrés », Voltaire ; « traquent, égorgent et s'empestent », Barbusse).

• Cette violence cause la ruine des hommes (Voltaire), devenus « faibles et impotents » (Barbusse). Par une amplification épique, la désolation s'étend à toute la nature : elle « ravag[e] [les] campagnes » (Montesquieu), fait du « terrain » une « espèce de banquise » pleine de « pourriture liquide » (Barbusse). La terre devient le « Styx ».

• La mort, dont le champ lexical émaille tous les textes, est omniprésente ; les hommes sont des « assassins » (Voltaire). Les auteurs soulignent aussi le nombre très élevé de victimes : des « armées », des « peuples », « cent mille » et même des « millions d'hommes » dont il « ne reste jamais la centième partie » (Voltaire).

• La guerre détruit les familles (champ lexical des « veuves, orphelins, familles d'héritiers, frères, femmes, enfants, maris, pères ») et la vie sociale (« sociable, cour, amis »). Elle détruit même les « vertus » : les ennemis des Troglodytes sont « injuste[s] », « lâches », sans « honte ». Détruits aussi « l'esprit », « l'innocence », « l'envie d'être heureux », « l'idéal » (Montesquieu).

• Cette folie meurtrière dénature les êtres humains (bourreaux et victimes) et les transforme en « bêtes » qui « grogn[ent] ». La guerre ne leur laisse qu'un « frissonnement de raison », qui les secoue « comme de la folie » (Barbusse).

• Enfin, la guerre est présentée comme absurde, d'abord par la disproportion entre les dégâts et les enjeux, bien dérisoires : « quelque tas de boue grand comme votre talon » contraste avec le nombre hyperbolique de morts : « cent mille/million d'hommes » (Voltaire). Ensuite parce que ces massacres sont réciproques (« *se* dépouiller, *se* brûler, *se* tuer, *s'*égorger » ; « entre eux, les uns les autres, mutuellement »). Comble de l'absurde, à la guerre, on se tue soi-même : « C'est trop bête » (Barbusse).

Question 2

Cependant, le regard des auteurs sur la guerre diffère légèrement.

• La Bruyère, en moraliste classique, propose une réflexion en partie abstraite, qui débute par une affirmation de vérité générale et s'appuie sur un exemple particulier : la mort d'un jeune homme prometteur. Il inscrit la guerre dans l'histoire des hommes (« on l'a toujours vue/de tous temps/de siècle en siècle/premiers hommes ») comme une fatalité irréversible, marquée par l'irréel du passé « si on eût pu s'abstenir… »

• Montesquieu, en philosophe des Lumières qui cherche les liens de causes à conséquences pour expliquer les phénomènes, adopte une vision mythologique pour expliquer l'origine et les rouages de la guerre. Pour rendre sa « démonstration » plus convaincante et concrète, il distingue, par de fortes antithèses, les « bons » des « méchants » (« injustice »/« vertu »).

• Voltaire, plus polémique, donne une vision ironique et caricaturale de la guerre. Il en souligne la violence, la « rage forcenée » et l'absurdité, et s'applique surtout à mettre en cause les responsables de la guerre, cupides et indifférents aux massacres.

• Barbusse, poilu en 14-18, décrit la guerre d'un point de vue interne et en donne une image très réaliste. Mais la vision se fait peu à peu épique : le champ de bataille devient un enfer dont l'horreur est indicible, atmosphère apocalyptique où résonne à l'unisson la voix des combattants réunis dans une « parole [...] en écho », comme surnaturelle. Et pourtant on sent dans le récit qu'il s'agit bien là du vécu de ces « hommes [...] incarnés de terre ».

Polynésie française • Septembre 2015
La question de l'homme • 14 points

Prendre conscience des situations tragiques

Commentaire

▶ Vous ferez le commentaire du texte de Henri Barbusse (document D) en vous aidant du parcours de lecture suivant.
- Vous pourrez montrer la dimension tragique de la situation.
- Vous pourrez aussi étudier comment l'auteur dénonce l'absurdité de la guerre.

Se reporter au document D du sujet nº 33.

LES CLÉS DU SUJET

Trouver les idées directrices

• Faites la « **définition** » du texte pour trouver les axes (idées directrices).

Extrait de roman autobiographique (*genre*) qui décrit (*type de texte*) un champ de bataille et des soldats après un combat (*thème*), dramatique, tragique, épique (*registres*), spectaculaire, réaliste, horrifiant, poignant (*adjectifs*), pour émouvoir et révolter le lecteur, pour dénoncer les abus et les atrocités de la guerre (*but*).

Pistes de recherche

Pour équilibrer le commentaire, vous pouvez scinder en deux la réponse à la deuxième piste, car elle est très longue par rapport à la première.

Première piste : une scène vécue réaliste et horrifiante

• Relevez les **détails spectaculaires** qui sont donnés : précisions sur les lieux, les lumières, les sons… Quelle atmosphère créent-ils ?

• Comment le narrateur montre-t-il que les soldats **ne sont plus des hommes** ? Comment suscite-t-il la pitié pour eux ?

Deuxième piste : un souffle épique pour évoquer une tragédie

• Comment les images créent-elles l'**amplification épique** ?

- D'où vient le **tragique** du texte ? Analysez l'évocation de la mort.
- En quoi ces hommes ressemblent-ils à des **héros** tragiques ?

Troisième piste : une réflexion et une prise de conscience

- Comment l'auteur passe-t-il d'un fait précis à une **réflexion générale** ?
- Comment les paroles des soldats révèlent-elles l'**absurdité de la guerre** ?
- Quelle est l'intérêt de rapporter cette scène et ces paroles ? quel est le **rôle de l'écrivain** ?
- Quel **rêve de bonheur** se dégage des paroles des soldats ?

▶ **Pour réussir le commentaire :** voir guide méthodologique.
▶ **La question de l'homme :** voir mémento des notions.

CORRIGÉ 34

Les titres en couleur et les indications entre crochets ne doivent pas figurer sur la copie.

Introduction

[Amorce] Depuis le XVIe siècle, de nombreux auteurs s'interrogent sur les raisons de la guerre et sur ses ravages. [Présentation du texte] Dans son roman autobiographique *Le Feu*, inspiré par son expérience de poilu durant la Première Guerre mondiale, Barbusse, auteur et narrateur, décrit le champ de bataille et transcrit les paroles et les pensées des survivants de combats particulièrement sanglants. [Annonce des axes] Avec un réalisme saisissant, il recrée l'atmosphère horrifiante de la scène [I], qui se transforme en une vision épique et tragique [II] et débouche sur une condamnation poignante de l'absurdité de la guerre et sur le rêve d'un monde idéal [III].

I. La description réaliste et horrifiante d'une scène vécue

1. Une mise en scène précise des lieux

- Le champ de bataille se dessine peu à peu : un « coin bourbeux » dans des « campagnes sans limites », un « terrain » qui n'est plus qu'un mélange de « terre » et d'« eau sale » (« pourriture liquide »), avec des « reliefs » mais aux « formes attaquées »... Des éléments épars du décor arrêtent de temps en temps le regard : des « masques en lambeaux », des « piquets [...] broy[és] » et « des fils de fer », « des charpentes », restes témoins de la violence des combats.

• Tous les sens sont sollicités pour que le lecteur vive la scène : le toucher avec la mention de l'eau, du vent qui « empoign[e] » les soldats ; l'odorat avec le verbe « s'empester », la mention de la « pourriture » ; l'ouïe avec les « cris », les paroles et les grognements qui créent une ambiance sonore inquiétante.

• Tout semble effacé dans ce cadre qui baigne dans une lumière « sombre » : les « formes », les « couleurs », les mots qui deviennent des bafouillements, des grognements « mâchonn[és]. »

2. Des personnages déshumanisés qui suscitent la pitié

• Les soldats sont désignés collectivement – « ces hommes », une « foule » indistincte –, ils n'ont pas de noms, comme pour montrer qu'ils ont perdu leur identité, qu'on ne les reconnaît plus.

• Évoqués par des termes qui traduisent leur délabrement physique et moral (« faibles, impotents »), ils sont décrits par des gros plans inquiétants, comme s'ils étaient eux aussi « broyés », « morcelé[s] » (« un front couronné de fange »...). Les « masques » les uniformisent et la violente métaphore « incarnés de terre » montre qu'on les distingue à peine de la boue.

• Sont-ils, du reste, encore humains ? De leur aveu même, ils sont devenus des animaux : « ils grogn[ent] comme des fauves », ce sont des « bêtes qui se traquent [...], s'empestent » avant de « crever » comme des chiens.

II. Un souffle épique pour évoquer une tragédie

1. Une scène d'épopée...

• Tous les éléments se trouvent métamorphosés par une écriture visionnaire. Les métaphores et les comparaisons vertigineuses emportent tout dans un mouvement effrayant. Le « coin bourbeux » devient « une épave » qui « oscille » (qui suggère le naufrage), puis une « espèce de banquise » (qui suggère le froid, l'éloignement et la solitude) ; l'eau, comme un monstre, a « rongé » la nature ; les « piquets », objets inanimés, sont comme de grands corps aux « ossatures broyées ». Le champ de bataille s'est élargi aux dimensions de l'enfer de la mythologie (« ces sombres immensités de Styx »).

• Les « cris », devenus des « coups d'aile », « [ont] l'air de vouloir s'envoler » et se transforment en étranges oiseaux ; leur écho s'amplifie, comme par contagion, aux dimensions de l'univers : « la protestation était tellement vaste », « d'autres cris pareils ».

• L'amplification épique se marque aussi par la présence de tous les « éléments » naturels (« terre », « eau », « air »), sous la forme du « vent », tous ligués contre les « hommes ». Comme dans toute épopée, le texte propose une scène spectaculaire de combat, non plus entre des soldats mais entre les « hommes » contre les « éléments ».

QUESTION DE L'HOMME

• Les mots hyperboliques (« si brusquement, si fort », « tellement », « immensités »), souvent répétés (« partout, partout », « *plus de* guerre, *plus de* guerre »), les groupes ternaires porteurs d'émotion et les leitmotive (« des bêtes, « vie » : trois fois), les énumérations (« les couleurs, les traits, les reliefs », « des piquets, des fils de fer, des charpentes »), le mouvement ample de certaines phrases (l. 25-32) et le jeu des sonorités (« ces sombres immensités du Styx » ; « s'était mis soudain à secouer ces hommes ») emportent le texte dans un souffle épique qui dépasse de beaucoup « ce coin bourbeux ».

2. … aux accents de tragédie

• L'omniprésence de la destruction et de la mort donne à cette scène apocalyptique une résonance tragique. La gradation « faibles, impotents, en lambeaux, […] broyées, morcelé, avorté » prélude de façon funeste à la violence du verbe « crever » et à l'image macabre de « la bouche […] au niveau de la terre », presque déjà enterrée, et culmine dans le verbe « se suicide ».

• En contraste, les mots qui suggèrent la vie (« vivre », deux fois ; le pléonasme « vivre sa vie » ; « vie sociale, vie intérieure ») « essa[ient] » de résister à cette fatalité. C'est le combat de la vie contre la mort, essentiellement tragique.

• Les soldats prennent alors la dimension des héros de la mythologie : comme les esclaves, comme Prométhée, ils sont « enchaînés à la terre, incarnés de terre », voués à un supplice éternel. « Furieux », ils sont pris d'accès de « folie ». Mais ils sont en même temps des rois, à l'image des héros des tragédies antiques, « le front *couronné* (de fange) », ou des devins qui, sous des aspects de démence, « profère[nt] » des vérités éternelles.

III. Une réflexion et une prise de conscience

1. L'absurdité de la guerre

• Elle vient de l'opposition entre les faits et les aspirations profondes des hommes que relaie le « cri » venu du cœur : « vivre », non pas « crever ».

• L'incohérence de la guerre s'exprime d'abord de façon très simple, dans la répétition de l'expression : « C'est trop bête » et la question familière : « Qu'est-ce que ça signifie, au fond, tout ça ? »

• Elle éclate de façon plus saisissante dans la dernière phrase, terrible, dans laquelle le verbe pronominal réciproque se change en verbe pronominal réfléchi : « Deux armées qui *se* battent, c'est comme une grande armée qui *se* suicide ». À la guerre, on se tue soi-même.

2. Dire l'indicible : des « cris » et un livre contre l'oubli

• Il semble que cette horreur absurde soit impossible à faire partager à qui ne l'a pas vécue, comme en témoignent les points de suspension qui arrêtent les phrases devant ce « trop » à dire.

• Seuls le cri et le « frissonnement de raison » de « ces hommes » peuvent *éveiller* les consciences à travers le monde : c'est un appel au secours, un témoignage tragique de « tout ça qu'on n'peut même pas dire ! », de la « folie » des hommes, mais aussi une lutte contre l'oubli.

• Cet appel est relayé par le roman même. L'auteur met sa plume au service de la dénonciation de la guerre en témoignant : « Je n'oublierai jamais », « Si on s'rappelait [dit l'un des poilus], y aurait plus d'guerre ! »

3. L'expression d'un rêve de bonheur

• Mais derrière cette scène macabre, se dessine un idéal de paix (« plus de guerre ! ») et de bonheur simple. Il consiste à « vivre », à « être des maris, des pères », c'est-à-dire à construire une vie familiale et « sociale » solidaire, représentée par les pronoms « Nous/toi/moi » accolés.

• Il consiste aussi à être « des hommes, quoi » avec leur modeste dignité, leur « vie intérieure », qui n'obéissent pas à des instincts de « bêtes », mais construisent une vie « sur terre » (et non « *in*carné[e] *de* terre »). Dans cette existence, ils ne sont pas des héros surhumains : leur « vertu », leur « devoir » est « d'être heureux ».

Conclusion

[Synthèse] Barbusse immerge le lecteur dans une atmosphère recréée à la lumière de ses souvenirs, auxquels il redonne leur force brutale par la précision des lieux, des gestes, des impressions ressenties. Mais la scène dépasse le récit anecdotique pour « approfondir le caractère tragique du côté banal de la guerre » et poser les questions fondamentales de l'existence humaine. [Élargissement] Au-delà de la guerre, la scène interroge sur les « situations tragiques » dont l'être humain est lui-même l'artisan et la victime, sur sa bestialité que les circonstances font parfois surgir, monstrueuse. L'histoire du XXe siècle, les conflits récents, rappellent que l'humanité est fragile et que le goût de la violence ne fait plus voir l'autre comme un « semblable, un frère », mais comme une proie humiliée, détruite, malgré ses aspirations au bonheur.

SUJET

35

Polynésie française • Septembre 2015

La question de l'homme • 14 points

Prendre conscience des situations tragiques

Dissertation

▶ En quoi la littérature permet-elle de faire prendre conscience de certaines situations tragiques et de susciter ainsi la réflexion du lecteur ?

Vous appuierez votre développement sur les textes du corpus, les textes étudiés pendant l'année, ainsi que sur vos lectures et connaissances personnelles.

Les textes du corpus sont reproduits dans le sujet n° 33.

LES CLÉS DU SUJET

Comprendre le sujet

- « la littérature » = textes témoignant d'un travail sur la langue et d'une mise en forme.
- « prendre conscience/réflexion » renvoie à la **littérature argumentative.**
- « situations tragiques » renvoie à la **question de l'homme.**
- « **En quoi** » suggère de chercher **pourquoi** la littérature est efficace, d'analyser ses **atouts** mais aussi ses **moyens** spécifiques.
- **Problématique** : *Pourquoi, comment la littérature est-elle efficace pour exprimer des idées sur la condition de l'homme ?*
- Scinder la problématique en sous-questions : *D'où vient l'efficacité des genres de l'argumentation directe ? de l'argumentation indirecte ? À quels moyens ont recours les auteurs pour faire réfléchir sur la condition de l'homme ?*

■ **Chercher des idées**

• **Réfléchir sur les « situations tragiques »**, c'est s'interroger sur la **destinée humaine**, sur les limites de l'homme, sa faiblesse, sa situation, sur les grands fléaux (maladie, guerre...).

• Faites la liste des **genres et** des **registres** qui abordent la condition de l'homme. Pensez au roman, au théâtre, à la poésie.

▶ **Pour réussir le commentaire :** voir guide méthodologique.

▶ **La question de l'homme :** voir mémento des notions.

CORRIGÉ 35

Les titres en couleur et les indications entre crochets ne doivent pas figurer sur la copie. Dans ce corrigé, les exemples doivent être développés.

Introduction rédigée

[Amorce] « – Dis donc, toi qui écris, tu écriras plus tard sur les soldats, tu parleras de nous, pas ? – Mais oui, fils, je parlerai de toi, des copains et de notre existence » (Barbusse, *Le Feu*). Ce dialogue indique l'importance du rôle de l'écrivain dans la réflexion sur la destinée humaine. [Problématique] D'où vient l'efficacité des œuvres littéraires pour faire réfléchir sur nos préoccupations existentielles ? Sans doute de la variété des formes et des moyens de la littérature pour mener cette réflexion. [Annonce des axes] L'argumentation directe, propre à convaincre, tire sa force de ressources [I] différentes de celles l'argumentation indirecte, plus propre à persuader [II]. Mais, pour donner à sa réflexion profondeur et efficacité, c'est en fonction du contexte et de son public que l'écrivain doit choisir sa stratégie argumentative [III].

I. Efficacité et ressources de l'argumentation directe

1. Quels genres pour convaincre ? Dans quel contexte ?

• Ce sont les genres de l'argumentation directe : l'essai, le traité ou le discours, qui se prêtent à l'examen méthodique et didactique d'une notion, à l'exposé d'une thèse ; ils ont en général un titre clair [*ex.* : article « Autorité » de l'*Encyclopédie* ; *Plaidoyer contre la peine de mort*, de Victor Hugo.]

• Ces formes sont pratiquées dans tous les siècles : au XVIIe siècle (texte de La Bruyère dans le corpus, *Pensées* de Pascal...). Mais elles sont privilégiées au XVIIIe siècle, préoccupé par des questions philosophiques, morales, politiques [*ex.* : *L'Esprit des Lois*, de Montesquieu ; *Traité de la tolérance*, de Voltaire].

QUESTION DE L'HOMME

2. Atout de ces œuvres : rigueur de la pensée et de l'argumentation

• Ces auteurs font appel à la raison par une démonstration rigoureuse, proche des sciences. [*Ex.* : *Contribution à l'Histoire des deux Indes de l'abbé Raynal*, de Diderot (sur l'esclavage) ; article « Paix » de l'*Encyclopédie*.]

• Ces œuvres s'inspirent des raisonnements mathématiques (« Disproportion de l'homme », *Pensées*, de Pascal), ou sont parfois plus proches des sciences expérimentales ou des sciences humaines : pour montrer la faiblesse de l'homme, Jean Rostand, dans les *Pensées d'un biologiste*, s'appuie sur des connaissances scientifiques et sur l'étude de l'évolution des espèces.

3. S'impliquer, impliquer son lecteur et parler à son imagination

• Dans ces genres littéraires, l'auteur, homme lui aussi, vivifie la réflexion par son implication personnelle (Montaigne, *Essais* : « Chaque homme porte la forme entière de l'humaine condition »).

• L'écrivain dispose aussi de moyens pour impliquer directement son lecteur (apostrophes, questions rhétoriques…) [*ex.* : La Bruyère, *Les Caractères* ; Voltaire, article « Guerre », *Dictionnaire philosophique* ; Zola, « J'accuse »).

Conseil
Faites-vous un « stock » de courtes citations sur les genres littéraires au programme ; elles servent d'arguments d'autorité aussi bien pour la dissertation que pour l'écriture d'invention, quand elle est argumentative.

• Faire réfléchir, c'est aussi tenir compte de la dualité de son interlocuteur, être de raison et d'émotion, recourir à des images pour parler à son imagination : La Bruyère, dans le corpus, évoque les « veuves » et les « orphelins », les hommes qui « se dépouille[nt], se brûle[nt], se tue[nt], s'égorge[nt] » ; Pascal, dans « Disproportion de l'homme » (*Pensées*), emmène son lecteur dans la contemplation vertigineuse de l'infiniment grand et de l'infiniment petit.

II. Efficacité et ressources de l'argumentation indirecte

1. Atouts des genres narratifs, apologues et romans

• Ils mettent en scène des personnages variés (parfois allégoriques) et des situations concrètes diverses qui font le tour de la condition humaine.

• Les apologues abordent des sujets plus sérieux et existentiels que ne le laisse attendre leur fantaisie. Le conte philosophique (Voltaire, *Zadig, Candide ou l'Optimisme*, *Micromégas*) aborde les thèmes essentiels de la condition humaine : malheur/bonheur, guerre, pauvreté, injustice, pouvoir, place de l'homme dans l'univers, mort…

• Les romanciers incitent à la réflexion par leur peinture concrète du monde qui a autant d'impact que les grands discours (Zola, misère des mineurs dans *Germinal* ; Beecher-Stowe, esclavage dans *La Case de l'oncle Tom*).

Le roman autobiographique a valeur de témoignage : sur la Première Guerre mondiale, *Le Feu* (Barbusse), *À l'Ouest rien de nouveau* (Remarque) font vivre la guerre de l'intérieur ; sur les camps nazis, *Si c'est un homme* (Primo Levi) s'impose par la force du vécu.

• Ces genres s'adressent à l'imagination et satisfont le goût pour les « histoires ». *Exemples* : chez La Fontaine, la théâtralité des fables est mise au service de la réflexion existentielle (« La Mort et le Mourant ») ou d'intentions satiriques (« Les Obsèques de la Lionne », « Les Animaux malades de la peste ») ; le texte de Montesquieu dans le corpus.

• Ils sollicitent la participation du lecteur qui doit interpréter le récit et, par une démarche inductive, tirer lui-même la teneur de la réflexion.

2. Les dialogues : à voir et à entendre

• Les dialogues qui *mettent en scène* favorisent la réflexion. La diversité des interlocuteurs permet la confrontation constructive et éclairante d'idées, les débats dialectiques : Voltaire, *Dialogue du Chapon et de la Poularde* sur la cruauté des hommes ; Giraudoux, *La guerre de Troie n'aura pas lieu*, discussion entre Andromaque et Priam ou Ulysse et Hector.

• Le théâtre est le cadre idéal pour construire une réflexion sur l'homme parce que les idées, incarnées par les personnages, deviennent réelles et parce qu'il touche un large public (*En attendant Godot*, de Beckett ; *Rhinocéros*, de Ionesco ; le théâtre de l'absurde). Marivaux ou Beaumarchais, qui font une satire du monde politique ou social, donnent la parole aux « opprimés » (femmes, domestiques, esclaves) ; *Ruy Blas*, de Hugo, met en scène le peuple opprimé ; *Ubu Roi*, de Jarry, pose le problème de la tyrannie.

3. Atouts de la poésie comme réflexion sur les maux de l'homme

• Le « moi » du poète s'y exhale avec force ; le lecteur s'y reconnaît lui-même (Hugo, « Quand je vous parle de moi, je vous parle de vous »).

• La puissance, la suggestion, l'originalité des images, des symboles et le lyrisme de la poésie dessinent une image de l'homme (lyrisme dramatique des *Chansons des rues et des bois*, de Hugo, dans « Depuis six mille ans la guerre… » ; tableau épique de la guerre dans *Le Mal*, de Rimbaud).

III. L'écrivain doit tenir compte du contexte et du lecteur

1. Toucher la sensibilité : tragique, pathétique et élégie

• Le pathétique et le tragique font ressentir directement la souffrance et le tragique de la condition humaine en créant une émotion forte contre laquelle la raison ne peut rien (Hugo, « Souvenir de la nuit du 4 », *Les Châtiments*).

• Le lecteur s'identifie au personnage qui souffre et ressent de l'empathie (Hugo, « Melancholia » ; Malraux, « Discours du transfert des cendres de Jean

Moulin au Panthéon »). Après l'émotion vient la révolte, le sursaut de dignité qui porte à l'action (*Les Misérables*, de Hugo ; agonie de Gervaise dans *L'Assommoir*, de Zola ; texte de Barbusse).

• Susciter des émotions positives comme l'admiration est un moyen de critiquer (« Strophes pour se souvernir » où Aragon glorifie les valeurs humaines face à la barbarie nazie).

2. La distanciation : rire, satire et ironie pour dénoncer

• L'humour désamorce le tragique de la condition humaine. Le décalage entre le ton comique et le tragique de la destinée humaine allège l'angoisse et libère l'homme (théâtre de l'absurde au XXe siècle).

• Le rire est un signe de lucidité, il rend supérieur. L'insolence provocatrice du rire est une marque de résistance, une arme de contestation. Rire de l'oppresseur, c'est le rabaisser, d'où la force de la satire [*exemples*].

• L'ironie est efficace, parce qu'elle sollicite les capacités à lire entre les lignes, à interpréter, même si elle est parfois difficile à saisir (l'ironie des textes du XVIIIe siècle, par exemple « De l'esclavage des Nègres », où Montesquieu feint de prendre le point de vue d'un esclavagiste, peut être mal interprétée).

• Idéalement, pour donner toute sa portée à la dénonciation, il faut savoir combiner les stratégies : toucher la sensibilité du lecteur, mais aussi s'adresser à sa raison et à sa conscience (article « Torture » du *Dictionnaire philosophique*, de Voltaire, qui mêle genres et registres).

3. Des limites à l'efficacité de la littérature ?

• Quelle que soit la stratégie adoptée, la littérature ne suffit pas à construire une réflexion sur la condition humaine. Certes elle témoigne, elle sert de déclencheur à la réflexion du lecteur. Mais elle doit être suivie de l'action.

• Par ailleurs, le lecteur doit user de son esprit critique, ne pas se laisser trop influencer, construire sa réflexion personnelle sur l'homme.

• Enfin, les œuvres littéraires touchent aujourd'hui moins de gens que par le passé ; elles sont concurrencées par l'image qui séduit des lecteurs moins sensibles à la littérature.

Conclusion

[Synthèse] Le véritable écrivain, homme parmi les hommes, éveille les consciences : il parle pour les hommes de son temps et sa réflexion transcende les époques pour devenir universelle. [Élargissement] Mais elle est d'autant plus riche qu'elle se nourrit à des sources artistiques diverses : *La vie est belle*, de Benigni, ne fait pas oublier *Si c'est un homme*, de Primo Levi ; les deux œuvres se complètent pour faire méditer efficacement sur l'homme.

SUJET

36

Polynésie française • Septembre 2015

La question de l'homme • 14 points

Prendre conscience des situations tragiques

Écriture d'invention

▶ Sans tenir compte des conseils du philosophe, son guide, le Sirien Micromégas décide d'intervenir en pleine guerre et tente de persuader les hommes d'arrêter de se battre. Rédigez ce récit à la suite du texte de Voltaire (document C). Il fera alterner passages de récit et de dialogue.

Se reporter au document C du sujet nº 33.

LES CLÉS DU SUJET

Comprendre le sujet

• « **Définition** » du texte à produire, à partir de la consigne.

Extrait de conte philosophique (*genre*), qui argumente (*type de texte*) sur la guerre (*thème*) et raconte (*type de texte*) la suite d'une bataille (*thème*), ? (*registre*), persuasif (*adjectif*), pour dénoncer la guerre (*but*).

Chercher des idées

Le fond

• **Le récit** : imaginez les réactions des combattants après l'intervention de Micromégas. Que décident-ils : de continuer la guerre ? d'y renoncer ? Décrivez le décor, les personnages.

• **L'argumentation** : Micromégas doit donner des arguments contre la guerre :

– *arguments humains* : morts, souffrances, séquelles psychologiques… ;

– *arguments économiques* : impact économique négatif (coût, déséquilibre de la population, nécessité de reconstruire le pays…) ;

– *arguments sentimentaux et sociaux* : familles et sociétés détruites (lois oubliées, viol…) ; disparition des arts, des sciences, de la culture…

– *arguments moraux* : la guerre est contraire aux vertus morales ou religieuses ;
– *arguments pacifistes* : alternatives à la guerre : solidarité, concertation et diplomatie (l'ambassadeur troglodyte chez Montesquieu).
• **Le personnage de Micromégas** : tenir compte du caractère que lui prête Voltaire : sensible, passionné, presque emporté (« avec indignation »).

La forme

• **Les registres** : puisqu'il s'agit d'une suite de texte, il faut garder les registres mêlés du texte de Voltaire : humoristique, satirique, pathétique.
• **Les temps verbaux** : conservez les temps du passé (imparfait, passé simple).
• **La façon de parler de Micromégas** : analysez son langage dans le texte de Voltaire (images, mots forts, exclamations…).
▶ **Pour réussir l'écriture d'invention :** voir guide méthodologique.
▶ **La question de l'homme, le discours :** voir mémento des notions.

CORRIGÉ 36

Extraits de corrigés, dont certains sont inspirés de textes littéraires, mais adaptés (pour montrer comment on peut tirer profit des textes étudiés dans l'année).

[Début narratif] Il se mit à sangloter et ses larmes dont chacune pouvait remplir dix tonneaux faits pour les vins les plus délicieux tombèrent sur les belligérants qui, paniqués, dans un grand fracas de métal et de feu, se réfugièrent pêle-mêle sous les arbres incendiés par leur folie meurtrière. Il se pencha alors autant que sa grande taille le lui permettait, de sorte que son visage se trouva à la hauteur du clocher de l'église en ruine. Il prit alors sa voix la plus douce pour ne pas les effrayer et, d'un ton teinté de tristesse, il les implora de cesser le carnage : […]

[Passage argumentatif (dialogue-récit)] Le Sirien, dont l'esprit s'échauffait, reprit : « Regardez autour de vous, contemplez cette boucherie héroïque… »

Terrifiés, les petits hommes regardèrent alors au loin le paysage qu'ils avaient pillé et incendié. Puis la honte les envahit : des éclaboussures de sang maculaient les chapeaux et les turbans, les visages, les fleurs ; l'éclat des épées au soleil les aveuglait, les oiseaux avaient fui…

« Vous vous égorgez, vous vous ouvrez le flanc, vous vous coupez les bras et les jambes… Et la raison de toute cette horreur ? On m'a dit que c'était à cause de ce chapeau… Sachez que, d'où je me tiens, je ne perçois entre vous aucune différence, que je vois en vous des milliers de Caïn et d'Abel qui assassinent la nature qui les a enfantés, laquelle, mi-vivante, mi-morte, vous supplie. Écoutez sa plainte ! Rendez-la à la vie, cessez vos combats… »

Un homme tout couvert de sang, le poitrail alourdi de décorations brillant de mille feux, s'avança fièrement, le regard farouche :

« C'est pour l'amour de notre bien-aimé Sultan, notre père à tous, que nous avons l'honneur de montrer notre bravoure…

– Votre père ? Êtes-vous aveugles ? Pendant que vous vous acharnez à dévaster les familles désormais sans pères ni fils, vos dirigeants se prélassent sous le soleil, sans même songer que leur folie meurtrière les contraindra à vider leurs coffres pour reconstruire ce qu'ils vous ont sommé de détruire… […]

[Fin narrative/argumentative] Il y eut un long moment de silence. Les combattants demeurèrent un instant figés ; certains pleuraient, d'autres criaient : « Je ne suis pas un assassin ! »… Puis des cris de joie s'élevèrent du champ de bataille : les uns s'embrassaient, d'autres, à genoux, remerciaient Dieu ; d'autres jetaient leurs armes dans les feux que leur rage avait allumés. Tout à coup, l'un d'entre eux brandit son arme et lança : « Grand homme, conduis-nous, oui, conduis-nous à la bataille, mais contre César et contre le Sultan, pour que nous les exterminions et qu'ils ne puissent plus jamais mener de guerres !

> **Observez**
> Procédés de la persuasion : implication du locuteur (1re pers.) et de l'auditeur (2e pers., apostrophes, questions rhétoriques) ; marques de subjectivité (vocabulaire affectif), images, exclamations, hyperboles…

– Non, tu n'as pas bien compris : si je vous conduis à eux, ce sera pour les persuader que le meilleur des mondes est celui où les dirigeants sont éclairés par les lumières de la raison et sont capables de dire : « *Je n'entreprendrai guerre que je n'aie essayé tous les arts et moyens de paix…* »

> **Info**
> Le texte en italique est extrait de Rabelais.

Un cri s'éleva alors vers le ciel : « Le Géant a raison : *c'est la paix qui donne de la vigueur aux empires ; elle maintient l'ordre parmi les citoyens ; elle laisse aux lois la force qui leur est nécessaire ; elle favorise la population, l'agriculture et le commerce ; elle procure aux peuples le bonheur qui est le but de toute société*. Levons-nous, mes frères ! Allons demander des comptes au Sultan et à César, et, s'ils n'écoutent pas nos sages conseils, chassons-les ! »

> **Info**
> Le texte en italique est extrait de l'article « Paix » de l'*Encyclopédie*.

Le Sirien s'éloigna discrètement : les petits hommes étaient enfin redevenus humains…

Préparer l'épreuve orale

4 sujets corrigés et expliqués

SUJET

37

Sujet d'oral n° 1

Le personnage de roman

Honoré de Balzac, *Le Père Goriot*

▸ Quelles sont les fonctions de cette scène d'arrestation ?

DOCUMENT **Le Père Goriot**

Vautrin, un des habitués de la pension parisienne de Mme Vauquer – où vit le père Goriot – est un personnage affable, mais étrange. Poiret, un retraité, Mlle Michonneau, vieille fille aigrie, intrigués par ce personnage étrange, le signalent à la police qui reconnaît en lui un ancien bagnard, autrefois surnommé Trompe-la-Mort. La police cherche à éliminer Vautrin et cerne la pension de toutes parts.

« Ah ! ma foi, dit Bianchon[1], mademoiselle Michonneau parlait avant-hier d'un monsieur surnommé Trompe-la-Mort ; ce nom-là vous irait bien ».

Ce mot produisit sur Vautrin l'effet de la foudre : il pâlit et chancela, son regard magnétique tomba comme un rayon de soleil sur mademoiselle Michonneau, à laquelle ce jet de volonté cassa les jarrets. La vieille fille se laissa couler sur une chaise. Poiret s'avança vivement entre elle et Vautrin, comprenant qu'elle était en danger, tant la figure du forçat devint férocement significative en déposant le masque bénin[2] sous lequel se cachait sa vraie nature. Sans rien comprendre encore à ce drame, tous les pensionnaires restèrent ébahis. En ce moment, l'on entendit le pas de plusieurs hommes, et le bruit de quelques fusils que des soldats firent sonner sur le pavé de la rue. Au moment où Collin cherchait machinalement une issue en regardant les fenêtres et les murs, quatre hommes se montrèrent à la porte du salon. Le premier était le chef de la police de sûreté, les trois autres étaient des officiers de paix.

« Au nom de la loi et du roi », dit un des officiers dont le discours fut couvert par un murmure d'étonnement. Bientôt le silence régna dans la salle à manger, les pensionnaires se séparèrent pour livrer passage à trois de ces hommes qui tous avaient la main dans leur poche de côté et y tenaient un pistolet armé. Deux gendarmes qui suivaient les agents occupèrent la porte du salon, et deux autres se montrèrent à celle qui sortait par l'escalier. Le pas et les fusils de plusieurs soldats retentirent sur le pavé caillouteux qui longeait la façade. Tout espoir de fuite fut donc interdit à Trompe-la-Mort, sur qui tous les regards s'arrêtèrent irrésistiblement. Le chef alla droit à lui, commença par lui donner sur la tête une tape si violemment appliquée qu'il fit sauter la perruque et rendit à la tête de Collin toute son horreur. Accompagnées de cheveux rouge brique et courts qui leur donnaient un épouvantable caractère de force mêlée de ruse, cette tête et cette face, en harmonie avec le buste, furent intelligemment illuminées comme si les feux de l'enfer les eussent éclairées. Chacun comprit tout Vautrin, son passé, son présent, son avenir, ses doctrines implacables[3], la religion de son bon plaisir, la royauté que lui donnaient le cynisme[4] de ses pensées, de ses actes, et la force d'une organisation faite à tout. Le sang lui monta au visage, et ses yeux brillèrent comme ceux d'un chat sauvage. Il bondit sur lui-même par un mouvement empreint d'une si féroce énergie, il rugit si bien qu'il arracha des cris de terreur à tous les pensionnaires. À ce geste de lion, et s'appuyant de la clameur générale, les agents tirèrent leurs pistolets. Collin comprit son danger en voyant briller le chien[5] de chaque arme, et donna tout à coup la preuve de la plus haute puissance humaine. Horrible et majestueux spectacle ! Sa physionomie présenta un phénomène qui ne peut être comparé qu'à celui de la chaudière pleine de cette vapeur fumeuse qui soulèverait des montagnes, et que dissout en un clin d'œil une goutte d'eau froide. La goutte d'eau qui refroidit sa rage fut une réflexion rapide comme un éclair. Il se mit à sourire et regarda sa perruque.

Honoré de Balzac, *Le Père Goriot*, 3e partie, 1835.

1. Bianchon : étudiant en médecine qui vit dans la pension. 2. Bénin : affable, aimable. 3. Implacables : qui ne se laissent pas fléchir. 4. Cynisme : mépris insolent des convenances. 5. Chien : pièce mécanique qui met le feu à la poudre dans les armes à feu.

SUJETS D'ORAL

PISTES POUR L'ORAL

PRÉPARATION

▶ Tenir compte de la question

• Le mot clé de la question est « fonctions » : cherchez à quoi sert cette scène.

• Quels sont les buts de Balzac : par rapport au lecteur ? à la composition de son personnage ? à la vision du monde qu'il veut donner ?

• Utilisez le mot important de la question dans l'intitulé de vos axes.

▶ Trouver les idées directrices

• Composez aussi la « définition » du texte.

Extrait de roman (*genre*) réaliste (*mouvement*), qui raconte (*type de texte*) l'arrestation d'un forçat (*thème*), dramatique, fantastique, épique (*registres*), animées, pleines de suspense (*adjectifs*) pour captiver le lecteur et le tenir en haleine, pour résoudre l'énigme de Vautrin et dévoiler une conception du monde (*buts*).

▶ Première piste : pour captiver le lecteur, une scène mélodramatique, spectaculaire et théâtralisée

• Relevez et commentez les éléments qui donnent toute sa vivacité et son efficacité dramatique à la scène (cadre, progression, éléments sonores…).

• Comment Balzac théâtralise-t-il cet épisode ?

▶ Deuxième piste : pour éclairer Vautrin et révéler une vision du monde

• Par quels moyens Balzac donne-t-il à Vautrin une **dimension épique** ?

• Quel **regard** l'auteur jette-t-il sur son personnage ?

• Quelle **vision du monde et de l'homme** cette scène révèle-t-elle ?

Pour bien réussir l'oral : voir guide méthodologique.
Le roman : voir mémento des notions.

PRÉSENTATION

Introduction

[Amorce] En 1835 le romantisme bat son plein et la mode au théâtre est au mélodrame, avec ses coups de théâtre spectaculaires, ses traîtres, ses cascades de malheurs pathétiques, ses persécuteurs et ses victimes innocentes… Dans le genre romanesque, c'est le réalisme qui prévaut, mais même un Balzac qui, dans ses romans comme *Le Père Goriot*, voulait « faire concurrence à l'état civil », se laisse tenter par l'efficacité d'une scène excessivement dramatique propre à faire frissonner le lecteur.

[Présentation du texte] Vautrin vit dans la pension bourgeoise de Mme Vauquer. Son comportement inquiétant suscite les soupçons de certains pensionnaires, notamment du vieux retraité Poiret et de la vieille Mlle Michonneau, qui ont fait part à la police de leurs soupçons à l'égard de ce personnage étrange. Le chef de la police reconnaît en lui un certain Collin, ancien forçat surnommé Trompe-la-Mort et, bien décidé à l'éliminer, il organise son arrestation. Cette scène, point culminant préparé par Balzac, attendue par le lecteur depuis l'approche de Mlle Michonneau et de Poiret par la police, depuis la fausse apoplexie de Vautrin pour vérifier son identité, met fin à l'histoire de Vautrin dans *Le Père Goriot* (le personnage réapparaît dans les *Illusions perdues*).

[Lecture du texte]

[Annonce des axes] Quelles sont les fonctions d'une telle scène dans un roman réaliste comme *Le Père Goriot ?* Qu'est-ce que Balzac a en tête quand il compose le récit de cette arrestation ? Balzac se donne – et nous donne – le plaisir d'une grande scène riche en action, mélodramatique et théâtrale à souhait, qui a pour effet de captiver le lecteur et de le faire vibrer [I]. Au-delà de cette fonction dramatique, l'arrestation est un élément-clé dans le portrait de Vautrin : elle dévoile les secrets du personnage et, par le regard que Balzac jette sur lui, révèle la vision du monde et de la vie du romancier [II].

I. Une scène à voir et à entendre, mélodramatique et théâtralisée

Balzac donne à cette arrestation l'intensité d'un moment vécu en direct.

1. Un lieu familier chargé d'émotion et une progression qui va crescendo

• Le cadre :

– la salle à manger de la pension Vauquer est un décor récurrent dans la roman, où tout le monde se côtoie et s'épie : bien que familière au lecteur, elle a déjà été le théâtre de quelques grands moments du roman (la fausse apoplexie de Vautrin) ;

– c'est un lieu resserré, fermé par la « porte du salon » et « celle qui sortait par l'escalier », et par là propre à intensifier la scène qui va s'y jouer.

• Balzac soigne la progression de la scène dont la tension va en s'intensifiant – du calme à la tempête, puis le retour au calme (délimitez les « parties »).

– Le premier élément déclencheur est la remarque anodine de Bianchon sur Trompe-la-Mort (qui aurait pu faire échouer l'arrestation) et la réaction furieuse de Vautrin.

– L'arrestation proprement dite et l'agitation qui s'ensuit créent le suspense.

– La résignation de Vautrin marque le retour au calme.

– La scène est ponctuée de coups de théâtre successifs.

2. Des personnages nombreux et variés

La variété des personnages et leurs divers degrés d'importance donnent de « l'épaisseur » et de l'authenticité à la scène.

• Des figurants : les nombreux policiers, simples silhouettes, qui animent la « toile de fond ».

• Les pensionnaires de la maison Vauquer, qui ici ne sont pas individualisés mais auxquels Balzac semble prêter une âme et des réactions collectives et identiques (« Chacun comprit… »), comme dans un chœur à l'antique.

• Poiret et Michonneau, éléments importants de l'action qui sont distingués par Balzac et par Vautrin et jouent le rôle de personnages secondaires.

• Enfin, au premier plan, sous les feux des projecteurs, le protagoniste, Vautrin, que tous entourent comme des spectateurs fascinés.

3. Jeux de scène et de regards, expressions de physionomie

Comme des didascalies, de nombreux jeux de scène animent le récit.

• À travers les multiples verbes de mouvement :

– face-à-face Vautrin-Michonneau (gros plan) ;

– interposition de Poiret (« chancela », « se laissa couler », « s'avança ») ;

– arrivée des policiers (plan d'ensemble) ;

– « les pensionnaires se séparèrent », « fit sauter la perruque » ;

– réaction de Vautrin (« bondit », « les agents tirèrent »).

• À travers le jeu des regards et les expressions des visages qui traduisent l'intensité des émotions :

– « il pâlit », « son regard tomba » ;

– les pensionnaires sont ébahis ;

– regard de Collin cherchant une issue ;

– « tous les regards s'arrêtèrent irrésistiblement ».

4. L'alternance des plans

La technique et les procédés sont presque cinématographiques avant l'heure ; alternent en effet :

– des plans larges sur des groupes ;

– et des gros plans sur le protagoniste, les objets, les armes (le « chien » des pistolets). Certains de ces gros plans prennent une forte valeur symbolique, notamment celui sur la « perruque », image de la dissimulation de Vautrin.

5. Bruitages et paroles en tous genres

Balzac sait aussi recréer une ambiance sonore. Ce qu'on pourrait appeler la « bande-son » crée une atmosphère de tension ou de tumulte et de confusion par sa variété, surtout lorsque les bruits se détachent sur le « silence » qui domine à plusieurs reprises (au début, après la remarque de Bianchon, après l'apostrophe de l'officier au style direct) :

– paroles (au style direct) ;

– bruits (intérieurs) contrastés dans l'intensité sonore, qui émanent d'humains et traduisent les émotions : « murmure d'étonnement », « cris de terreur » ;

– bruits des déplacements (extérieurs) : « pas » des gendarmes ;

– bruits qui émanent d'objets : « cliquetis des armes ».

II. Vautrin, dévoilé, mis à nu, donne des leçons, même dans sa défaite

Balzac donne à ses héros un rôle symbolique : héros du bien, héros du mal, ils sont porteurs d'un sens, porteurs de la vision de leur créateur. Une des leçons de *La Comédie humaine*, c'est que le monde n'est qu'illusion, une comédie où chacun joue un rôle. L'arrestation de Vautrin est plus qu'un événement de l'action ; elle éclaire le portrait du forçat en profondeur et, implicitement, révèle une vision de l'homme et du monde.

1. Vautrin clairement démasqué

• Dans cet épisode, Vautrin est réellement démasqué par la police, mais il se démasque aussi par son comportement même : « Chacun comprit tout Vautrin, son passé, son présent, son avenir ». L'opposition entre le « masque » et la « vraie nature » est ainsi mise en lumière au sens propre et au sens figuré.

• Pour souligner qu'il s'agit bien d'une révélation, Balzac recourt à de nombreuses expressions qui ont rapport à la lumière (« éclair », regard/rayon de soleil, « intelligemment illuminées, éclairés par les feux de l'enfer, ses yeux brillèrent »).

2. Un personnage épique : la portée symbolique des métaphores

• Les images, comparaisons et métaphores, qui décrivent Vautrin, lui donnent une dimension épique.

– Métaphores animales : des yeux de « chat sauvage », il « bondit » et « rugit » comme « un lion ». La progression va crescendo de l'animal encore un peu domestique au fauve sauvage, roi des animaux ;

– Métaphore infernale : Vautrin est transformé en une créature diabolique effrayante (ses « cheveux [sont] rouge brique », sa tête est « comme éclairé[e] par les feux de l'enfer »).

– Métaphore empruntée aux forces naturelles, qui crée un effet d'amplification : son regard est comme un rayon de soleil, sa réflexion est rapide comme « l'éclair » ; Balzac effectue un mélange insolite d'éléments naturels et industriels : « eau » et « feu » unis dans « une chaudière » de machine à vapeur !

• Vautrin prend la dimension d'un personnage mythique, héros du mal, capable de maîtriser ses émotions (sa « rage ») et de garder son sang-froid (concrétisé par la « goutte d'eau froide ») dans les pires épreuves.

3. Le regard de Balzac sur sa créature révèle sa conception du monde

• Balzac éprouve pour son personnage des sentiments mêlés : horrifié par sa créature, il est en même temps fasciné par elle, admiratif de sa propre création. Le narrateur – et derrière lui l'auteur – semble partager avec les témoins ou leur faire partager (« chacun comprit ») ses sentiments paradoxaux envers son personnage :

• le vocabulaire négatif (« horreur, épouvantable caractère de force », « implacables » « horrible spectacle ! ») révèle son effroi ;

– mais en même temps des métaphores valorisantes, des termes positifs, des superlatifs et des hyperboles associés à des termes négatifs (« la *royauté* que lui donnai[t] le cynisme de ses pensées », « majestueux») indiquent qu'il ressent pour Vautrin une réelle admiration.

• Ces sentiments sont soulignés par la force des deux groupes ternaires : « son passé, son présent, son avenir » (prolepse sur le retour de Collin dans *Illusions perdues* et *Splendeurs et Misères des courtisanes* et son ultime avatar en chef de la police parisienne), et : « royauté, religion, force de son organisation ». C'est là la preuve de la plus haute puissance.

• Balzac, par cette arrestation physique, représente concrètement la marginalité assumée de son personnage, indique son désir de se démarquer moralement de la société pour garder son indépendance (« religion du *bon plaisir* », « le *cynisme* de ses pensées », « ses doctrines *implacables* »), affichée par un « sourire » diabolique et lui donnant la supériorité sur ceux qui l'arrêtent. De personnage de mélodrame Vautrin se tranforme en héros tragique.

Conclusion

[Synthèse] Cette scène animée contribue à l'équilibre du roman où alternent descriptions de lieux et de personnages (pension Vauquer, Mme Vauquer et ses pensionnaires), discours didactiques (de Vautrin, de Mme de Beauséant), moments d'action. Elle résout aussi l'énigme de Vautrin dont la laideur est le reflet de son caractère diabolique (pour Balzac, qui croyait en la physiognomonie, les caractères façonnent les visages et les constitutions physiques) et marque sa fin. Mais Vautrin, par son comportement, par l'image qu'il donne de lui-même, continue à donner une leçon : il montre que le monde appartient à des individus d'une espèce supérieure, doués de qualités ou de vices exceptionnels, capables d'être plus forts que le destin qui les accable temporairement. Son destin illustre la vision de la vie et des hommes de Balzac : pour lui, le monde est une façade, les êtres dissimulent leur vérité et ne se découvrent que dans des situations exceptionnelles. [Ouverture] Ce sont de tels passages qui rendent aisée et efficace la transposition des romans de Balzac à l'écran, où l'efficacité de la scène est assurée.

ENTRETIEN

Question

L'examinateur pourrait débuter l'entretien par la question suivante.

▶ Quels points de vue un narrateur peut-il adopter dans un roman et quel peut être l'intérêt de chacun d'eux ?

Il s'agit d'une question de cours. Mais il ne faut pas le « réciter » purement et simplement. Il faut expliquer et alimenter chaque remarque d'exemples personnels qui l'illustrent.

Pour réussir l'entretien : voir guide méthodologique.
Le roman : voir mémento des notions.

L'entretien pourra se poursuivre dans diverses directions, par exemple :

▶ Connaissez-vous d'autres personnages de romans incarnant le mal ?

▶ Pourquoi aime-t-on les romans ?

Pistes pour répondre à la première partie de la question

Définir le point de vue (ou focalisation), c'est déterminer qui voit et quelle est la manière de voir du narrateur, sa position. Il existe trois points de vue :

– le **point de vue externe :** le narrateur s'efface et est assimilable à un objectif de caméra ;

– le **point de vue interne :** le narrateur voit, sait et raconte au lecteur uniquement ce que percevrait subjectivement un personnage ;

– le **point de vue omniscient :** le narrateur voit et sait tout dans le temps et dans l'espace. Il connaît et retranscrit toutes les pensées des personnages.

SUJET

38

Sujet d'oral n° 2

Le texte théâtral et sa représentation

Edmond Rostand, *Cyrano de Bergerac*

▸ Après avoir étudié la stratégie de séduction déployée par Cyrano, vous montrerez que le texte mêle étroitement le pathétique et un certain humour.

DOCUMENT **Cyrano de Bergerac**

La scène se passe à Paris, au XVIIe siècle. Cyrano, aussi célèbre pour ses prouesses militaires que pour son physique disgracieux, aime sa cousine Roxane. Mais celle-ci lui a confié qu'elle est amoureuse du beau Christian et qu'elle en est aimée. Elle reproche cependant à Christian de ne pas savoir lui parler d'amour. Prêt à se sacrifier, Cyrano, poète à ses heures, décide d'aider Christian. Ainsi, quand celui-ci, dissimulé avec Cyrano sous le balcon de Roxane, la désespère par la maladresse de son discours amoureux, Cyrano vient en aide à son rival en se faisant passer pour lui.

ROXANE, *s'avançant sur le balcon.*

C'est vous ?
Nous parlions de… de… d'un…

CYRANO

Baiser. Le mot est doux !
Je ne vois pas pourquoi votre lèvre ne l'ose ;
S'il la brûle déjà, que sera-ce la chose ?
Ne vous en faites pas un épouvantement :
N'avez-vous pas tantôt, presque insensiblement,
Quitté le badinage et glissé sans alarmes
Du sourire au soupir, et du soupir aux larmes !
Glissez encore un peu d'insensible façon :
Des larmes au baiser il n'y a qu'un frisson !

ROXANE

Taisez-vous !

CYRANO

Un baiser, mais à tout prendre, qu'est-ce ?
Un serment fait d'un peu plus près, une promesse
Plus précise, un aveu qui veut se confirmer,
Un point rose qu'on met sur l'*i* du verbe aimer ;
C'est un secret qui prend la bouche pour oreille,
Un instant d'infini qui fait un bruit d'abeille,
Une communion ayant un goût de fleur,
Une façon d'un peu se respirer le cœur,
Et d'un peu se goûter, au bord des lèvres, l'âme !

ROXANE

Taisez-vous !

CYRANO

Un baiser, c'est si noble, madame,
Que la reine de France, au plus heureux des lords,
En a laissé prendre un, la reine même !

ROXANE

Alors !

CYRANO, *s'exaltant.*

J'eus comme Buckingham[1] des souffrances muettes,
J'adore comme lui la reine que vous êtes,
Comme lui je suis triste et fidèle…

ROXANE

Et tu es
Beau comme lui !

CYRANO, *à part, dégrisé.*

C'est vrai, je suis beau, j'oubliais !

ROXANE

Eh bien ! montez cueillir cette fleur sans pareille…

CYRANO, *poussant Christian vers le balcon.*

Monte !

ROXANE

Ce goût de cœur…

CYRANO

Monte !

ROXANE

Ce bruit d'abeille…

CYRANO

Monte !

SUJETS D'ORAL

CHRISTIAN, *hésitant.*
Mais il me semble, à présent, que c'est mal !
ROXANE
Cet instant d'infini !...
CYRANO
Monte donc, animal !
Christian s'élance, et par le banc, le feuillage, les piliers, atteint les balustres qu'il enjambe.
CHRISTIAN
Ah ! Roxane !
Il l'enlace et se penche sur ses lèvres.
CYRANO
Aïe ! au cœur, quel pincement bizarre !
Baiser, festin d'amour, dont je suis le Lazare[2] !

Edmond Rostand, *Cyrano de Bergerac*, acte III, scène 10 (v. 1505-1535), 1897.

1. Duc anglais, amant de la reine de France dans *Les Trois Mousquetaires* d'Alexandre Dumas.
2. Personnage de l'Évangile, Lazare, pauvre et malade, vivait des restes de la table d'un homme riche.

PISTES POUR L'ORAL

PRÉPARATION

▶ Tenir compte de la question

- La question vous suggère déjà le **plan de la réponse** à travers ses mots clés : « stratégie », « pathétique » et « humour ».
- Vous devez utiliser ces mots dans les intitulés de vos axes.

▶ Trouver les idées directrices

Utilisez les pistes que vous ouvre la question, mais composez aussi la « définition » du texte.

Scène de théâtre (*genre*) dans laquelle un personnage argumente (*type de texte*) pour séduire et obtenir un baiser (*thème*), pathétique et comique (*registres*), poétique, lyrique (*adjectifs*) afin d'émouvoir le spectateur (*but*).

▶ **Première piste : une habile stratégie de séduction**

• Le mot « stratégie » désigne tout plan et ensemble de **moyens utilisés** pour arriver à ses fins. On parle de « stratégie argumentative ». Ici, le but visé est de séduire Roxane et d'obtenir un baiser.

• Vous devez chercher quels moyens (verbaux) utilise Cyrano, en quoi son **discours amoureux est habile.**

▶ **Deuxième piste : l'association du pathétique et de l'humour**

• Demandez-vous ce qui, dans la situation de Cyrano, provoque la **pitié** : comparez pour cela le début et la fin de la scène, l'évolution des sentiments du personnage. Analysez les expressions qui traduisent son **désarroi.**

• Cherchez ce qui, dans la situation, est **humouristique** parce que invraisemblable et ce qui, dans le personnage de Christian, est un peu ridicule.

• Étudiez les niveaux de langue et certaines **images cocasses.**

• En quoi certaines attitudes de Roxane font-elles **sourire** ?

• Explorez les différents procédés de l'humour : répétition, décalage, contraste…

Pour bien réussir l'oral : voir guide méthodologique.
Le théâtre : voir mémento des notions.

PRÉSENTATION

Introduction

[Amorce] À la fin du XIXe siècle, la pièce d'Edmond Rostand *Cyrano de Bergerac*, histoire d'amour et d'amitié qui se déroule vers 1640, renoue avec les grandes pièces du drame romantique comme *Hernani* ou *Ruy Blas* de Victor Hugo.

[Le texte] Par un étrange pacte, Cyrano prête au beau Christian ses talents de poète pour séduire la belle Roxane en lui écrivant de superbes lettres d'amour. Ici, caché sous le balcon de Roxane, Cyrano souffle ses mots d'amour à Christian, puis, la nuit aidant, prend lui-même la parole et laisse parler son cœur. Roxane propose un baiser à Christian…

[Annonce des axes] Cyrano, troublé, redouble d'éloquence et trouve les arguments pour faire tomber les dernières résistances de Roxane. L'émotion est ici humoristique, renforcée par les ruptures de registres : Rostand mêle au pathétique de la situation des moments plus légers, presque comiques.

I. Une habile stratégie de séduction

1. Rassurer

• Dans un premier temps, Cyrano s'efforce de rassurer Roxane sur l'innocence de ce baiser, présenté comme inéluctable par le futur « que sera-ce la chose ? » Il lui montre qu'il s'agit seulement de l'aboutissement d'un parcours sentimental obligé dont il rappelle les étapes déjà parcourues (« badinage », « sourire », « soupirs », « larmes »). L'abondance des sonorités en *ss* en traduit la progression aussi « douce » qu'« insensible ».

• Puis il minimise adroitement la gravité d'un tel abandon, d'abord par des conseils (« Je ne vois pas pourquoi votre lèvre ne l'ose », « Ne vous en faites pas un épouvantement »), puis en donnant du baiser plusieurs définitions à la manière des précieuses. Il y emploie toujours des expressions diminutives : « à tout prendre, qu'est-ce ? », « un point », « un instant », « un peu », « au bord ».

• Mais, en même temps, ces définitions comportent des aspects valorisants qui garantissent la sincérité des gestes : « un serment », « une promesse infinie », « communion », « âme ».

2. Troubler les sens

• Cyrano semble vouloir créer un vertige chez Roxane, par la reprise du mot « baiser » et du même tour syntaxique pour juxtaposer les définitions de ce « baiser » : « un point… », « un secret… », « une communion… », « une façon… ».

• Il sait aussi jouer de la sensualité des évocations des parties du visage : « lèvres », « bouche », « oreilles » et du champ lexical des sensations : « doux », « goûts », « goûter », « frisson », « bruit ».

• L'érotisme de ces allusions est adouci par des métaphores empruntées à la nature : « goût des fleurs », « bruit d'abeilles » qui renvoient à un univers innocent.

3. Un éloge éloquent et sincère

• Ensuite Cyrano explore un autre type d'argument : le précédent historique et glorieux du baiser de la reine de France à Buckingham ; le rang des personnages (« noble », « reine », « lords ») ne peut que flatter une simple bourgeoise comme Madeleine Robin, alias Roxane, ainsi assimilée à un personnage de sang royal (« la reine que vous êtes »).

• Enfin, Cyrano s'implique d'une façon décisive : il change d'énonciation, passe au *je*, abandonnant le masque sous lequel il prétendait s'exprimer.

• Ce lyrisme passionné bouleverse Roxane qui passe alors au tutoiement. L'éloquence de Cyrano, inspirée par la sincérité de sa passion, subjugue Roxane qui, envoûtée, reprend en écho les plus belles comparaisons de Cyrano : « cette fleur », « ce goût de cœur », « ce bruit d'abeille ».

II. L'association du pathétique et du comique

Rostand, dans cette scène, associe le pathétique et le comique.

1. Une situation fondamentalement pathétique

• Le fond même de la situation est pathétique, en raison de l'opposition entre la beauté morale et intellectuelle de Cyrano et sa laideur physique qui lui interdit de connaître un amour partagé. Obligé de recourir à un masque pour pouvoir au moins déclarer son amour, il semble condamné à jouer la comédie, sans pouvoir confier à quiconque son secret.

• La scène du balcon lui offre enfin la possibilité de s'adresser à Roxane de vive voix et de goûter un double plaisir : celui de se livrer et celui de mesurer l'effet de sa déclaration ; il oublie alors sa laideur et connaît un moment de bonheur intense, l'exaltation de pouvoir enfin dire *je* (voir Ruy Blas qui, marchant « dans [son] rêve étoilé », peut oublier la « laideur » de sa condition de valet et avouer son amour à la reine d'Espagne).

• Le retour à la réalité en est d'autant plus rude et pathétique. Le commentaire élogieux de Roxane : « Et tu es beau comme lui… » le dégrise. Le duo lyrique avec Roxane est bien fini : Cyrano est renvoyé à sa solitude, pendant que Christian enlace Roxane.

2. Un certain humour

Cependant, en contrepoint, Rostand apporte quelques touches humoristiques.

• On sourit de la fausse pudeur de Roxane qui hésite à prononcer le mot « baiser » quand elle reprend son duo avec Cyrano ; son cœur dit « continuez à parler » quand sa bouche dit « Taisez-vous ».

• L'autodérision dont fait preuve Cyrano dans son aparté quand il est « dégrisé » (« C'est vrai, je suis beau… j'oubliais ») amuse généralement le public, peut-être d'ailleurs en réaction à la tension lyrique qui précède et surtout si le comédien prend pour le dire un ton très détaché, ironique.

• Son dernier commentaire contient des effets de décalage humoristiques : la familiarité de l'interjection « aïe ! » contraste avec le lyrisme un peu grandiloquent – et même parodique – de la comparaison avec le Lazare de la Bible.

• L'hésitation de Christian à rejoindre Roxane et les bourrades amicales de Cyrano apportent un comique plus appuyé. L'apostrophe faussement brutale « Monte donc, animal » joue elle aussi sur la recherche du contraste avec le ton élégiaque du discours amoureux. Cependant, à y regarder de plus près, les hésitations de Christian montrent qu'il comprend confusément que le sens véritable de ce qui vient de se passer lui échappe.

Conclusion

Le succès populaire de *Cyrano de Bergerac* ne s'est jamais démenti depuis la création de la pièce. Il est dû au fait que la pièce met en scène de vrais personnages qui, après nous avoir fait rire et pleurer, continuent à vivre en nous, avec leurs répliques devenues aujourd'hui des références, comme celle qui débute la fameuse tirade du nez : « Ah non, c'est un peu court jeune homme. On pouvait dire bien des choses en somme… »

ENTRETIEN

Question

L'examinateur pourrait débuter l'entretien par la question suivante.

▶ Comment le théâtre permet-il de persuader et d'émouvoir ?

- Il s'agit d'une question de cours.
- Mais il ne faut pas le « réciter » purement et simplement. Vous devez expliquer et alimenter chaque remarque d'exemples personnels qui l'illustrent.

Pour réussir l'entretien : voir guide méthodologique.

Le théâtre : voir mémento des notions.

L'entretien pourra se poursuivre dans diverses directions, par exemple :

▶ Quelles pièces de théâtre connaissez-vous ?
▶ Avez-vous assisté à des représentations théâtrales ?
▶ Comment mettriez-vous en scène cette scène de *Cyrano de Bergerac* ?
▶ Pour vous, qu'est-ce qu'un bon acteur ?

Pistes pour répondre à la question

I. Le théâtre, un genre « à histoires » qui émeut et captive

1. Une action en direct.
2. Une intrigue qui « court », surprend et entraîne l'adhésion du spectateur [*exemples*].
3. Mais, sans être la vie, c'est bien un peu la vie sous toutes les couleurs [*exemples*].

II. Des personnages accessibles et émouvants, si proches de nous

1. Des personnages simplifiés et passionnés auxquels on s'attache et s'identifie, ou qu'on déteste [*exemples*].
2. Des personnages symboliques au langage stylisé [*exemples*].

III. Le spectacle, force de l'illusion et de l'incarnation

1. Éléments matériels et mise en scène entraînent l'adhésion physique et affective [*exemples*].
2. Des êtres en chair et en os, une histoire incarnée [*exemples*].
3. La présence d'un public, personnage collectif ; la position privilégiée du spectateur.

SUJET

39

Sujet d'oral nº 3

Écriture poétique et quête du sens

Charles Baudelaire, *Les Fleurs du mal*

▸ **Montrez que Baudelaire donne à ce voyage apparemment réel une portée symbolique et en fait une sorte de métaphore de la condition humaine, prise entre idéal et spleen.**

DOCUMENT **Élévation**

Il s'agit du troisième poème de la section « Spleen et Idéal » du recueil Les Fleurs du Mal. *Juste après « L'Albatros », qui évoque le malaise du poète parmi les hommes, « Élévation » est un poème qui aspire à l'idéal.*

Au-dessus des étangs, au-dessus des vallées,
Des montagnes, des bois, des nuages, des mers,
Par delà le soleil, par delà les éthers,
Par delà les confins des sphères étoilées,

Mon esprit, tu te meus avec agilité,
Et, comme un bon nageur qui se pâme dans l'onde,
Tu sillonnes gaiement l'immensité profonde
Avec une indicible et mâle volupté.

Envole-toi bien loin de ces miasmes morbides ;
Va te purifier dans l'air supérieur,
Et bois, comme une pure et divine liqueur,
Le feu clair qui remplit les espaces limpides.

Derrière les ennuis et les vastes chagrins
Qui chargent de leur poids l'existence brumeuse,
Heureux celui qui peut d'une aile vigoureuse
S'élancer vers les champs lumineux et sereins :

Celui dont les pensers, comme des alouettes,
Vers les cieux le matin prennent un libre essor,
– Qui plane sur la vie, et comprend sans effort
Le langage des fleurs et des choses muettes !

Charles Baudelaire, « Élévation », *Les Fleurs du mal*, 1857.

PISTES POUR L'ORAL

PRÉPARATION

▶ Tenir compte de la question

- Les mots-clés sont : « voyage », « métaphorique » et « symbolique ».
- La question vous indique deux pistes d'analyse.
- Pensez à utiliser les mots-clés de la question dans les intitulés de vos axes.
- En lien avec la notion de quête du sens, la question suggère de réfléchir à la **portée symbolique du voyage**.

▶ Trouver les idées directrices

Utilisez les pistes que vous ouvre la question mais composez aussi la « **définition** » du texte.

Poème en vers réguliers *(genre)* qui décrit *(type de texte)* un voyage *(thème)*, réaliste, presque mystique et symbolique *(registres)*, métaphorique *(adjectif)* pour rendre compte de la recherche exaltée d'un idéal poétique impossible *(but)*.

▶ Première piste : un « vrai » voyage

- Les mots-clés « voyage » et « réel » suggèrent un vrai voyage : analysez les **détails concrets**, par exemple les lieux traversés et les mouvements évoqués.
- Commentez le **rythme** de ces mouvements ainsi que les **sonorités** en analysant l'écriture poétique et la versification.

▶ Deuxième piste : le sens métaphorique et symbolique du voyage

- Les mots-clés « symbolique » et « métaphore » invitent à chercher en quoi ce voyage dépasse ces aspects concrets.
- Analysez ce qui donne à ce voyage son **aspect mystique** (pensez au titre).
- Précisez ce que représente ou **symbolise** ce voyage. Quel idéal poétique représente-t-il ? Faites pour cela appel à vos connaissances sur les notions de spleen et idéal chez Baudelaire.

Pour bien réussir l'oral : voir guide méthodologique.

La poésie : voir mémento des notions.

PRÉSENTATION

Introduction

[Amorce] Les voyages vers des paradis exotiques constituent le thème de nombreux poèmes des *Fleurs du Mal* de Charles Baudelaire, tels « L'Invitation au voyage » ou « Parfum exotique ».

[Présentation du texte] Dans « Élévation », le désir d'ailleurs se sublime dans l'évocation d'un envol de l'esprit du poète dans l'espace infini et idéal du ciel pour échapper à la médiocrité de la réalité quotidienne.

[Lecture du texte]

[Annonce des axes] Le récit de cette tentative d'élévation repose sur des sensations, des notations concrètes, comme s'il s'agissait d'un voyage bien réel [I] alors qu'il s'agit en fait d'une expérience mystique qui s'inscrit dans la quête de l'idéal du poète voulant s'affranchir du spleen [II].

Astuce
Choisissez une couleur pour chaque idée directrice et surlignez dans le texte les mots qui répondent à ces questions avec la même couleur. Ce surlignage vous fournira pour chaque idée des exemples (citations courtes du texte) qui illustreront vos commentaires.

I. Une invitation à un voyage réel et imaginaire

1. Un voyage concret...

• La première strophe énumère des lieux multiples, aperçus dans une contre-plongée vertigineuse. C'est la Terre vue d'en haut, avec ses « étangs », « vallées », « montagnes », « bois » et « mers », vue rêvée et désirée par l'homme de toute éternité. L'utilisation du pluriel et des articles définis amplifie ce spectacle et le détache d'un contexte géographique particulier.

• L'élan de cet essor est rendu, dans la première strophe, par les anaphores, « au dessus » et « par delà » qui sont comme autant de coups d'aile qui portent plus haut et avec de plus en plus d'aisance l'esprit du poète. Ce n'est qu'à la deuxième strophe qu'apparaissent les verbes de mouvement (« tu te meus », « tu sillonnes »). Le rythme des vers précédents peignait déjà cet envol, rythme tantôt équilibré (le vers 1 se compose de deux hémistiches égaux de six syllabes), tantôt plus agité (vers 2 : 4/2-4/2), de nouveau régulier (vers 3 : 6/6) puis s'amplifiant avec une belle fluidité (le vers 4 ne comporte aucune coupe).

Le poème imite ainsi les différentes phases d'un vol d'oiseau, avec ses moments d'efforts et de vols planés harmonieux.

SUJETS D'ORAL

2. Mais aussi un voyage mystique et symbolique

• Le titre du poème, « Élévation », est chargé d'une forte connotation mystique soutenue par un champ lexical religieux (« purifier », vers 10 ; « divine », vers 11 ; « cieux », vers 18). Le terme « élévation » renvoie à un moment d'adoration et de communion dans la messe catholique. C'est aussi le mouvement de l'âme qui s'élève pour se fondre en Dieu, expérience décrite par les mystiques qui font état de leur perception d'une lumière éblouissante ; Baudelaire mentionne ainsi « le soleil » (vers 3), puis « le feu clair » (vers 12) et des « champs lumineux » (vers 16).

• Des réminiscences mythologiques imprègnent le poème : références au vol d'Icare ou à l'ambroisie et au nectar, la « pure et divine liqueur » (vers 11) des dieux de l'Olympe ; tournures latines, comme « Heureux celui qui » (vers 15), rappellent les béatitudes du Christ dans le Nouveau Testament (« Heureux les pauvres… »). Les archaïsmes médiévaux (« pensers » pour « pensées », « liqueur » pour « liquide », « ennuis » pour « désespoir », « onde » pour « eau ») pourraient traduire l'intention du poète de fuir la réalité dans un passé idéalisé et dans un ailleurs sublimé, « par delà le soleil… ».

II. Une métaphore poétique du spleen et de l'idéal

« Élévation » s'inscrit dans la vision baudelairienne de la nature profonde de l'homme moderne, avec ses contradictions, ses révoltes, ses angoisses, ses aspirations les plus élevées et les plus sordides. Ici, c'est à l'appel de l'idéal que le poète répond, mais avec quels résultats ?

1. La recherche de l'idéal

• Le poète semble grisé, dans les premiers vers, par cette nouvelle sensation de liberté. Les lieux au-dessus desquels il s'élève n'ont pas seulement une valeur descriptive, ils ont aussi une dimension symbolique puisque le poète s'élève « par delà » les espaces infinis du cosmos. Comme saisi par l'ivresse des sommets, l'esprit du poète, buveur du « feu clair » (vers 12), ne se soucie plus des catégories habituelles du monde sensible : le haut et le « profond » (vers 7), l'« onde » (vers 6) et le ciel se confondent. Le poète en extase ressent une « volupté » sensuelle et intellectuelle (« esprit »).

• La troisième strophe, avec sa triple injonction (« envole-toi », « va », « bois ») semble en retrait par rapport à l'assurance des deux premières strophes. Le poète n'était-il pas déjà en route pour l'idéal ? L'euphorie physique prend alors une tonalité spirituelle (« purifier », « divine »). Ce qui semblait une expérience pleinement réussie ne serait-il que le récit d'un rêve ? Ou faut-il comprendre ces trois impératifs comme un encouragement à aller encore plus loin ?

2. Le poids du spleen

• L'avant-dernière strophe semble accentuer cette distanciation. L'énonciation change : le poète abandonne le tutoiement familier par lequel il s'apostrophe lui-même et dialogue avec son « esprit » (« Heureux celui qui… »).

• Plus inquiétant encore : les vers 13 et 14 résonnent comme des échos aux poèmes les plus sombres de la section « Spleen et Idéal », tels que « Spleen » ou « La Cloche fêlée ». Baudelaire réunit dans ces deux vers les mots-clés du spleen : « ennuis », « chagrins », atmosphère « brumeuse » qui écrase l'individu ou l'enferme comme dans un cachot. C'est ce que cherche sûrement à suggérer l'emploi étrange de l'expression « derrière les ennuis » (vers 13), comme on dirait « derrière les barreaux ».

• Le rêve poétique reprend pourtant le dessus. Certes Baudelaire le confie désormais à un autre aventurier de l'idéal que lui-même, mais son poème en garde la trace, en fixe les ambitions. Le monde réel, concret n'est plus perçu comme seulement négatif : la mention des « alouettes » (vers 17), du « matin » (vers 18) et des « fleurs » (vers 20) en donne une image pleine de vie. La beauté harmonieuse existe pour qui sait la voir, la décrire, la « comprend[re] » (vers 19).

3. Une illustration de la conception symboliste de la poésie

• Ces vers annoncent « Correspondances », poème qui suit immédiatement « Élévation » dans le recueil. Tandis que dans « Élévation », le poète cherche à comprendre « le langage des fleurs et des choses muettes » (vers 20), dans « Correspondances », il souhaite traduire « les confuses paroles » que fait entendre la nature.

• « Élévation », comme « Correspondances », est une profession de foi poétique et symboliste : le poète est bien un traducteur, un déchiffreur de monde dont les images créent des « correspondances » entre les différentes sensations et entre l'univers sensible et spirituel.

Conclusion

[Synthèse] Dans « L'Albatros », poème qui précède « Élévation », Baudelaire admire « ces rois de l'azur » que sont les poètes. Ils planent au-dessus des hommes mais leur différence les expose à l'incompréhension. La faute y est rejetée sur les préjugés mesquins de la société. Dans « Élévation », le poète est seul responsable de l'échec ou du succès de son effort pour atteindre l'idéal et déchiffrer les mystères du monde.

[Ouverture] L'ambition d'un tel projet justifie l'affirmation orgueilleuse de Baudelaire, alchimiste du verbe : « Tu m'as donné ta boue et j'en ai fait de l'or. »

ENTRETIEN

Question

L'examinateur pourrait débuter l'entretien par la question suivante.

▸ **Quelles vous semblent être les fonctions de la poésie ?**

• Il s'agit d'une question de cours.

• Il ne faut pas réciter votre cours mais montrer, au travers d'exemples personnels, que vous avez mené votre propre réflexion.

L'entretien pourra se poursuivre dans diverses directions, par exemple :

▶ Quelle définition donneriez-vous du poète ?

▶ Quel est votre poète préféré ? Justifiez votre réponse.

Pour réussir l'entretien : voir guide méthodologique.
La poésie : voir mémento des notions.

Pistes pour répondre à la question (à alimenter d'exemples personnels)

La poésie a plusieurs fonctions. Elle peut :

– **décrire** : le poète latin Horace définit la poésie comme une « peinture » [*exemples*] ;

– **traduire des sentiments** et des émotions (poésie lyrique) [*exemples*] ;

– **recréer le monde** en « dévoilant » les faces cachées, ou créer un monde nouveau [*exemples*] ;

– mettre en valeur et **défendre des idées politiques ou sociales** (poésie engagée) en les exprimant avec plus de force et d'intensité [*exemples*].

Sujet d'oral n° 4
La question de l'homme

Savinien de Cyrano de Bergerac, *États et Empires du Soleil*

▸ En quoi ce discours fantaisiste peut-il être considéré comme un apologue ?

DOCUMENT **États et Empires du Soleil**

Cyrano de Bergerac raconte les aventures extraterrestres d'un homme, Dyrcona, et son voyage dans d'« autres mondes ». Sur le Soleil, il découvre une république gouvernée par des oiseaux civilisés qui le jugent en tant qu'homme, leur ennemi juré. Après avoir été défendu par une pie, le voilà accusé par une perdrix nommée Guillemette la Charnue qui, ayant été blessée par la balle d'un chasseur, demande réparation « à l'encontre du genre humain » devant un tribunal.

Plaidoyer fait au Parlement des oiseaux, les Chambres assemblées, contre un animal accusé d'être homme.

« Examinons donc, messieurs, les difficultés de ce procès avec toute la contention[1] de laquelle nos divins esprits sont capables.

Le nœud de l'affaire consiste à savoir si cet animal est homme et puis, en cas que nous avérions qu'il le soit, si pour cela il mérite la mort.

Pour moi, je ne fais point de difficultés qu'il ne le soit, premièrement, par un sentiment d'horreur dont nous nous sommes tous sentis saisis à sa vue sans en pouvoir dire la cause ; secondement, en ce qu'il rit comme un fou ; troisièmement, en ce qu'il pleure comme un sot ; quatrièmement, en ce qu'il se mouche comme un vilain[2] ; cinquièmement, en ce qu'il est plumé comme un galeux[3] ; sixièmement, en ce qu'il a toujours une quantité de petits grès[4] carrés dans la bouche qu'il n'a pas l'esprit de cracher ni d'avaler ; septièmement, et pour conclusion, en ce qu'il lève en haut tous les matins ses yeux, son nez et son large bec, colle ses mains ouvertes la pointe au ciel plat contre plat, et n'en fait qu'une attachée, comme s'il s'ennuyait d'en avoir deux libres ; se casse les deux jambes par la moitié, en sorte qu'il tombe sur ses gigots ; puis avec des paroles magiques qu'il bourdonne, j'ai pris garde que ses jambes rompues se rattachent, et qu'il se relève après aussi gai qu'auparavant[5]. Or, vous savez, messieurs, que de tous les animaux, il n'y a que l'homme seul dont l'âme soit assez noire pour s'adonner à la magie, et par conséquent celui-ci est homme. Il faut maintenant examiner si, pour être homme, il mérite la mort.

Je pense, messieurs, qu'on n'a jamais révoqué[6] en doute que toutes les créatures sont produites par notre commune mère, pour vivre en société. Or, si je prouve que l'homme semble n'être né que pour la rompre, ne prouverai-je pas qu'en allant contre la fin[7] de sa création, il mérite que la nature se repente de son ouvrage ?

La première et la plus fondamentale loi pour la manutention[8] d'une république, c'est l'égalité ; mais l'homme ne la saurait endurer éternellement : il se rue sur nous pour nous manger; il se fait accroire que nous n'avons été faits que pour lui ; il prend, pour argument de sa supériorité prétendue, la barbarie avec laquelle il nous massacre, et le peu de résistance qu'il trouve à forcer notre faiblesse, et ne veut pas cependant avouer à ses maîtres[9], les aigles, les condors, et les griffons[10], par qui les plus robustes d'entre eux sont surmontés.

Mais pourquoi cette grandeur et disposition de membres marquerait-elle diversité d'espèce, puisque entre eux-mêmes il se rencontre des nains et des géants ?

Encore est-ce un droit imaginaire que cet empire[11] dont ils se flattent ; ils sont au contraire si enclins à la servitude, que de peur de manquer à servir, ils se vendent les uns aux autres leur liberté. C'est ainsi que les jeunes sont esclaves des vieux, les pauvres des riches, les paysans des gentilshommes, les princes des monarques, et les monarques mêmes des lois qu'ils ont établies. Mais avec tout cela ces pauvres serfs[12] ont si peur de manquer de maîtres, que comme s'ils appréhendaient que la liberté ne leur vînt de quelque endroit non attendu, ils se forgent des dieux de toutes parts, dans l'eau, dans l'air, dans le feu, sous la terre.

Savinien de Cyrano de Bergerac, *États et Empires du Soleil*, 1662.

1. Contention : effort, application. 2. Vilain : paysan. 3. Galeux : atteint de la gale, maladie infectieuse de la peau. 4. Grès : cailloux ; Guillemette fait ici allusion aux dents (les perdrix, elles, n'ont pas de dents). 5. Guillemette décrit ici le rite et les gestes de la prière. 6. Révoqué en doute : mis en doute. 7. La fin : le but, l'objectif. 8. Manutention : maintien. 9. Avouer à ses maîtres : reconnaître pour maîtres. 10. Griffon : animal fantastique de la mythologie, sorte de lion avec des ailes, des griffes et une tête d'aigle. 11. Empire : pouvoir. 12. Serfs : au Moyen-âge, personnes qui dépendaient d'un seigneur ; ici : esclaves.

PISTES POUR L'ORAL

PRÉPARATION

▸ Tenir compte de la question

• Les mots clés sont : « fantaisiste », « apologue ».

• « peut-il être considéré » suggère que le texte n'est pas un vrai apologue (en effet il ne comporte pas de récit proprement dit), mais qu'il fonctionne *comme* un apologue, c'est-à-dire qu'il comporte un premier niveau de lecture et, au-delà, une portée argumentative, une « leçon » qu'il vise à « plaire » et à « instruire ». Vous devez analyser ces deux aspects du texte.

• « discours » suggère d'analyser précisément la forme du texte.

• Utilisez dans l'intitulé de vos axes les mots clés de la question.

▸ Trouver les idées directrices

Composez aussi la « définition » du texte.

Discours plaidoyer/réquisitoire (*genre*) baroque (*mouvement*) qui décrit (*type de texte*) les humains et leurs pratiques (*thème*), qui argumente (*type de texte*) sur l'homme (*thème*), humoristique, parodique, satirique, polémique (*registres*), structuré, vivant, imagé, pittoresque, critique, libertin (*adjectifs*) pour faire la satire et la critique de l'homme (*buts*).

▸ Première piste : le pittoresque et la *fantaisie* d'une parodie de *discours*

• Montrez la singularité de la forme du texte : dialogue ? théâtre ? récit ? essai ?

• Identifiez ses registres.

• Analysez le pittoresque des personnages et leurs relations.

▸ Deuxième piste : un *apologue* ? Un réquisitoire satirique et une vision critique de l'homme

• Montrez qu'il s'agit d'abord d'une mise en scène. Quel en est le rythme ?

• Quelles sont les cibles de cette mise en scène ? Quelle est la teneur de cette satire par les gestes ?

Pour bien réussir l'oral : voir guide méthodologique.
La question de l'homme : voir mémento des notions.

SUJETS D'ORAL

PRÉSENTATION (PLAN DÉTAILLÉ)

Introduction

[Amorce] Au XVIIe siècle, l'apologue est surtout représenté par les fables remises au goût du jour par La Fontaine pour traiter des questions humaines, rôle didactique joué aussi par le théâtre. Savinien Cyrano de Bergerac qui s'inscrit dans le mouvement libertin, matérialiste et contestataire de l'époque choisit de remettre en cause la société humaine et d'exposer sa vision de l'homme d'une autre manière.

[Présentation du texte] Plein de fantaisie, Cyrano raconte à la première personne dans deux romans, les *États et Empires de la Lune et du Soleil* (1657-1662), les aventures extraterrestres d'un homme, Dyrcona, et son voyage, grâce à une machine qu'il a inventée, dans d'« autres mondes ». Sur le Soleil, il découvre une république gouvernée par des oiseaux civilisés qui le jugent en tant qu'homme, leur ennemi juré. Après avoir été défendu par une pie, il est mis en accusation par une perdrix.

[Annonce des axes] Dans cet étrange réquisitoire d'un volatile à l'éloquence brillante qui parodie les discours juridiques humains, Cyrano mêle burlesque et fantaisie [I]. Mais s'agit-il d'une simple fantaisie destinée à divertir le lecteur ? À travers le regard de Guillemette et la création d'un monde inversé, le propos prend une portée satirique et suggère une réflexion très critique sur la société humaine, la religion, l'homme et la comédie universelle [II]. En ce sens, le texte fonctionne comme un véritable apologue.

I. Le pittoresque et la fantaisie d'une parodie de discours

1. L'imitation : le discours de Guillemette, une « avocate » brillante

- La structure : le discours suit une construction rigoureuse, avec un vrai fil conducteur.
- Rigueur dans l'exposé de la problématique et la progression, avec une annonce du plan et la définition du « problème » (« le nœud de l'affaire »), repris point par point. 1re problématique : « si cet animal est un homme » ; 2e problématique : « s'il mérite la mort ». Des connecteurs logiques articulent les différents arguments (« donc, premièrement, secondement, septièmement, et pour conclusion » ; « or » [plusieurs fois] ; « [il faut] maintenant ; mais ; puisque ; au contraire ; c'est ainsi que »).
- La démarche juridique. Ces connecteurs marquent la recherche des causes (« en ce que, mais pourquoi ») et des conséquences (« en sorte que, assez… pour…, si … que »).

• Guillemette a le souci de l'« examen » nécessaire à toute enquête (« examinons/examiner »), de la description des faits (« j'ai pris garde que ») et celui de la preuve (« si je prouve/Ne prouverai-je pas »).

• Les faits d'écriture et la langue juridique. Le discours est émaillé du vocabulaire juridique (« procès, [assemblées] = Chambres), affaire, avérions qu'il le soit, mérite [plusieurs fois], prouve/prouverai, loi »). Guillemette a le souci d'impliquer son auditoire (« or vous savez », et formule d'adresse : « messieurs »), mais en bonne oratrice, elle a soin de s'impliquer aussi (« je pense que, pour moi »). Enfin, elle recourt aux procédés du discours public : répétitions anaphoriques (« en ce que, en ce que ») et questions rhétoriques qui donnent un rythme ample, vérités générales (« *toutes* les créatures *sont créées* par notre *commune* mère »).

Conseil
Vous devez chercher et connaître le sens précis de tous les mots du texte (qui peuvent avoir un sens différent de nos jours) : l'examinateur peut en effet vous demander d'expliquer certains d'entre eux.

2. L'exagération, l'humour : Guillemette reste une perdrix…

• Le cadre, les circonstances, ce monde à l'envers, tout cela fait sourire : tout un monde animal est recréé (« perdrix, aigles, condors, griffons »).

• L'oratrice elle-même est amusante par son identité animale. C'est une avocate, mais aussi une perdrix, d'où ses références et ses repères : elle applique à l'homme le vocabulaire des oiseaux (mention des plumes : « plumé comme un galeux » ; de l'absence de dents que, ignorante des réalités humaines, elle appelle les « grès » ; « large bec » pour la bouche ; « gigots » pour les jambes…). Son nom, avec le suffixe diminutif *ette*, est amusant. Son langage est plein de verve et de vivacité : elle multiplie les comparaisons (« comme un fou, comme un sot, comme un vilain »). Enfin, sa personnalité la rend pittoresque ; elle a un regard naïf et décapant pour parler des dents ou de la prière chez les humains.

• Les croquis qu'elle brosse créent de petites saynètes qui mêlent réalisme et caricature de l'être humain (qui pleure et rit, qui s'adonne à des pratiques curieuses et apparemment irraisonnées, comme la prière).

II. Un apologue ? Un réquisitoire satirique et une vision critique de l'homme

Mais il faut savoir lire entre les lignes : cette fantaisie est l'occasion pour Cyrano, à travers le regard de l'autre et la vision inversée, de faire le « procès des hommes ». Plus que d'un « plaidoyer », il s'agit bien d'un réquisitoire.

1. Les petits défauts de l'homme : la satire amusée

• Son aspect physique est plutôt repoussant : sa seule vue inspire « un sentiment d'horreur », il est « plumé comme un galeux ».

• Il a un caractère excessif qui passe sans crier gare d'un extrême à l'autre, sans nuances ni raison (« pleure/rit »).

• Dans la vie sociale, il fait preuve de rustrerie et manque de savoir-vivre, comme en témoigne la mention de réalités triviales (« se moucher, galeux »).

• Il manque totalement de bon sens, puisque, contrairement à toute logique (animale...), il ne crache pas ses dents (les perdrix n'ont pas de dents).

• Enfin, il s'adonne à des pratiques ridicules ou obscures (la prière, « par magie »).

2. Des griefs plus profonds : la supériorité de l'homme mise en question

• L'homme est présenté comme un être antinaturel, donc une offense aux « dieux » (au contraire des « divins esprits » que sont les membres du tribunal des oiseaux) : c'est une « erreur de la nature », une offense à la « commune mère » (Cyrano est matérialiste) ; il « rompt » l'harmonie de la nature, va « contre la fin de sa création ».

• Il exerce sa « barbarie » envers la nature mais aussi envers les autres êtres (vocabulaire de la violence : « horreur, âme noire ; se rue sur nous ; massacre »).

• Il fait aussi preuve de lâcheté (il s'attaque aux plus faibles : « forcer notre faiblesse » et craint les « plus robustes »), de mauvaise foi (« il fait accroire »), d'usurpation et d'outrecuidance (« prétendue »/« droit imaginaire » ; « ils se flattent »).

• L'homme est un être asocial, incapable de « vivre en société » (« rompre/égalité »)

• Le discours aboutit à une remise en cause de la « supériorité » de l'homme. La perspective s'est inversée : ne serait-ce pas lui l'animal ?

3. Un réel réquisitoire à portée sociale et politique

• À la fin du réquisitoire, le monde des oiseaux semble oublié. La fin du texte ne comporte plus de références au monde animal. On s'éloigne de l'argumentation indirecte habituelle de l'apologue pour verser dans l'argumentation directe : il semble que ce soit Cyrano qui parle et non plus Guillemette ; d'implicite, la « leçon » devient presque explicite. Cette progression et ce glissement étaient annoncés dans les paragraphes précédents par les mots « société, république, égalité », purement humains et touchant aux domaines social et politique. Quelle en est la teneur ?

• Dans la société humaine règnent inégalité et injustice à l'encontre même de la « race » des hommes (« les uns aux autres »). L'inégalité est suggérée par le vocabulaire de la servitude (« servitude/servir/vendre leur liberté/esclaves/serfs ») en contrepoint de la maîtrise (« maîtres ») et par la métaphore très parlante, en antithèse, de « nains/géants ».

• L'incohérence et l'illusion dans lesquelles vivent les humains sont marquées par l'expression « au contraire ». Les hommes s'abusent eux-mêmes, croient être supérieurs, mais font leur propre malheur, comme le souligne la voix pronominale réciproque (« ils se vendent les uns aux autres ») ou réfléchie (« ils se forgent »).

• La syntaxe en cascades, qui rebondit de membre de phrase en membre de phrase, tous au pluriel et en forte antithèse (« jeunes/vieux [âge], pauvres/riches [fortune], paysans/gentilshommes [statut et rang social], princes/monarques [hiérarchie politique], monarques/lois [justice] »), crée l'impression d'une chaîne inéluctable, impossible à rompre et universelle (tous les domaines sont mentionnés).

4. La remise en cause de la religion

• Sur un ton cette fois sérieux, l'auteur met en relief l'absurdité du comportement existentiel de l'homme et de sa faiblesse : l'homme a peur (« de peur de/appréhendaient ») de sa condition et de la « liberté » et fait là encore preuve de cette lâcheté que les libertins méprisaient.

• En scientifique matérialiste, Cyrano suggère que Dieu n'est qu'une invention. Le pluriel « des dieux de toutes parts » renvoie au polythéisme de l'Antiquité : les hommes au XVIIe siècle, selon Cyrano-Guillemette, retournent aux inventions superstitieuses de temps révolus, marque d'une régression de l'esprit humain. Propos très graves en ces temps de chrétienté.

• À ces êtres superstitieux qu'il méprise (« *ces* pauvres *serfs* »), Cyrano libertin et physicien oppose les termes « techniques » des éléments naturels (« l'eau, l'air, le feu, la terre » – Cyrano matérialiste), explicables et scientifiquement maîtrisables, compréhensibles.

Conclusion

[Synthèse] Le procédé du monde inversé et de la fantaisie animale n'est pas totalement nouveau (au Ve siècle avant J.-C. le Grec Aristophane écrit la comédie *Les Oiseaux*), mais Cyrano lui donne une vivacité et une efficacité dont les philosophes du siècle des Lumières s'inspireront largement dans leurs romans et leurs contes philosophiques. Dans ce discours parodique aux allures d'apologue, les notions fondamentales du XVIIIe siècle (liberté, égalité, fraternité), les luttes contre l'obscurantisme sont déjà abordées, la perspective critique et expérimentale déjà exploitée.

[Ouverture] Plus d'un siècle plus tard, Voltaire dans *Le Chapon et la Poularde* se souvient sans doute du discours de Guillemette. Cyrano, précurseur de la science-fiction, n'aurait pas renié un film comme *Chicken Run*, des Anglais Nick Park et Peter Lord (2000), qui mettent en scène la révolte des poules contre les hommes au sein d'un poulailler.

ENTRETIEN

Question

L'examinateur pourrait débuter l'entretien par la question suivante.

▸ Qu'entend-on par « question de l'homme » ?

La réponse à la question doit refléter la réflexion que vous avez menée sur cet objet d'étude : elle reprend donc en partie votre cours. Mais vous ne devez pas le réciter : vous devez rendre sensible votre propre interprétation et donner des exemples personnels.

Pour réussir l'entretien : voir guide méthodologique.

La question de l'homme : voir mémento des notions.

Pistes pour répondre à la question

La « question de l'homme » est très vaste ; elle implique des interrogations sur :

– la nature humaine : est-elle unique ou multiple ? Qui est « moi » ? Qui est « l'autre » ? Quels sont nos rapports avec autrui ? Qu'est-ce que le pouvoir ?

– les « composantes » d'un être humain : le corps, l'être affectif, l'esprit, la conscience ;

– l'idéal de vie : qu'est-ce que le bonheur ? Quelles règles morales faut-il suivre ?

– la destinée humaine : y a-t-il une fatalité ? L'homme est-il libre ? Ou encore : la vie humaine est-elle absurde ?

La boîte à outils

L'essentiel du programme en fiches

1 De l'énoncé au texte

Quand on analyse un texte littéraire, on s'interroge sur la situation dans laquelle il a été produit, sur les marques de la présence du locuteur. On définit également son type et le genre littéraire dans lequel il s'inscrit.

A Autour de l'énoncé

1. Deux types d'énoncé

● On appelle énonciation l'**action de produire un message** oral ou écrit. Une situation d'énonciation se définit à l'aide de ces quatre questions : « Qui parle ? », « À qui ? », « Quand ? », « Où ? ».

● Certains énoncés font **référence à la situation d'énonciation** dans laquelle ils ont été produits. On peut y relever :
– des marques de la 1re personne, qui font référence au locuteur ;
– des marques de la 2e personne, qui font référence au destinataire ;
– des indices spatio-temporels, qui font référence au lieu et au moment de l'énonciation (*ici*, *là-bas*, *maintenant*, *hier*, etc.).

● D'autres énoncés **ne font pas référence** à la situation dans laquelle ils ont été produits. Ils se caractérisent par l'emploi prédominant de la 3e personne et du passé simple (ou du présent de vérité générale, selon le type de texte).

2. Objectivité et subjectivité

● Quand l'opinion ou les sentiments du locuteur ne sont pas sensibles, on dit que l'énoncé est **objectif**.

● Quand le locuteur exprime son opinion ou ses sentiments, on dit que l'énoncé est **subjectif**. Un énoncé contient le plus souvent des traces de subjectivité.

3. Les modalisateurs

● Les modalisateurs font partie des marques de subjectivité. Ils expriment le **plus ou moins grand degré d'adhésion** du locuteur à son énoncé, de la certitude au doute. Par exemple, « certainement », « affirmer », « évident » permettent d'exprimer la certitude ; à l'inverse, « peut-être », « supposer », « probable » traduisent le doute.

● Les **modes verbaux** peuvent également exprimer une modalisation. Ainsi, le conditionnel permet de dire l'incertitude : *Des hectares de forêt auraient été ravagés par le feu*.

B Autour du texte

1. Les types de textes

Le type d'un texte dépend de l'intention de son auteur. On distingue principalement six types de textes.

Type	Intention	Éléments
Narratif	Raconter	Un narrateur ; des personnages ; une histoire avec des péripéties ; un point de vue
Descriptif	Décrire	Les caractéristiques d'un lieu, d'un objet ou d'un personnage ; des repères spatiaux ; un point de vue
Informatif	Informer	Des faits bruts ; pas de point de vue (objectivité)
Explicatif	Expliquer	Des informations qui permettent d'expliquer un phénomène ; des connecteurs logiques ; pas de point de vue (objectivité)
Argumentatif	Défendre une opinion	Une thèse soutenue à l'aide d'arguments et d'exemples ; des connecteurs logiques ; présence et engagement de celui qui parle
Injonctif	Faire agir	Des conseils, des consignes ou des ordres…

2. Les genres littéraires

Les principaux genres littéraires sont divisés en « sous-genres ».

Genre	Sous-genre
Roman	d'amour, d'apprentissage, d'aventures, historique, policier, épistolaire…
Nouvelle	réaliste, fantastique, de science-fiction…
Apologue	fabliau, fable, utopie, conte, conte philosophique…
Théâtre	farce, comédie, tragédie, drame…
Poésie	lyrique, épique, philosophique, engagée…
Essai	traité, discours, démonstration, pamphlet…
Genres biographiques	biographie, autobiographie, mémoires, journal…
Genres épistolaires	lettre intime, ouverte, fictive…

2 Les registres

Le registre d'un texte se définit par l'effet produit sur le lecteur : rire, tristesse, peur, pitié...

A Le registre tragique

Quel est son but ?

Inspirer terreur et pitié par la mise en scène de débats déchirants et d'une fatalité funeste (malédiction des dieux ou des hommes, fatalité des passions, fatalité intérieure...)

Quelles sont ses marques ?

- vocabulaire du destin, de l'impuissance, de la mort...
- interrogations angoissées
- exclamations, interjections
- antithèses, hyperboles

B Le registre pathétique

Quel est son but ?

Éveiller la compassion, la pitié pour la souffrance.

Quelles sont ses marques ?

- lexique de l'affectivité, de la douleur
- exclamations, interjections
- hyperboles

C Le registre épique

Quel est son but ?

Susciter l'admiration en célébrant un héros ou un événement hors du commun, symbolique.

Quelles sont ses marques ?

- vocabulaire du combat, du surnaturel
- personnification de réalités inanimées
- hyperboles, gradations

D Le registre lyrique

Quel est son but ?

Exprimer des émotions, des sentiments personnels pour les faire partager au lecteur.

Quelles sont ses marques ?

- marques de la 1re personne
- vocabulaire des sensations et des sentiments
- anaphores, exclamations
- comparaisons, métaphores

E Le registre polémique

Quel est son but ?

Attaquer des idées adverses.

Le mot « polémique » vient du grec *polemos* (« guerre »).

Quelles sont ses marques ?

- marques de la 1re et de la 2e personnes
- lexique violent, dévalorisant
- questions rhétoriques
- hyperboles, antithèses, ironie

3 Procédés et formes du comique

Le registre comique vise à faire rire ou sourire le lecteur.

A Les procédés du comique

- La **répétition** : de mots, de phrases mais aussi de situations. Bergson parle de la répétition comme l'une des sources principales du comique ; il l'analyse comme « du mécanique plaqué sur du vivant ».
- La **déformation** : caricature d'un personnage ; exagération d'une situation.
- Le **décalage** : par exemple, entre la situation et le langage (dans une situation officielle, un personnage emploie un langage très familier…).

B Les supports du comique

- La **situation** : répétition d'une même situation, renversement de situation (arroseur arrosé) ; quiproquo (ou malentendu, dialogue de sourds)…
- Les **personnages** : caricature ou simplification.
- Les **gestes** : mouvements répétés ou symétriques, grimaces et mimiques, chutes, coups de bâton…
- Les **mots** : déformation phonétique, jeux sur le sens propre et le sens figuré ; inversion de mots, calembours (confusion sur les sons), mots inappropriés.

C Les formes du comique

La caricature	Présentation négative d'une personne, d'un groupe ou d'une idée, qui en exagère les traits caractéristiques. La caricature répond le plus souvent à une visée satirique.
La satire	Critique moqueuse de la société ou d'un personnage.
La parodie	Imitation comique (par exagération) d'une œuvre pour s'en moquer.
Le burlesque et l'héroï-comique	Traitement de sujets sérieux en termes familiers ou grossiers, vulgaires. L'inverse est le registre héroï-comique.
L'humour	Capacité à prendre ses distances par rapport à une réalité angoissante. Quand il mêle fantaisie et tragique, on parle d'humour noir.
L'ironie	Procédé consistant à dire le contraire de ce que l'on pense (ex. : *Travailler jour et nuit, quelle joie !* signifie : « Je déteste travailler tout le temps ! »). L'ironie dénonce des comportements, des idées en en soulignant l'absurdité.

4 Les figures de style

Les figures de style font partie des procédés de la rhétorique (art de bien parler). On peut les classer en plusieurs catégories.

A Les figures par analogie (ou images)

- La **comparaison** rapproche deux éléments – le comparé et le comparant –, grâce à un mot outil (*comme*, *tel*...).
Ex. : « des parfums frais comme des chairs d'enfants » (Baudelaire).

- La **métaphore** rapproche le comparé du comparant sans mot outil. Quand elle est développée par plusieurs termes, on parle de **métaphore filée**.
Ex. : « Votre âme est un paysage choisi » (Verlaine ; dans ce vers, le poète établit une identité entre l'âme de la personne aimée et un paysage).

- La **personnification** est une image (métaphore, comparaison...) par laquelle l'auteur donne à une chose, à un animal ou à une abstraction des comportements ou des sentiments propres à l'homme.
Ex. « Les arbres font le gros dos sous la pluie » (J. Renard).

- L'**animalisation** est une image (métaphore, comparaison...) par laquelle l'auteur donne à un être humain, à un objet, à une abstraction des caractéristiques propres aux animaux. Ex. : « Bergère, ô tour Eiffel [personnification], le troupeau des ponts bêle [animalisation] ce matin » (Apollinaire).

- L'**allégorie** représente de façon imagée, souvent concrète, une idée.
Ex. : « L'amour est un oiseau rebelle que nul ne peut apprivoiser. »

B Les figures par substitution

- La **métonymie** désigne une réalité (objet, sentiment...) par un terme ayant un rapport de proximité ou un rapport logique avec cette réalité.
Ex. : *les cordes* (pour les violons), *boire un verre* (boire le contenu d'un verre)

- La **périphrase** remplace un mot par un groupe de mots de sens équivalent.
Ex. : *le pays du Soleil levant* (le Japon), *le septième art* (le cinéma).

C Les figures par opposition

- L'**antithèse** oppose symétriquement deux groupes de mots, pour mieux faire ressortir un contraste.
Ex. : « Je cherche la *vertu*, et ne trouve que *vice* » (Du Bellay).

- L'**oxymore** allie deux mots de sens opposés dans un même groupe de mots. Ex. : « *cette obscure clarté* qui tombe des étoiles » (Corneille).

- L'**antiphrase** exprime une idée par son contraire. Ex. : *C'est du joli !*

- Le **paradoxe** va volontairement à l'encontre de l'opinion courante et de la logique. Ex. : *La lenteur permet de gagner du temps*.

D Les figures par amplification

● L'**hyperbole** exagère une idée pour lui donner plus de portée.
Ex. : « La surface du pain est *merveilleuse* d'abord à cause de cette impression *quasi panoramique* qu'elle donne : comme si l'on avait à sa disposition sous la main les Alpes, le Taurus ou la Cordillère des Andes. » (F. Ponge)

● La **gradation** est une énumération de termes de force croissante ou décroissante.
Ex. : « C'en est fait ; je n'en puis plus ; je me meurs ; je suis mort ; je suis enterré. » (Molière dans *L'Avare*).

● Le **parallélisme** répète une construction identique.
Ex. : « Les uns mouraient sans parler, les autres mouraient en parlant, les autres parlaient en mourant. » (Rabelais)

● L'**anaphore** répète un même mot, une même construction au début de phrases, de propositions ou de vers qui se succèdent.
Ex. : « Adieu tristesse
Bonjour tristesse
Tu es inscrite dans les lignes du plafond
Tu es inscrite dans les yeux que j'aime » (P. Éluard)

E Les figures par atténuation

● L'**euphémisme** atténue le sens d'un mot en le remplaçant par un terme moins brutal.
Ex. : « Elle a vécu Myrto… » (Chénier) (= elle est morte).

● La **litote** consiste à dire le moins pour faire comprendre le plus.

Ex. : « Va, je ne te hais point » (Corneille) (= je t'aime).

F Les figures par omission

● L'**asyndète** supprime, là où logiquement il faudrait les placer, les mots de liaison entre des groupes de mots ou des propositions. Elle confère de la rapidité à la phrase.
Ex. : « J'irai par la forêt, [et] j'irai par la montagne
[car] Je ne puis demeurer loin de toi plus longtemps. » (Hugo)

● L'**ellipse** supprime les mots qui seraient nécessaires à une construction complète. L'expression, resserrée, est plus frappante.
Ex. « Je t'aimais inconstant, qu'aurais-je fait fidèle ? » (Racine)
= « Je t'aimais inconstant, qu'aurais-je fait *si j'avais été* fidèle ? »

5 Écriture poétique et quête du sens

En s'appuyant sur la force suggestive des mots et sur la musicalité du langage, le poète crée un nouvel univers.

A Identifier un texte poétique

1. L'écriture poétique

Un texte poétique n'est pas forcément écrit en vers.

La poésie se définit avant tout comme une **façon différente** :
- de **voir le monde** (le poète nous en révèle des aspects insoupçonnés),
- de **s'exprimer** (création d'images inédites, d'effets sonores et rythmiques).

2. Les fonctions de la poésie

- Décrire : le poète latin Horace définit la poésie comme une « peinture ».
- Traduire des sentiments et des émotions (poésie lyrique).
- Recréer le monde, dévoiler ses faces cachées : le poète est un « voyant ».
- Défendre des idées politiques ou sociales (poésie engagée).

> INFO **D'une façon générale, deux tendances majeures s'opposent : celle de l'art pour l'art et celle de la poésie engagée.**

3. Le poème en prose

- Né au XIXe siècle, le **poème en prose** a montré que la poésie ne s'écrit pas seulement en vers. On peut le définir comme un texte qui, par ses thèmes, ses images, son rythme, ses jeux de sonorités, porte les marques de l'inspiration d'un poète et provoque une émotion particulière.
- Les principaux auteurs de poèmes en prose sont :

– au XIXe siècle : Aloysius Bertrand (*Gaspard de la nuit*), Baudelaire (*Petits Poèmes en prose*), Mallarmé, Lautréamont (*Les Chants de Maldoror*), Rimbaud (*Illuminations*, *Une saison en enfer*) ;
– au XXe siècle : Francis Ponge (*Le Parti pris des choses*), Henri Michaux.

B Analyser la forme d'un poème

1. Le vers et la strophe

- Le genre poétique s'est longtemps distingué des autres genres littéraires par sa forme versifiée, autrement dit par une disposition du texte sur la page présentant des retours à la ligne réguliers, en fonction du nombre de syllabes. Voici quelques exemples de **vers réguliers** :

Vers pairs		
Alexandrin	12 syllabes	Il apporte amplitude et solennité. Régulier et équilibré chez les classiques, il est au contraire disloqué chez les romantiques.
Décasyllabe	10 syllabes	Utilisé dans la chanson de geste, l'épopée, c'est le plus ancien des vers réguliers.
Octosyllabe	8 syllabes	C'est un vers souvent mis en musique.
Vers impairs		
Hendécasyllabe	11 syllabes	Il apporte irrégularité et déséquilibre.
Ennéasyllabe	9 syllabes	Il donne une impression de décasyllabe inachevé et produit un effet de suspense.
Heptasyllabe	7 syllabes	Il donne une impression de rythme sautillant.

Le poème en **vers libres** fait alterner différents types de mètres au gré des intentions du poète et des effets qu'il veut créer.

● Les vers se combinent en **strophes** qui prennent un nom différent selon le nombre de vers qui les constituent. On distingue : le distique (2 vers), le tercet (3 vers), le quatrain (4 vers), le dizain (10 vers)…

2. Le rythme

Dans un poème en vers

Le rythme s'étudie à partir de plusieurs paramètres.

● La **longueur du vers**. Les vers pairs donnent une impression de régularité, d'équilibre ; les vers impairs créent une impression d'irrégularité, de déséquilibre.

● Les **coupes**. Définie par l'organisation de la phrase en groupes de mots, une coupe peut séparer le vers en deux mesures égales (rythme binaire, impression de régularité) ou se trouver à des endroits variés du vers et créer ainsi un rythme croissant (impression de solennité) ou décroissant.

● Le **décalage entre la phrase et le vers**. Si la phrase déborde du vers et se poursuit sur le vers suivant, il y a enjambement. Le rejet d'un mot ou d'un groupe de mots au début du vers suivant provoque un effet de surprise.

Dans un poème en prose

● Dans un texte en prose, le **rythme** est créé par :
– la longueur des phrases (brèves ou longues) ;
– les pauses créées par la ponctuation, notamment les virgules ;
– la juxtaposition des phrases qui rend le rythme plus heurté ou, à l'inverse, la liaison des phrases qui assouplit le rythme et le rend plus harmonieux.

3. Les rimes et les sonorités

- Dans un poème en vers, les sons à la fin des vers se font écho : on parle de **rimes**. Dans un ensemble de quatre vers, voici comment peuvent être disposées les rimes :

Rimes plates (ou suivies)	Rimes croisées	Rimes embrassées
a	a	a
a	b	b
b	a	b
b	b	a

INFO On appelle rime intérieure une sonorité qui se trouve à l'intérieur du vers et qui fait écho à la rime de la fin du vers ; elle crée un effet de régularité, de balancement.

- Le poète crée souvent d'autres répétitions sonores à l'intérieur du vers pour créer un effet. L'**allitération** est la répétition d'un son consonantique ; l'**assonance**, celle d'un son vocalique.
On peut citer la fameuse allitération en *s* dans ces vers de Racine
« Pour qui sont ces serpents qui sifflent sur vos têtes ? »
qui vise à reproduire le sifflement des reptiles.

- Notez bien : quand on analyse des procédés sonores, il ne suffit pas de relever les sonorités répétées ; il faut aussi préciser l'effet que veut créer l'auteur ou l'impression ressentie à la lecture des vers :
– le *e* muet allonge la phrase ou le vers ;
– le *i* est une voyelle aiguë et stridente ;
– le son *ou* est sourd ;
– les sons *c* (= k), *g* (= gu) et *r* sont durs ;
– les sons *p* et *t* sont explosifs...

4. Le sonnet

- Le sonnet est un **poème régulier** caractérisé par :
– deux quatrains et deux tercets composés d'alexandrins ;
– deux sons à la rime dans les quatrains (abba abba).

- Il est souvent construit autour d'une opposition ou d'un parallélisme entre quatrains et tercets, ou autour d'une opposition entre les treize premiers vers et le dernier (chute).

Analyser un poème

Quelle forme ? Quel(s) thème(s) ?

- Quel est le thème du poème ? (description, récit ou souvenir d'un événement, poème argumentatif, poème engagé, ...)
- Comment le poème est-il composé ? (type de strophes, type de vers, schéma de rimes...)

Quelle conception de la poésie ?

- Quelle définition de la poésie le poème exprime-t-il ou suggère-t-il ?
- S'agit-il de l'Art pour l'art ? (recherche de la perfection formelle et de la beauté pure)
- S'agit-il d'un poème engagé ? (si oui, pour quelle cause ?)
- Quelle est la part de tradition et de modernité du poème ?

Quel est le rôle des sensations ?

- Quelles sensations dominent ?
- En quoi est-ce un « tableau » ? Quelle est la nature et le rôle des images ?
- D'où vient la musicalité du poème ?

Quelle présence du poète ?

- Comment se manifeste la subjectivité du poète ?
- Quels sentiments sont exprimés ? Quelles idées ?

Quelle vision du monde ?

- Le poème rend-il compte de la réalité ? (si oui, de quelle réalité ?)
- Comment le poète transforme-t-il le monde ? Sur quel mode ? (visionnaire, épique, fantaisiste, onirique)
- Quel est le sens littéral ? le sens symbolique ? (et comment ces deux sens sont-ils mis en relation ?)

6 Le texte théâtral et sa représentation

Un texte théâtral est destiné à être mis en scène et joué lors d'une représentation. Une œuvre théâtrale n'est ainsi jamais terminée : elle peut être transformée à chaque interprétation.

A Connaître les spécificités du théâtre

1. Le texte théâtral

● Sous sa forme écrite, l'œuvre théâtrale se présente comme un **dialogue** découpé le plus souvent en actes et en scènes et associé à des indications qui permettent d'interpréter « l'histoire », de s'imaginer comment le texte sera dit sur scène : les **didascalies**.
Généralement écrites en italique, celles-ci disparaissent du texte de la représentation et se transforment alors en éléments du jeu.

● Les didascalies peuvent avoir pour **fonction** :
- de situer l'action dans un cadre géographique et historique ;
- de créer une atmosphère en suggérant de manière précise un décor ;
- d'exprimer les émotions et sentiments des personnages ;
- de préciser les différents déplacements, gestes, mimiques, tons de voix à adopter lors de la représentation.

● Les didascalies sont **plus ou moins abondantes** selon les époques et les auteurs : réduites au minimum dans le théâtre classique du XVIIe siècle (Corneille, Racine), plus fournies dans le théâtre baroque (Théophile de Viau), elles sont très fréquentes dans le drame romantique (qui privilégie les intrigues historiques et multiplie les gestes théâtraux) ou dans le mélodrame et les pièces modernes (Beckett).

2. La représentation théâtrale

Le mot « représentation » peut prendre plusieurs sens.

● Étymologiquement, « représenter » vient du latin *repraesentare*, qui signifie « **rendre présent** », c'est-à-dire rendre sensible un objet absent au moyen d'une image, d'un symbole.
Cette étymologie rappelle le sens premier de « théâtre », terme formé sur le verbe grec *théamai*, qui signifie « regarder ». La pièce est avant tout un spectacle à voir et à entendre.

● « Représenter » signifie également « **présenter à nouveau** ». Le mot « représentation » rend compte du rapport qui s'établit entre le spectateur et le spectacle : la mise en scène présente à nouveau ce que le lecteur ou le metteur en scène a en tête lors de la lecture.

B Connaître les conventions théâtrales

1. La double énonciation

● Le spectateur admet comme une convention que l'acteur/personnage parle aux autres acteurs/personnages sur la scène, dans le cadre de la fiction qui est représentée (**première énonciation**).
Mais ceux-ci s'adressent également au public même si ce dernier n'intervient pas dans le dialogue qui se déroule sur scène (**seconde énonciation**).

● Une des conventions du théâtre est qu'il n'y ait pas d'échange entre la salle et la scène. Parfois, cette **convention** est **rompue** :
– un personnage s'adresse directement au public (aparté et monologue) ;
– un personnage ne participe pas à l'action, mais il la juge, de façon distanciée. Ce rôle était dévolu au chœur dans les pièces antiques (cf. prologue dans *Antigone* d'Anouilh).

2. La scène d'exposition

● C'est le **début** d'une pièce de théâtre, où l'auteur fournit au spectateur les renseignements nécessaires à sa compréhension. La scène d'exposition répond en partie aux questions : Qui ? Quoi ? Où ? Quand ? Comment ?

● Elle illustre le principe de **double énonciation** au théâtre : en l'absence de narrateur, ce sont les personnages qui, dans les conversations qu'ils entretiennent sur scène, doivent transmettre l'information.

● La scène d'exposition obéit à deux impératifs apparemment contradictoires : elle doit **éclairer** et **intriguer**, donner et retenir l'information, la distiller.

> INFO **Quand on analyse la structure d'une pièce classique, on distingue l'exposition, le nœud ou intrigue, et le dénouement.**

3. Différents types de répliques

Le dialogue théâtral est constitué par un échange de répliques prononcées par les personnages en présence.

● Ces répliques sont plus ou moins longues. On distingue ainsi la **tirade**, qui est une longue réplique qu'un personnage dit d'un trait à un autre personnage, des **stichomythies** qui correspondent, à l'inverse, à de courtes répliques échangées sur un rythme très rapide (à l'origine, vers à vers).

● Le **monologue** est le discours prononcé par un personnage qui se parle à lui-même ou qui s'adresse à un être invisible.

● L'**aparté** est une brève réplique qu'un personnage prononce, en présence d'autres personnages, mais que seuls les spectateurs entendent.

Analyser un extrait de théâtre

Quelle forme et quelle fonction dans la pièce ?

- Quelle forme prend la scène ? (dialogue, monologue, tirade)
- Quelle est la place de la scène dans la pièce et dans l'action ? (exposition, dénouement, scène d'action, pause...)
- Quel est l'intérêt dramatique de la scène ? (scène d'aveu, scène de conflit, coup de théâtre, quiproquo)

Qu'en est-il des personnages ?

- Correspondent-ils à des « types » traditionnels ou non ? (valet, ingénue, ou personnages de commedia dell'arte...)
- Quelles sont leurs relations ? (père/fils, maître/valet, couple d'amoureux...)
- Qu'apprend-on sur eux ? (émotions, caractère, intentions...)

Quel(s) registre(s) ?

- **Comique** : quelles sont les sources du comique ? (gestes, situation, mots, répétition)
- **Tragique** : d'où vient le tragique de la scène ? (fatalité intérieure, divine, politique ? suspense ?)
- Mélange de registres ?

D'où vient la « théâtralité » de la scène ?

- Que donnerait cette scène à la représentation ? (jeux de scène, décor, didascalies...)
- Comment l'auteur donne-t-il du rythme, de l'efficacité scénique ?
- Le public est-il impliqué ? (si oui, comment ?)

Quelles sont les intentions de l'auteur ?

- Y a-t-il un « message » ? (message social, politique, moral, existentiel...).

7 Le personnage de roman

Quand on parle d'un roman, il faut distinguer le romancier – la personne réelle qui a écrit le roman –, le narrateur, qui raconte les faits et présente les personnages, enfin les personnages qui sont des créatures fictives imaginées par le romancier.

A Déterminer les composantes du roman

1. Statut du narrateur : qui raconte ?

● Le narrateur peut se situer **en dehors** de l'histoire (**narrateur externe**) : il n'est pas un personnage de l'intrigue, il ne participe pas aux événements, qu'il raconte à la 3e personne. Il peut alors :
– s'effacer complètement de l'histoire et raconter de façon impartiale ;
– manifester sa présence par des commentaires ponctuels, des jugements.

● Le narrateur peut se situer **dans** l'histoire (**narrateur interne**). Il peut alors :
– raconter sa propre histoire, dont il est le personnage principal ;
– n'être qu'un personnage secondaire de l'histoire qu'il raconte ;
– être un simple témoin.

> INFO **Quand il y a identité entre l'auteur, le narrateur et le personnage principal, il s'agit d'une autobiographie.**

2. Point de vue ou focalisation : qui voit ?

● Le point de vue **externe** : le narrateur s'efface et est assimilable à un objectif de caméra ; il se limite à l'aspect extérieur des choses ;

● Le point de vue **interne** : le narrateur voit, sait et raconte au lecteur uniquement ce que percevrait subjectivement le personnage dont il adopte le point de vue ;

● Le point de vue **omniscient** (ou focalisation zéro) : le narrateur voit et sait tout, dans le temps (il connaît le passé et le présent) et dans l'espace (il peut raconter ce qui se passe en différents lieux au même moment).

3. Différents types de textes

Le roman combine différents types de textes :
– en premier lieu, une **narration** ; le roman rapporte en effet une suite d'épisodes de péripéties qui s'inscrivent dans le temps selon une certaine durée ;
– des **descriptions** de lieux et de personnages, qui sont autant de pauses dans la narration ou « arrêts sur image ».
– des **argumentations** ; les personnages peuvent être amenés à argumenter, au cours de dialogues ou de monologues intérieurs.

4. La diversité des formes du roman

Le roman d'aventures	privilégie l'action, la succession des aventures.
Le roman picaresque	raconte les tribulations d'un *picaro*, aventurier parfois voleur ou vagabond issu du peuple.
Le roman d'apprentissage	retrace l'évolution, l'« éducation » affective ou morale du héros.
Le roman d'analyse	privilégie l'étude psychologique des personnages, analyse les émotions et les sentiments.
Le roman de mœurs	donne l'image d'une société au travers de personnages intimement mêlés au contexte politique et social.
Le roman historique	est fortement ancré dans une époque, reconstituée plus ou moins fidèlement.
Le roman épistolaire	est uniquement constitué des lettres qu'échangent des correspondants multiples (pas de narrateur).
Le roman autobiographique	relate la vie de l'auteur.

B Analyser un personnage de roman

1. Un être fictif qui donne l'illusion d'être vrai

Le personnage est un être fictif. Mais le romancier dispose de plusieurs moyens pour donner au lecteur l'illusion qu'il pourrait être une personne réelle.

La « fiche d'identité »

Elle comprend les premières informations qu'on recueille sur le personnage : son nom, ses origines sociales, sa place dans la société...

Caractérisation directe et indirecte

● La **caractérisation directe** correspond aux renseignements que le narrateur ou les autres personnages donnent sur le personnage.
Le personnage peut ainsi faire l'objet de différents **portraits** : physique (statique ou en action) ou moral (analyse psychologique).

● La **caractérisation indirecte** se dégage des actions et paroles (dialogues, monologues intérieurs) du personnage.

Le parcours du personnage

● Le personnage prend de la consistance à travers son **parcours**. On peut :
- analyser les épisodes qui constituent des moments clés (scène de rencontre ou de rupture ; crise sentimentale ou existentielle...) ;
- confronter sa situation au début et à la fin du roman.

● Pour rendre compte de l'évolution du personnage, le romancier peut recourir à des retours en arrière (analepses) ou à des anticipations (prolepses).

L'environnement du personnage

L'environnement du personnage – les lieux qu'il fréquente, son milieu social, ses relations avec les autres personnages – contribue également à éclairer le personnage, à en révéler les différentes facettes.

2. Statut, type et fonction des personnages

Personnage principal et personnages secondaires

● On distingue :
– le personnage **principal** autour duquel tourne l'action ;
– les personnages **secondaires** gravitant autour du personnage principal ;
– les « **figurants** » qui n'ont pas d'épaisseur psychologique et évoluent en toile de fond.

● Par rapport à l'intrigue, on distingue les **adjuvants**, qui secondent le héros dans sa quête, des **opposants** qui lui font obstacle.

Personnage type, personnage symbole et mythe

Le personnage n'a pas toujours la même portée. Il peut être :
– simplement **représentatif d'une époque** ;
– accéder au rang de **type**, au point que son nom devient un nom commun : il condense alors des traits qui font de lui le représentant d'une personnalité ou d'un groupe social (un Rastignac) ;
– devenir un **symbole**, quand il incarne une idée ;
– atteindre la dimension du **mythe** (Don Juan).

Le personnage et son auteur, le personnage et son lecteur

● **Lié à son auteur**, le personnage peut en être :
– le reflet : il se nourrit de ses préoccupations et aspirations ;
– le porte-parole : il incarne ou exprime la vision du monde de l'auteur ;
– le repoussoir : il incarne alors l'attitude contraire à l'idéal de l'auteur.

● Il se crée aussi des **liens entre le personnage et le lecteur** :
– le lecteur retrouve en lui ses aspirations profondes (identification) ;
– le personnage l'aide à se comprendre ;
– le personnage lui permet de mieux analyser l'être humain, la société et le monde.

> INFO **Les fonctions du roman sont multiples : divertir, dépayser le lecteur, mais aussi instruire, faire partager des convictions, poser des questions humaines essentielles.**

Analyser un extrait de roman

Quel type ? Quelle fonction dans le roman ?

- Quel est le type de cet extrait ? (description, portrait, passage argumentatif, dialogue...)
- Quel est son rôle dans le roman ? (exposition, dénouement, scène de rencontre, scène de conflit...)
- Fait-il avancer l'action ? (péripétie, pause, flash-back...)

Quel mode de narration ?

- Quel est le statut du narrateur ? (personnage, témoin, extérieur à l'histoire)
- Quel est le point de vue adopté ? Varie-t-il ? (externe, interne, omniscient)
- Le narrateur est-il objectif ou subjectif ? (marques de son implication éventuelle)

Qu'en est-il des personnages ?

- Quels sont les personnages en présence ? (protagoniste, héros, antihéros, personnages secondaires)
- Quel est leur rôle dans le schéma actantiel ? (sujet, objet d'une quête, adjuvant, opposant)
- Qu'apprend-on sur eux ? (relations, émotions, caractère...)
- Quel est le rôle de l'extrait pour les personnages ? (moment de bilan, initiation, échec, victoire...)

Quelles sont les intentions de l'auteur ?

- Quelle vision de l'homme et du monde révèle l'extrait ? (optimiste, pessimiste, réaliste, fantaisiste...)
- S'agit-il d'un roman engagé ? (les personnages incarnent-ils une classe sociale, une idée, un combat ?)

8 Les genres de l'argumentation

L'argumentation joue un rôle essentiel dans la littérature d'idées. Mais des textes narratifs ou dramatiques peuvent contenir des développements argumentatifs.

A Analyser un texte argumentatif

1. Argumenter, convaincre, persuader, délibérer

● **Argumenter**, c'est soutenir une opinion pour obtenir l'adhésion de celui à qui l'on s'adresse.

● **Convaincre**, c'est obtenir l'adhésion de son interlocuteur par la raison, en sollicitant ses facultés d'analyse et de raisonnement intellectuel.

● **Persuader**, c'est obtenir l'adhésion de son interlocuteur en faisant appel à sa sensibilité, à ses sentiments et en suscitant en lui des émotions.

> INFO **En général, un texte argumentatif met en scène le locuteur, celui qui argumente, et son destinataire, celui qu'il s'agit de convaincre et de persuader.**

● **Délibérer** consiste à discuter avec soi-même ou avec d'autres avant de se déterminer, de prendre une décision (« Être ou ne pas être ? »).

2. Les éléments d'une argumentation

Dans une argumentation, on distingue :
– le **thème** : le sujet sur lequel porte l'argumentation, ce dont traite le texte ;
– la **thèse** : le point de vue soutenu à propos de ce thème, que l'énonciateur considère comme vrai et dont il veut convaincre ou persuader son destinataire (la personne à laquelle il s'adresse) ;
– les **arguments** et exemples qui permettent d'étayer la thèse.

3. Les types de raisonnements

● Le **raisonnement par analogie** consiste à tirer des conclusions similaires de deux réalités proches que l'on a comparées. Il s'exprime par des formules telles que « de même que… », « de même… »

● Le **raisonnement déductif** part d'une idée générale pour déboucher sur des propositions particulières. C'est le raisonnement employé en mathématiques et celui sur lequel reposent l'essai, le discours.

● Le **raisonnement inductif** part d'un exemple, d'un fait particulier pour déboucher sur une idée générale. C'est le type de raisonnement utilise dans les sciences expérimentales et celui sur lequel reposent les apologues, les fables : le récit sert d'exemple pratique dont on tire la théorie (la thèse).

B Identifier les genres argumentatifs

1. L'apologue

L'apologue est un récit allégorique, en vers ou en prose, dont le lecteur peut tirer une leçon. Il prend notamment trois formes :

La fable

- Une fable est un **court récit** en vers ou en prose, le plus souvent animalier, duquel le fabuliste tire une **morale** implicite ou explicite.
- Les fables les plus connues sont celles de La Fontaine. La Fontaine observe son époque et en fait la critique ; il donne aussi des conseils de vie fondés sur le bon sens et la modération.

Le conte philosophique

- Apparu au XVIIIe siècle, avec Voltaire, il mélange les éléments du **conte traditionnel** et la **réflexion philosophique**. Il comporte :
  - un récit divertissant (action mouvementée, exotisme et merveilleux…) ;
  - une leçon morale, sociale ou philosophique (explicite ou implicite).
- Il allie donc le registre humoristique et le registre didactique, et sollicite à la fois l'imagination et la raison.

> **INFO Certains auteurs modernes ont donné au conte philosophique la dimension d'un roman : *Le Petit Prince* d'Antoine de Saint-Exupéry, *L'Alchimiste* de Paulo Coelho.**

L'utopie

- Le mot vient du grec *ou* (« non ») et *topos* (« lieu »). Il signifie donc « en aucun lieu » ou « lieu qui n'existe pas ».
- C'est un **récit qui présente un monde idéal** dans ses mœurs et son organisation. Ce faisant, il met en évidence les travers du monde tel qu'il est. L'utopie a une portée critique implicite : elle propose un modèle de société adossé à de nouvelles valeurs, vers lequel nos sociétés doivent tendre.

2. Le dialogue d'idées

Le dialogue d'idées est un genre littéraire à part entière. Il confronte des idées et il est destiné davantage à être lu que représenté.

Le dialogue didactique

Il a pour but d'exposer un savoir, avec une **visée pédagogique**. Il met généralement en présence un maître et son élève. Ce type de dialogue repose le plus souvent sur un jeu de questions-réponses.

Le dialogue polémique

Dans ce type de dialogue, **des opinions opposées s'affrontent** : chacun des interlocuteurs, personnellement impliqué, veut faire prévaloir son point de vue, dans un rapport d'égalité. Les arguments et contre-arguments des protagonistes se répondent et leurs affirmations se contredisent. Le dialogue se termine généralement par la « victoire » de l'un des interlocuteurs.

Le dialogue dialectique

Il met en présence des interlocuteurs unis par le souci de **progresser dans la connaissance de la vérité**. Cherchant à résoudre une difficulté commune, ils progressent dans leur réflexion par un jeu de questions-réponses, de développements pour dépasser le problème posé, de conclusions tirées en commun.

3. L'essai

- L'essai est un texte argumenté où l'auteur s'adresse librement, **en son nom propre**, à ses contemporains pour leur faire part de ses idées et de ses expériences personnelles sur un sujet politique, scientifique ou philosophique.
- La **présence du « je »** de l'auteur y est très sensible. L'approche est volontiers paradoxale. L'auteur ne tente pas d'être exhaustif et d'épuiser le sujet (comme dans un traité philosophique).
- Les **formes de l'essai** sont **multiples** : il peut s'agir de méditations « à bâtons rompus » sur des sujets divers (les *Essais* de Montaigne s'apparentent à un écrit autobiographique, mais proposent des réflexions et une philosophie de la vie), d'articles, de lettres ouvertes…

4. La satire

Au sens large, la satire est un texte qui **attaque les défauts d'une société** en s'en moquant. Elle contient une critique politique, sociale ou philosophique.

> INFO **La satire relève du registre comique. Elle recourt à des termes péjoratifs, des images dévalorisantes, des figures par amplification (hyperboles, anaphores…)**

- Au XVIIe **siècle**, elle s'en prend aux mœurs de l'époque et met en scène des types humains (comédies de Molière, *Caractères* de La Bruyère, *Fables* de La Fontaine).
- Au XVIIIe **siècle**, elle devient plus politique (critique de la monarchie absolue) et religieuse (remise en cause de l'autorité de l'Église).
- Au XIXe **siècle**, elle s'attaque à la bourgeoisie (romans de Balzac) et au régime impérial de Napoléon III (*Les Châtiments* de Hugo).
- Au XXe **siècle**, on la trouve au théâtre (Ionesco) et dans la presse (sous la forme graphique de la caricature).

Analyser un texte argumentatif

Quelle forme ?

- L'argumentation est-elle directe/explicite ou indirecte/implicite ? Abstraite ou concrète ?
  directe : discours, essai, traité, lettre, dialogue
  indirecte : apologue, scène de théâtre, extrait de roman
- L'argumentation est-elle structurée (connecteurs logiques) ou peu rigoureuse ?

Quelle teneur ?

- Quels sont les thèmes de l'argumentation ?
  (social, politique, existentiel, moral...)
- Quelle est la thèse soutenue ?
- S'agit-il d'un éloge ? d'un blâme ? d'un réquisitoire ? d'une réfutation ?
  critique : quelle est la cible ? quels sont les griefs ?
  éloge : quels sont les avantages ou les qualités mis en avant ?
- L'argumentateur est-il objectif ou partial ?
- Quelle vision de l'homme et du monde révèle le texte ?

Quelle stratégie ? Quels moyens ?

- Quelle est la stratégie de l'argumentateur ?
  convaincre : il fait appel à la raison
  persuader : il fait appel aux émotions
- À quel type de raisonnement recourt l'auteur ?
  (par l'absurde, par analogie, par concession)
- Quels types d'arguments utilise-t-il ?
  (personnels, généraux, d'autorité, *ad hominem*
- Quels types d'exemples sont employés ?)
  (personnels, anecdotiques, littéraires, historiques, scientifiques...)
- Quel est le ton adopté ?
  (oratoire ou sobre, avec ou sans effets de style, ironique, passionné...)

Analyser un apologue

- Quelle est l'importance des circonstances du récit et du décor ?
- Quels types de personnages sont mis en scène ?
- Quelle est la part de réalisme ou d'idéalisme ? de fantaisie ? de vraisemblance ?
- Quelle est la part de tradition et de modernité ?
- Comment s'établit le lien entre le récit et la « leçon » (« morale », thèse) de l'apologue ?

Tableau chronologique

	XVIe siècle	XVIIe siècle	XVIIIe siècle
Mouvements littéraires	Renaissance, humanisme, la Pléiade	Baroque et classicisme	Lumières
Mots-clés	Foi en l'homme • découverte • progrès • imitation de l'Antiquité • humaniste	Baroque : refus des modèles • outrance • irrégularité Classicisme : juste mesure • harmonie • bienséances • imitation de l'Antiquité • honnête homme	Raison • relativité • tolérance • contestation de l'ordre établi • bonheur sur Terre • philosophe
Littérature	• **Rabelais**, *Gargantua* (1534) • **Du Bellay**, *Défense et illustration de la langue française* (1549), *Les Regrets* (1553-1558) • **Ronsard**, *Les Amours* (1552) • **Montaigne**, *Essais* (1572) • **Agrippa d'Aubigné**, *Les Tragiques* (1616) • **T. More**, *Utopia* (1516)	• **Corneille**, *Le Cid* (1636) • **Molière**, *Dom Juan* (1665) • **La Fontaine**, *Fables* (1668) • **Pascal**, *Pensées* (1670) • **Racine**, *Phèdre* (1677) • **Mme de Lafayette**, *La Princesse de Clèves* (1678) • **La Bruyère**, *Les Caractères* (1688)	• **Montesquieu**, *Les Lettres persanes* (1721) • **Marivaux**, *Le Jeu de l'amour et du hasard* (1730) • **Diderot et d'Alembert**, *Encyclopédie* (1751) • **Voltaire**, *Candide* (1759) • **Beaumarchais**, *Le Mariage de Figaro* (1778) • **Rousseau**, *Les Confessions* (1782)
Histoire des arts	• Châteaux de la Loire • Léonard de Vinci, *La Joconde* (1506)	• Château de Versailles • Le Bernin, *Apollon et Daphné* (1622-1625) • Poussin, *L'Enlèvement des Sabines* (1635)	• Watteau, *Embarquement pour Cythère* (1717) • David, *Le Serment des Horaces* (1785)
Repères historiques	• François Ier • Guerres de religion, Réforme • Grandes découvertes, progrès de la médecine (dissection)	• Louis XIV : monarchie absolue • Jésuites et Contre-Réforme, jansénisme • Fondation de l'Académie française	• Révolution française • Anticléricalisme • Invention de la machine à vapeur

	XIXe siècle			XXe siècle
Mouvements littéraires	**Romantisme**	**Du réalisme au naturalisme**	**Symbolisme**	**Surréalisme, existentialisme, théâtre de l'absurde, Nouveau Roman…**
Mots-clés	Le moi • passions • mal du siècle • sentiment de la nature	Primauté de la réalité • conscience sociale	Correspondances • mysticisme	Angoisse • sentiment de l'absurde • révolte • nouvel humanisme • intellectuel engagé
Littérature	• **Stendhal**, *Le Rouge et le Noir* (1830) • **Musset**, *La Confession d'un enfant du siècle* (1836) • **Chateaubriand**, *Les Mémoires d'outre-tombe* (1849) • **Hugo**, *Les Contemplations* (1856), *Les Misérables* (1862)	• **Balzac**, *Le Père Goriot* (1835) • **Flaubert**, *Madame Bovary* (1857) • **Zola**, *Germinal* (1885), « J'accuse » (1898) • **Maupassant**, *Bel-Ami* (1885)	• **Baudelaire**, *Les Fleurs du mal* (1857) • **Rimbaud**, *Poésies* (1870-1875) • **Verlaine**, *Sagesse* (1880)	• **Proust**, *À la recherche du temps perdu* (1913) • **Apollinaire**, *Alcools* (1913) • **Éluard**, *Capitale de la douleur* (1926) • **Breton**, *Nadja* (1928) • **Céline**, *Voyage au bout de la nuit* (1932) • **Camus**, *L'Étranger* (1942) • **Aragon**, *La Diane française* (1944) • **Malraux**, *La Condition humaine* (1933) • **Giraudoux**, *Électre* (1937) • **Beckett**, *En attendant Godot* (1952) • **Robbe-Grillet**, *Les Gommes* (1953)
Histoire des arts	• Delacroix, *La Liberté guidant le peuple* (1831) • 1839 : invention de la photographie	• Courbet, *L'Enterrement à Ornans* (1849)	• Impressionnisme : Monet, Renoir, Pissarro… • 1895 : invention du cinéma	• Art nouveau, cubisme, art abstrait… • Essor de la bande dessinée
Repères historiques	• Premier Empire (Napoléon Ier), puis retour à la monarchie • Révolution de 1830 • Loi Guizot (1833) sur l'enseignement primaire	• Révolution de 1848, Second Empire (Napoléon III) • Révolution industrielle	• IIIe République • Expositions universelles	• Guerres mondiales, guerre froide, décolonisation, construction de l'Europe, mondialisation • Montée des intégrismes • Société de consommation et de communication

Index

des auteurs

Les chiffres renvoient aux numéros des sujets.